マイノリティ女性の
アイデンティティ戦略

「母親性」の役割

服部あさこ ［著］

専修大学出版局

〈目　　次〉

はじめに ………………………………………………………1

第1章　複数の被差別カテゴリーに属する主体としてのマイノリティ女性 ………3
1-1　本研究における差別の考え方／3
　1-1-1　偏見理論とカテゴリー化理論／3
　1-1-2　差異モデルと関係モデル／5
　1-1-3　非対称な関係を維持する闘争／7
1-2　被差別の可能性をもつ主体のアイデンティティ／9
　1-2-1　スティグマとアイデンティティ／9
　1-2-2　フェルト・スティグマからの脱却の重要性／10
1-3　マイノリティ女性をめぐる問題／11
　1-3-1　マイノリティ女性の困難／11
　1-3-2　「複合差別論」／12
　1-3-3　「語りだす」ことと解放／13

第2章　日本におけるマイノリティのライフヒストリー研究 ……17
2-1　先行研究／17
2-2　ライフヒストリーの信頼性，代表性問題／21

第3章　部落出身女性のライフヒストリー ………………………25
事例1　戦略的対応を身につける／28
事例2　差異の虚構性の告発／50
事例3　押し付けられたカテゴリーのとらえ返し／73
事例4　仲間との歩みで育まれた強いアイデンティティ／90

第4章　在日コリアン女性のライフヒストリー　……………111
 事例5　在日コリアンを可視化させる「きっかけ」づくり／116
 事例6　戦略としての民族文化／170
 事例7　同じ痛みを共有する仲間の重要性／195

第5章　ライフヒストリーにみる
　　　　困難の様相と自己解放の過程　……………261
 5-1　差別的なまなざしの認知と内面化／262
 5-2　マイノリティの中のマイノリティとしての困難／264
 5-3　対抗する言説集団の獲得／267

第6章　「母親性」の影響　……………271
 6-1　世代性の語り／271
 6-2　情緒的一体感の表明／272
 6-3　「母親性」の影響／274

参考文献／276
あとがき／282

はじめに

　マイノリティ女性は，被差別の可能性をもつ集団の中で，強いジェンダー規範の下に行為する主体として，独特の経験をもつとされる。しかし，統計的把握の困難さなどから，マイノリティ女性の経験の特有性に着目した研究は国内ではまだ少ない。部落出身女性のライフヒストリーをもとにした研究はいくつかあるが，それらは部落内におけるジェンダーの非対称性が，部落出身女性を部落出身者としても女性としても周縁化させている事の指摘にとどまる（玉井，1997，齋藤，2000など）。
　本研究では，マイノリティ女性だから複合的に周縁化されているとだけとらえるのではなく，マイノリティの女性だからこそ，差別に対抗するためのひとつの主体となりうることを明らかにしたい。もちろん，マイノリティ女性を，女性としてのジェンダー的な役割の下に均質化することには問題があるだろう。マイノリティとして，「被差別」の存在として均質化することにも問題はあるだろう。しかし，彼女たちのライフヒストリーには，被差別カテゴリーにカテゴライズされる主体として，かつ，女性としての特有の状況が概ね共通して見出される。彼女たちはさまざまな生活戦略をめぐらせてその状況に対応し，自己の生について語るだけの力を手に入れてきた。
　彼女たちのライフヒストリーには，社会において女性に非対称に期待される特性を内面化していることによってつむぎだされたと考えられる，共通した語りのパターンがある。それは，"親や自分の味わった差別の苦しみを，子どもには味わわせたくないと思ったから頑張れた"といった世代性の語りと，子どもをはじめとした近しい存在の被差別の痛みに対し，実感的に理解し，それを，たとえば"一緒に泣いた"というように感情に発露させたという，情緒的一体性の表明の語りである。女性において多く語られるこのようなストーリーは，マイノリティ集団の内外を問わず肯定的な像として流通する，子どもの幸

福のために心を砕く母親像を参照した言説であると思われる。しかしその言説は，マイノリティ女性たちに，現在の自己を肯定的なものとして語る力を与えているのである。それを描き出すことは，複数の被差別的カテゴリーに分類される主体にスポットを当て，差別に対抗する力をもたらす手がかりとなるだろう。

第1章
複数の被差別カテゴリーに属する主体としてのマイノリティ女性

1-1 本研究における差別の考え方

　差別とはいかなる状況をさすのか，どの点が問題となるのかについては，これまでに多くの定義がされてきた。本章では，いくつかの差別についての議論をレビューしたうえで，本研究における差別の考え方を示したい。

1-1-1 偏見理論とカテゴリー化理論
　差別あるいは差別行為の一般的な説明のひとつに"偏見"にもとづいたもの，という表現があげられるだろう。これは主として社会心理学の分野で蓄積されてきた考え方である。
　ルパート・ブラウンは，偏見が，個人あるいは集団に"保持された"，"不当な"，"間違った"認識として定義されてきたことに疑問を呈する。第一に，ある見方が"正しい"のか，"間違っている"のかを証明する方法を誰ももっていない。第二に，ものの見方は個人においてばかりでなく，むしろ集団において相対的なものである。第三に，偏見は保持されているように見えて，特定の状況では変化しやすい側面がある。
　これらの点を踏まえて，ブラウンは偏見に以下のような定義を加える。「ある集団の成員であるとの理由で，その集団の成員に対して，軽蔑的な社会的態度や認知的信念の保持，否定的感情の表明，敵意や差別的行動の固持などをすること」。ブラウンは，偏見をこのように広い意味でとらえることで，「性差別や人種差別，同性愛恐怖などの類似した他の用語とおおむね同義語とみなすことができる」と述べる（Brown, 1995 = 1999：1-9）。
　佐藤裕は，差別行為が心理学の分野で研究されてきたのは「非常に突出した差別行為」は「多くの人の目に『異常』な行動だと映るため」，心理的な説明

を求めるためだと推測している。そして，社会心理学で蓄積されてきた偏見理論は，「差別は心の問題」という前提に立っていることで，「差別問題の解決にとって大きな障害」になるいくつかの問題点を抱えていると指摘する。第一は，「心の問題」すなわち個人の異常な感覚であるという前提に立つと，偏見を告発する人も，告発される人も，本来は偏見と無関係かもしれない行為を偏見の結果として含んでしまうという具合に，偏見が偏見を生みだすこと。第二は，「偏見が『被差別者についての認識』であるために，偏見を特定しようとすると『差別される側』に注目」させることになってしまい，差別を「被差別者の問題」であるように構成する形ではたらくこと。第三に，「『共犯者』の関与を見えなくする」ことである（佐藤，2005：139-169）。すなわち，偏見理論は差別を，すべての個人に生じうる微視的で生きられた現実ではなく，どこかの誰かが，ある偏見をもたれる個人や集団に対してなす「異常」な行為として，個々人の日常から切り離してしまうのだ。

所与の「社会集団」なるものに「偏見」が向けられることが差別であるとする偏見理論に対し，「社会集団」をカテゴリー化する権力が非対称に配置されている状態が差別だと見る構築主義的な考え方が，エスノメソドロジーの研究者の間で発達してきた。カテゴリー化する権力をもつグループ＝当該社会における支配的文化をもっているとみなされるグループによって被差別者としてカテゴリー化されることにより，カテゴリー化された人々は，（すでに支配的文化の見方を内面化しているので）自らを被差別者としてアイデンティファイし，差別者側の認識する被差別者としての行動をとることになる。

ハーヴェイ・サックスは，アメリカで十代の若者に対して使用される「ティーンエイジャー」と「ホットロッダー」というカテゴリーを比較し，カテゴリーの「自己執行」について論じている（サックス，1987）。サックスによれば，「ティーンエイジャー」は，「当該集団以外の集団」であり，当該社会において支配的な文化を所有する集団である大人たちによって管理されているカテゴリーである。それに対し「ホットロッド」と呼ばれる改造車を乗り回す若者を表す「ホットロッダー」は，ホットロッダー自身によって管理されるカテゴリーである。ホットロッダーは「他のメンバーが保持し，執行するコントロールに自ら従う」（上掲書：32）ことで，他のメンバーによって，「ホット

ロッダー」として承認されるのである。

　支配的な文化によって与えられたカテゴリーは，人々の現実理解の仕方を規定すると指摘する。その見方はたいていは強固で安定的である。しかし，「ホットロッダー」の知見は，ティーンエイジャーが自ら当てはめるカテゴリーにおいて，その成員が「自分たちの現実」を作っていることを示している。支配的な文化に規定された「安定的な」現実理解を相対化していくという点で，カテゴリーの「自己執行」は革命的なものであるとサックスは論じている。これを差別問題に当てはめれば，支配的文化の視点からは被差別カテゴリーにカテゴライズされる人々が，そのカテゴリーを不断に作り出す見方と，そのカテゴリーに付与されたマイナスのイメージを拒み，自分たちを表す新しいカテゴリーを示し，ポジティヴに意味づけしていく営みである。たとえばクィア・スタディーズやろう文化などがこれにあたるだろう。

　本研究でも，カテゴリー化する権力が社会成員に非対称に配分されているという前提で差別をとらえていく。そのカテゴリーは一見，安定的であるが，社会成員の現実理解の仕方に支えられ，その見方に基づいた社会成員の行為によって不断に構築されていくものであるので，揺るがす機会は確実に存在する。

1-1-2　差異モデルと関係モデル

　佐藤裕は，『差別論　偏見理論批判』（佐藤，2005）において，これまでに差別研究においてなされてきた定義を「差異モデル」と「関係モデル」に分類する。「差異モデル」は，カテゴリーAにはある行為をするが，カテゴリーBにはしないといった，「行為の「差異」と結びつくことによって差別の定義を構成」（上掲書：22）する。差別者側と被差別者側との間に「差異がある」（もしくは，そのように説明される）ことで，それを理由とした不平等な扱いがなされるという考え方である。この場合，どのようなカテゴリーであっても「平等に扱われることが「権利」として構成されている」（上掲書：30）はずなのにそのように扱われないことが不当であるために，差別として立ち上がってくる。しかし，差異モデルの差別定義は，差別行為への対症療法のために有効であるが，差別する側とされる側の「非対称性」を無視している点で不十分だと

いう（上掲書：27）。

　それに対し，差別とは差別者による被差別者の排除であるとする考え方を，佐藤は「関係モデル」とよぶ。関係モデルは，不当性の根拠を（人権思想にもとづいた）「不平等性」ではなく，「非対称性」に置く。差別を基本的に排除としてとらえる理論において，「社会的カテゴリーは所与の条件ではなく，むしろ排除によって形作られる」（上掲書：43）。そのため，問題の焦点は，カテゴリー化がどのようにしてなされるかということになる。

　佐藤は，サックスらのカテゴリー化理論について，支配的文化を持つ側と持たない側の二者関係にこだわることが議論を複雑にしていると指摘する。最終的に「どうしてあるカテゴリーを『差別される側』それ以外を『差別する側』として位置づける『支配的文化』が存在するのか」という「振り出しに戻ってしまう」のである（上掲書：166）。そこで佐藤は，「差別行為とは，ある基準を持ち込むことによって，ある人々を同化するとともに，別のある人々を他者化し，見下す行為である」と定義する（上掲書：65）。本来，「同じ」であるはずの集団の中で，ある基準をもとに「われわれ」と「非われわれ」がつくりだされ，「非われわれ」は対称な扱いから排除される状態が差別であるということになる。佐藤はこれを説明するために三者関係モデルを提案し，Ａが自己とＢを同化し，Ｃを見下すことによって，ＡとＢが共同でＣを見下す状態が出来上がるとしている。この場合，「われわれ」と「非われわれ」の関係が，排除-被排除の一方的な関係になり，その逆はありえない。ある状態が「不平等」であるかどうかに疑問をさしはさむ余地がない。

　上述したように，関係モデルは，不当性の根拠を「非対称性」に置く。そして，三者関係モデルでは「見下し」という要素が欠かせない。

　ところで，非対称な関係の一方がもう一方を「見下し」ているのであれば，それは「不平等」ではないのだろうか。また，三者関係モデルでは，「われわれ」と「非われわれ」を分かつ「基準」が，どうして排除の基準になるのか，という問題が明確でない。差異モデルにしても関係モデルにしても，「今-ここ」における差別行為を説明する理論だが，それが差別する側にとってもされる側にとっても差別であると読み取りうるのはなぜなのだろうか。

　そこには，排除のために持ち込まれた「基準」を読み取るための共通の分割

原理，あるいは解釈レパートリーが必要となると筆者は考える。差別されていると気付かないまでも，排除されていると気付くことができるのは，排除のルールをわれわれが知っているからではないだろうか。

1-1-3　非対称な関係を維持する闘争

本研究では，差別を考えるうえで差異を前提とする。それは，支配的文化の側にある者とそこからあらかじめ排除されている者との差異である。この差異は，いま突然生まれたものではない。社会の中に織り込まれ，個人が社会化される過程で読み取って内面化し，明示的あるいは黙示的な行為によって維持・再生産される分割線のこちらと向こうという差異である。

さしあたって，カテゴリー化の権力が非対称に配分されていることに注目して，メンミの定義を挙げよう。

「人種差別とは，現実の，あるいは架空の差異に，一般的，決定的な価値づけをすることであり，この価値づけは，告発者が自分の攻撃を正当化するために，被害者を犠牲にして，自分の利益のために行うものである」（Memmi, 1994＝1996：4）。

この定義は，「人種差別」をより一般的に「差別」と置き換えても充分な説得力をもつ。メンミによれば，差異は，差異として指摘されるだけでは差別とはならない。差別者がその差異に「価値付け」し，それを「攻撃」の理由とし，またそこから「利益」を得ることによってはじめて差別となる。

ところで，「現実の，あるいは架空の差異」は，それ自体，「利益」を含んでいる。ブルデューは，「明確な烙印を押されたある一つの特徴を軸としてうちたてられたあらゆる分類」が，そこに「所属しているか所属していないかといったことに結びついた利害」によってなされると指摘する。

この分類とは，たとえば同性愛と異性愛という線引きのように，「関心に値するものをそれ以外のすべてから切り離し，そうすることで後者を関心に値しないもの，差異化されていないものの曖昧な領域へと追いやってしまうような分類である」（Bourdieu, 1979＝1990：352-353）。これは，「部落−非・部落」あるいは「在日コリアン−日本人」の関係にもあてはまるだろう。

ブルデューは「社会界」の分類に関して，さらに以下のように論じている。

社会制度や，日常的なあらゆる相互作用から，客観的な（ものとして受け入れられている）分割は内面化され，主体が対象を何らかの集団に分類する際に働く分割原理となる。この内面化過程の巧妙なところは，いつしか分割の境界線が主体からは見えなくなることである。しかし，見えなくなるから主体にまったく影響しない，というわけではない。境界線は内面化されて「境界感覚」となり，無意識のうちに「自分がそこから排除されているものから前もって自らを排除するように仕向ける自分の場所の感覚（sense of one's place）になる」（上掲書：345）。境界感覚として，主体から見えなくなった分割原理は，境界線の向こう側にある者達による境界の侵犯が生じる場において，「引き出して明示し，体系化し，コード化」（上掲書：362）される。これが分類のための象徴闘争である。

　江原由美子の整理によると，象徴闘争とは，「社会的世界の正統的見方を産出し押し付けるための闘争」である。客観的側面から言えば，「ある種の実在を目に見えるようにさせ，それに価値を付与することを目的とした個人的ないし集団的な表象行為」という形態をとり，主観的側面から言えば，自分の「社会的世界の知覚と評価のカテゴリー，認識構造と評価構造」を採用するよう他者に働きかけるという形態をとる。

　そして，ある見方は，「正統」であるがゆえに受容されたり，権威付けられたりするのではなく，「より強力な象徴資本を保持している」者の見方であるがゆえに，「正統的」とされるのである（江原，2001：87-88）。象徴資本とは，ここでは社会的に了解された権威とみなせばよいだろう。

　この議論を，たとえば部落差別に当てはめて考えると次のようになるだろう。「部落民」カテゴリーを，差別するために使用する側にとって，分割原理として内面化された「部落民」は，貧しさという社会的低位性のみでなく，差別者側がよく言う「血が違う」という表現に見られるような，当事者には操作不可能な差異を含んだ集団である。むろんこの差異は，制度的な上下関係がなくなった場で強化され，正統なものとして流通してきた架空の差異である。差別者側は，部落出身者を「部落民」カテゴリーに分類し，「血が違う」という差異や，貧しさやふるまいの粗雑さという低位性のコードをそのカテゴリーに付与することによって，「部落民」の関係的な低位性を構築し続けるのである。

1-2 被差別の可能性をもつ主体のアイデンティティ

　差別は無根拠であっても，ある差別的カテゴリーに対するまなざしのイメージは流通している。被差別の可能性をもつ主体にとって，そのカテゴリーの象徴はスティグマとして機能する。また，差別的なまなざしの存在により，それを向けられると自認する個人はフェルト・スティグマを形成する。個人の解放は，そのフェルト・スティグマからの脱却である。

1-2-1 スティグマとアイデンティティ

　スティグマとは，「それさえなければ問題なく通常の社会的交渉で受け入れられるはずの個人に出会うものの注意をいやおうなく惹いて顔を背けさせ，彼にある他の好ましい属性を無視させるような」特徴である（ゴフマン，1963：19）。

　ゴフマンは，スティグマをもつ者が，スティグマをもたない（と予測される）者たちの集団へと「越境」するうえでとる，社会的アイデンティティを構成する情報を管理する戦略を理論化した（Goffman, 1963＝1980）。その戦略は，まず「スティグマのシンボルとなっているさまざまの記号を隠すか，その痕跡をなくしてしまうこと」（Goffman, 1963＝1980：157）である。つぎに「スティグマとしてあつかわれる欠点の記号を（中略）スティグマとしてはあまり重大ではない属性の記号として人に示すこと」（上掲書：161），スティグマがあることを告白しなければならない関係となりうる他者に対してあらかじめ「距離をとる」こと（上掲書：168）であり，これらもスティグマを「隠す」事に終始する点で，第一の戦略と同質である。それに対し最後に挙げられる戦略は，「自発的に自分の正体を明かして」しまうことである。ゴフマンは，スティグマのある人が「もし自己の現在を肯定し自尊心をもつならば，自己の秘密を隠す必要はないと考えるに至るはずである」ゆえに，この自発的な告白を，スティグマを持つ者の精神的経歴の一画期となると指摘する（上掲書：169-172）。

　ゴフマンの研究は，二次的なデータを例示するものの基本的には理論研究であり，また，相互行為の場においてとられるアイデンティティ管理戦略に焦点

化するため，スティグマを隠さざるを得ない者と「自発的告白」が可能な状態に至った者との間に，どんな違いがあるのかが見えにくい。しかし，被差別の立場にある個人の解放においては，「自発的告白」が可能になるまでに「自己の現在を肯定」するに至るうえで，自己とスティグマとして認識される属性との関係が変容する過程を追って，その脱スティグマ化のありようを明らかにする必要があるだろう。

1-2-2 フェルト・スティグマからの脱却の重要性

フェルト・スティグマ（主観的被差別感）とは，「てんかん」者の研究においてスキャンブラーらが用いた概念である[1]（Scambler G. and Anthony Hopkins, 1986：26-43）。フェルト・スティグマは，もともとは「制度的差別」の存在認識と，それへの強い恐れによって形成される。制度的差別を自明視し，蔑視する人々がいる事実と，その人々の認識の構造を内面化するからこそ，強い恐れを抱く。そのため，フェルト・スティグマをもつ人は，差別される可能性への恐れと，アイデンティティ形成が，それをもたない人と異なる。

差別が「ある」のか「ない」のかということは，被差別の可能性を持つ側と持たない側との主観によって判断が異なる。有意なスティグマをもつと認識する人，たとえば「部落民」系譜を持つ人は，フェルト・スティグマを強くもつ。

要田洋江は，「かつての「部落」の様相は，特別措置法に基づく行政施策の結果，現在大きく変わりつつあり，差別の原因と見られていた，地域の状況や，地区住民へ向けられた，汚い，貧しいといった「スティグマ」は現実とはかけ離れ，現実の地域格差は解消されつつあるにもかかわらず，結婚差別を代表とする「部落差別」は解消されずにある」（要田，2005：8）状況において，問題とされるべきは，差別・被差別いずれの可能性を持つ側の主体ももちうる「差別的認識枠組みを容易に受け入れてしまう態度」であると指摘する（上掲書：22）。この「差別的認識枠組み」とは上述の「特別な世界観」とほぼ同意であり，それを無批判に内面化することは，差別者には差別的態度に対する無関心あるいは差別行為を，被差別者にはフェルト・スティグマを形成させることになる。

1-2-1で述べたように,スティグマをもつ個人が自己を肯定していれば,その告白は容易になる。しかし,強いフェルト・スティグマを形成している状態では,自己の肯定はそれだけ困難になるだろう。

1-3 マイノリティ女性をめぐる問題

これまでフェミニズムの研究者が指摘してきたように,日本ではマイノリティ女性のような,複合マイノリティの研究が遅れている。マイノリティ研究においても,マイノリティ女性のジェンダー的な困難を「文化」のレベルにとどめてしまいがちである。

1-3-1 マイノリティ女性の困難

ある差別的カテゴリーに属する人といっても,当該のカテゴリー以外の差別的カテゴリーに無縁であるとは限らない。複数の差別的カテゴリーに属している人は,多数存在する。複数の差別が結びついて生じる差別,すなわち複合差別は,1985年のナイロビ国連女性会議において言及されたことで,人権問題として認識されるようになったといわれる。同会議で採択された,「2000年に向けての女性の地位向上のためのナイロビ将来戦略」において,マイノリティ・先住民族の女性は多重の困難を強いられることが指摘されたのである(熊本,2001:203-204)。ほぼ同時期に,アメリカでは,それまでのフェミニズムが非白人の女性を閑却してきたことへの批判から,ブラック・フェミニズムが隆盛してきた。

日本のマイノリティ集団においても,ジェンダー規範が比較的強いことはたびたび指摘される。神原文子は,部落解放運動に携わる人々において,家庭内での家事遂行や,解放運動団体内での役割分業などにおいて,ジェンダー的な役割期待があることを見出した(神原,2002)。また,朴和美は,いわゆる「在日文学」において,「荒れるアボジ」と「耐えるオモニ」が在日家族の原風景として描かれることを挙げ,日本社会によって異民族として排除される在日コリアンは,生きるために家族に固着しなければならず,その歴史の中で性差別的な家族の形が維持されてきたことを指摘している(朴,2001:14-15)。

1-3-2 「複合差別論」

　上野千鶴子は,「社会的な存在としての個人は,多くの文脈を同時に生きている」ことから,被差別の可能性を複数もつ主体について,「ひとつの文脈で差別を受けている弱者が,べつな文脈のなかでは強者であることはいくらもありうる」ことを指摘している。複数の差別の可能性をもつ主体において,単に複数の差別が蓄積された状況に限らず,それらが「ねじれたり,葛藤したり,ひとつの差別が他の差別を強化したり,補償したりという複雑な関係」が見出される。それを説明するために,上野は「複合差別」概念を採用している。上野によれば,差別はその複数性から,以下のように分類できる。

(1) 単相差別：差別の次元が単一であるもの。
(2) 重層差別：複数の次元の差別が重層化し,蓄積している状態。
(3) 複合差別：差別相互の関係にねじれや逆転があるもの。

　これを踏まえたうえで,上野は,現実の差別問題を扱ううえで,差別の間の関係を解きほぐすために,複数の差別問題の関係を類型化している。

(1) 優位集団と社会的弱者集団との関係（いわゆる差別）
(2) 社会的弱者集団間の関係（相互差別）
(3) 社会的弱者集団内の差別（重層差別・複合差別）
(4) 社会的弱者集団に属する個人のアイデンティティの複合内部の関係（葛藤）

　瀬山は,複合差別概念を,「①一人の人が置かれた複数の文脈のなかでの現実を捉えるのに有効な概念であり,②少なくとも（中略）二つの社会的弱者集団に属する語り手の一筋縄ではいかない問題状況を捉え,それを表現するのに有効な概念」であると述べている[2]。

　本研究の対象である被差別部落出身女性,在日コリアン女性についても,複数の被差別の可能性をもつ主体が経験する状況をとらえるという点において,この概念は重要である。

　ところで,本研究の立場としては,複合的なマイノリティであるから,単相のマイノリティよりも主観的に苦しいとか,より心理的に苛烈な差別を受けているとかいうことを主張するものではない。差別による苦しさやその苛烈さといったものを測る絶対的な尺度はないし,差別は差別そのものが問題なので

あって，軽ければ倫理的に許されるといった種類のものではない。とはいえ，社会的な位置関係として，より周縁化されやすいことはいえるだろう。次節で詳述するが，マイノリティ主体の自己解放の過程には，生きられた経験について，自分たちの言葉で語りだし，意味付けしていくことが非常に重要な意味をもつ。語りだされた言葉は，マイノリティのコミュニティの中で，コミュニティの言葉＝モデル・ストーリーとして形作られ，あらたにマイノリティが経験を語るための資源となる。

　理念型として考えると，単相のマイノリティは，マジョリティの見方が支配的な社会の中で沈黙を余儀なくされる。マイノリティの中のマイノリティにとっても，同じことがいえる。マイノリティのコミュニティで語りだされた言葉は，マイノリティのコミュニティの中でマジョリティを占める人の口に膾炙していく過程で，ある言説に賛同する人はより大きな声でそれを語り，そうでない声はより小さくなるという「沈黙の螺旋」(Neumann, 1984＝1988) が連なり，マイノリティの中のマイノリティはやはり沈黙していく。差異化は不断に生じ，言説の発生と同時に沈黙が生まれてくる。複合マイノリティは，重層的に周縁化されるために，自身の生きられた経験を，自身の言葉で語ることが困難な状態にあるといえるだろう。すなわち，理念型としては，複合マイノリティは，自己を解放していくための言葉をもつことがより難しい位置にある[3]といえるだろう。

1-3-3 「語りだす」ことと解放

　被差別者が自らの経験を「語る」行為の重要性は，差別問題研究においてたびたび指摘されてきた。

　その語りが聞くに値しないものであるという対応をされること，あるひとつの声が専制的に社会を支配し，他の声を抑圧する状態の結果，マイノリティは沈黙を強制される。語り出し，その存在を主張するためには，支配的な物語を揺るがす政治的文脈が必要である（山田，2005：47-50）。

　好井裕昭は，被差別の当事者が，その解放運動を進めていくうえで「自らの暮らしにおける経験を語りだすこと」を「運動主体としての意識覚醒過程」であるという。解放運動の主体となる人々は，必ずしも「解放理論や差別を把握

するための先進的な知を身に付け」ているわけではないし,「差別とはどのようなものなのかを必ずしも的確に理解しているわけではない」。そのような個人が,「具体的な生活の場で生じ,個人のプライベートな部分を確実に侵害していく」個別具体的な経験を語り合うことは,「自らにふりかかってくる差別や排除を日常生活の次元から気づき直し,解釈し直し」,さらに「被差別当事者が,支配的な社会や文化の価値観を当たり前のように内在化してしまっている姿を確認し,それを変革していく営み」となる(好井,2005：30-31)。好井はこの営みの例として,「動くゲイとレズビアンの会」が,府中青年の家で受けた差別について,東京都を相手取って訴訟を起こすに至るまでの,「語りあい」の実践に注目する。原告となった当事者らは,事件に出合った時,同性愛者に対する差別的な罵声に対して,「怒る」ことができなかった。それは異性愛原理,同性愛者を異質視するまなざしがあまりに強固で,当事者らも自身を異質視されてもやむを得ないととらえていたからに他ならない。まさに,同性愛を"異常"とする言説が,専制的に存在していたために,同性愛者自身の声は圧殺されていたのだ。語り合いの実践は,同性愛当事者らがそれまでに出合ってきた個別の経験を分かち合い,専制的な言説に破れ目を入れる力となった(好井,2006：165-171)。

　桜井厚は,沈黙されていた経験が語られだす契機のひとつに,「モデル・ストーリーがインタビュー過程の外側から与えられる場合」を挙げ,その契機の得られた個人のインタビューにおける語りは「支配的な語りに対抗的な自分のコミュニティで流通するモデル・ストーリー」であると述べる(桜井,2002：283-286)。これは,山田富秋の,広い範囲では解放運動という「政治的文脈の中で,そして狭くはインタビュアーが回答者に対して支援的な関係を構築しようと努力する中で」,被差別当事者は被差別の経験を語ることが可能になるという知見とも合致する(山田,2005：47)。被差別の立場にあって沈黙を強いられてきた経験を,インタビューの場において語るためには,政治的文脈に裏付けられたモデル・ストーリーに出合い,自身の経験を,それまで沈黙を強いてきた支配的言説の言葉から解き放ち,それに対抗するコミュニティの言葉でとらえ直す契機を要するといえるだろう。その点で,語ることの可能な個人は,その人に押し付けられたスティグマ性から自己を解放していると考えられ

る。

　マイノリティ女性が自身の経験を語りだすときについても，同じことがいえるだろう。とはいえ，彼女たちは，マイノリティの中では女性として，女性の中ではマイノリティとして，二重に沈黙を強いられる状況にある。インタビューの場では，時おり会話を，マイノリティとしての経験の文脈から，女性一般の経験の場に置きなおして進めていくことが要請される。実際に，筆者の行ったインタビューにおいて，マイノリティ女性が「女だから○○した／しなかった」という経験についての語りは，彼女がマイノリティであることと関連付けて考えることによって，より合理的なものとして理解しうる認識あるいは行為の様式が多々見出された。次章では，まず，部落出身者，及び，在日コリアンのライフヒストリーを用いた先行研究についてレビューする。次に，筆者の実施したインタビューから，第3章では部落出身女性の，第4章では在日コリアン女性のライフヒストリーを例示し，彼女たちのマイノリティ女性としての経験がどのようにして語られているかを見ていきたい。

注
1）　スキャンブラーらは，従来，てんかんに関するスティグマ研究の多くが前提としてきた，てんかん者の心理的な苦痛は健常者から否定的態度や差別的行動をうけた体験によって生じるとする視角について，てんかん者の生活の現実を反映していないと指摘した。てんかん者を対象とした調査からは，その多くが，てんかんを恥とする「特別な世界観」を身につけており，それと「制度的スティグマ」（てんかんを理由として社会から一部合法的に排除する法律の存在など）への恐れの相乗によって，てんかん者であることをパッシングすることが発見された。この，制度的スティグマへの恐れに満たされた「特別な世界観」をスキャンブラーらは「フェルト・スティグマ」と呼んだ。そして，より重要な点は，てんかん者は制度的スティグマへの恐れよりもむしろフェルト・スティグマを通して，不幸感，不安感，自己不信感を感じており，それによって人生の選択を狭め小さな生き方を強いられていることである。
2）　http://www.jsds.org/resume/20040301.doc より。2008年9月15日閲覧。
3）　鄭瑛恵は，差別との闘いを，以下のように強い語調で説明する。「既存の構造を批判するだけでは，解放の入り口に立ったに過ぎない。（中略）自分（たち）の手で作り出していくこと，それこそが解放だ。〈解放〉の動詞形に，受動態「解放される」や他動詞「他者を解放する」はあり得ない。「自己を解放する」という能動態があるのみだ」。そして，差別の中で自己を解放していくためには「言語構造や概念装置をも含めて，文化を根本

的にトランスフォームすること」であるという。
4） 桜井は，「個人的経験に意味が与えられ，新しいストーリーが語られ始める」いま一つの契機として，「インタビュー過程のただ中からあらわれてくる」，「個人的経験の語りが生成してくる契機」である「内在的契機」を挙げる。インタビューの場における語りは当然，マスター・ナラティヴやモデル・ストーリーに，個人的な経験がそのまま編成されるばかりではなく，「自分の言葉」によって語られる。それは時に，モデル・ストーリーを相対化するかたちで（モデル・ストーリーに回収されないための抵抗として）語られることもある。桜井はこれを「もうひとつの（オルターナティヴ）ストーリー生成の契機」としている（桜井，2002：283-289）。このような契機の発見は，インタビューの場を語り手と聞き手のリアリティ構築の場とみる，桜井が「対話的構築主義」とよぶインタビューのスタンスならではのものであるだろう。インタビューはそこに参加する個人の社会の認識を巻き込んだ新しい意味付け実践の場であるといえる。

第2章
日本におけるマイノリティの
ライフヒストリー研究

2-1 先行研究

　これまで，部落出身者へのインタビューデータを用いた研究は少なくない。その中には，数人のライフヒストリーを仔細に追い，語り手の視点に寄り添って，部落出身者の置かれている社会的位置への認識や，差別に対する思いを読み取っていくような研究も少数ながらある。

　福岡安則らは，奈良県の被差別部落で行なった，主として高齢者を対象とした調査から，部落の置かれた構造的に低位な位置ゆえに育まれてきた文化の中で，差別への対抗の戦略が共有され，反差別の意志が増幅してきたことを見出した。しかし，環境改善事業により，それまでの人々の交感の場であった共同浴場の役割が衰退し，部落の若者の，部落外からの差別のまなざしを知り，対応を学ぶ場であった集団での行商が減少することによって，「被差別の文化」においてはぐくまれた反差別の意志が共有されにくくなっていることも同時に指摘されている（福岡ほか編，1987）。

　黒坂愛衣は，千葉県の被差別部落で行なった調査から，身近な他者の被差別体験やその乗り越え体験が共有できていないことが，現在の部落出身者として生きる上での困難を結果することを見出し，調査地において実践されている，一部の熱心な活動家を中心とした同和教育によって，体験を共有「できない」状況を「つくりかえ」ることが実現しつつあり，それが部落出身の若い世代を力づけていることを指摘した（黒坂，2006）。

　桜井厚は，滋賀県の被差別部落で長年にわたり行なってきた調査から，主要な産業から排除されてきた被差別部落において，人々はその状況においても少しでも利益を得ようと「生活戦略」を働かせ，それが部落の文化といいうる様式を形作ってきたことを指摘する（桜井，2005など）。

草履づくりや皮革加工といった，被差別部落の伝統的な産業や，子供の遊びなどの民俗的な伝承を「部落の文化」とし，それを称揚する出版物はこれまでにも多く出されてきた。これは部落出身者を，ある意味，エスニックグループとしてとらえるようなものであり，現実に，「同じ日本人」でありながら異質化され，差別的な状況に置かれてきた生活者たちのリアリティが見えてこない。しかし，社会的に低位な状況を生き抜くための戦略から生まれた文化（むしろ戦略そのものが文化）という視座は，部落の関係的な低位性を保留したまま，部落住民たちを被差別の立場ではなく，生き生きと行為する主体としてとらえるものであり，桜井自身そこに加わった，上述の福岡らの研究とも通ずるものがある。

　桜井厚は，戦後「解放運動のコミュニティ」において，被差別部落を語るための2つの典型的なストーリーがあったと述べている（桜井，2002）。

　第一は，「貧困・劣悪・悲惨」のストーリーである。50年代，60年代を通じて，被差別部落の現実を表現するストーリーとなった。それが上述の，行政差別に対する闘争へとつながる，政治的，政策的な意味を「解放運動のコミュニティ」に与えた。

　しかし，上のストーリーは，被差別部落への差別意識を持つ外部にも流通するストーリーであり，被差別部落へのマイナスイメージをむしろ増幅させる機能をもはたすことになった。

　第二は，それを変革する新たなストーリーとして生成されてきた，「誇り・たくましさ・アイデンティティ」のストーリーである。外部によって貼られた差別的レッテルを，自己概念として主体的にとらえ返すことによって，肯定的アイデンティティへの転換を可能にするものであるといえる。

　第一，第二のストーリーとも，ライフヒストリーを扱った著作においても流通している。地区の解放運動の担い手となった世代のライフヒストリーは，概ね「貧困・劣悪・悲惨」な状況をたくましく生き抜いた人々の姿や（小林，1981など），解放運動によって「誇り・アイデンティティ」を手にしたストーリーをもっている（部落解放・人権研究所編，2001，山田，2004，黒坂，2006など）。

　また，若い世代を対象としたインタビューもいくつかある。ジャーナリスト

の角岡伸彦は,「部落差別はまだ厳しい」と,「部落差別はもうなくなった」という,両極にある二つの言説の「間」に日常生活を送る若者たちにインタビューを行い,地区の人々の生活やものの考え方の改善に理想を燃やす若者から,自分が部落出身であると認識しながら部落差別問題にまったく興味を示さない若者まで多くのありようを描いた。また,松下一世は,直接(あるいはごく身近な人が体験した)の過酷な被差別体験のない世代において,「部落アイデンティティ」がどの程度形成されているかを類型化している(松下,2006など)。

すなわち,これまでの研究は,自己解放のうえで,部落民アイデンティティが重視され,その形成のために問題を共有する関係が重視され,その関係を獲得するものとしての解放運動や同和教育の重要性に着目したものが多く,自己解放の過程で,自己の中で部落という押し付けられたカテゴリーとどのように距離をとっていくかに着目した考察はあまり見られない。また,語り手に占める女性の割合が圧倒的に多く,彼女たちがジェンダー的な体験を語っているのに,部落出身者の解放におけるジェンダーの意味づけが薄い。

同様に複合マイノリティ状況にある在日コリアン女性の自己認識はどのような状態にあるだろうか。

在日コリアンと部落との社会からのまなざしは共通するところが多い。しかし当事者側からすれば,前者は民族を理由とした被差別,後者は門地を理由としたそれであり,主観的被差別感のありようや,その克服過程は異なることが予想される。在日コリアン女性のライフヒストリーとの比較によって,複合マイノリティの自己解放に有効なものは何かを見出すことができるだろう。

1970年の日立就職差別闘争を契機に,在日コリアン二世と日本人とによる在日韓国・朝鮮人の権利獲得運動が隆盛する。それまで,在日コリアンは,いずれ故郷に帰るのだから,重要なのは祖国の統一であり,日本の企業に就職を希望することは民族の誇りを捨てて日本に同化することだ,と考えられており,就職差別についても民族団体はノータッチだった。しかし二世たちにとって,見たこともない／おぼろげな記憶しかない朝鮮半島に対し,日本は成長し,生活し,これからも暮らし続ける土地であった。日本で生活する彼らが国籍を理由に企業から排除されることの不当性を告発し,糾弾する運動は,部落解放同

盟や労働運動団体の協力を受けながら拡大し，民族による「下からの運動」として評価されている。

　一世の，朝鮮半島の民族としての生活習慣は，生活の極端な貧しさと結合して，二世にとってはスティグマですらあった。二世は概ね「朝鮮人」としてのシンボルを隠すことに終始したといわれる。それに対し，朝鮮語も，その生活習慣も解さない三世には，二世の教育方針とあいまっていくつかのパターンが生まれた。二世のパッシングに反して，ルーツを求めて民族の文化に志向するようなゆり戻しも生じた。

　在日コリアンを対象とした調査をもとにした研究は多いが，一定程度の規模をもった調査データをもとにした詳細な分析はそれほど多くはない。

　原尻英樹は，筑豊の在日朝鮮人集住地区に入り，在日朝鮮人の親族関係のありようや行動様式について詳細な観察を行なった。また，一世が概して朝鮮半島での生活様式や価値観を維持しているのに対し，二世以降は，日本社会の中に生きる「日本人でも朝鮮人でもない」両義性をもった自己をめぐる葛藤を経験し，その上で朝鮮人と日本人（「猪足化志向」と名づけている）と，どちらのエスニシティを志向して生きるかを選択していくことを見出した。

　谷富夫らは，大阪の猪飼野を中心として，一系に連なる三～四世代の家族に詳細な生活史聞き取りを行い，谷が「世代間生活史法」と呼ぶ分析法によって，渡日後の韓国・朝鮮人家族が代を重ねるに連れて，生活様式や価値観にどのような変形が生じるかを分析した。

　しかしこれらはいずれも，概ね父系で受け継がれるチェサや，上の世代の好みが影響する食生活，父親や父方の祖父母の意向が重視される職業選択，配偶者選択における父系の親族の影響に焦点化されている。谷は，韓国・朝鮮人家族内での価値規範の継承における「オモニ」の影響を，仮説において指摘しているが，その実証に当たる事例は一家族にとどまり，その内容も，渡日一世女性のキリスト教信仰がどのような要因により引き継がれていくかといったもので，エスニシティや自己認識の視点は薄い。

　福岡安則らは，在日二世・三世世代の「若者」たちの民族アイデンティティを「朝鮮人の被抑圧の歴史へのこだわり度」と「日本社会における自己の生育地への愛着度」との強弱によって，四つのタイプに類型化した。上述の二要因

は，二世・三世を対象とした詳細な生活史聞き取りの結果導き出されたものである。聞き取りの内容は，生育家庭の衣・食・住生活や，親の祖国志向の程度，被差別体験や日本人からのまなざしの認識など，対象個人の半生の多岐に及び，その全体から民族アイデンティティを浮かび上がらせる繊細な分析がなされている。

以上に見たように，これまでの在日コリアンを対象としたライフヒストリー研究は，民族アイデンティティの志向に，生育過程がどのような影響を及ぼすかを関心にすえたものが多い。しかしながら，いずれの民族アイデンティティを志向するとしても，その過程において経験される葛藤があり，民族アイデンティティの志向はその結果（現在の自己認識）の一部分である。その葛藤には，自分が部落出身であることを認識しないで育った部落出身者，あるいは一般的に部落差別が潜在化してから生まれた世代の部落出身者の葛藤と通底する点も多く，比較検討の可能性を多く残す。また，在日家庭においてはジェンダー規範がひじょうに強く，性差別を内面化した母親の担う子育てにより，二世以降の在日コリアン女性の母親に寄せる感情は「愛憎相半ばしたもの」（朴，2001：18）であるといわれるように，在日コリアンの女性は家庭内でもマイノリティの立場を受容せざるを得なかったが，従来の研究ではその点への関心が薄い。

2-2　ライフヒストリーの信頼性，代表性問題

本研究で取り上げるライフヒストリーは，部落出身女性4名分，在日コリアン女性3名分である。本研究を進めるうえで，ライフヒストリーから得られる知見の信頼性，普遍妥当性についての質問はたびたび受けた。また，なぜ，この7名のライフヒストリーを取り上げるのかという質問はたびたび受けた。取り上げるライフヒストリーの代表性はどのように担保されるかという，いわば質的研究にお定まりの質問である。

筆者が話を聞かせていただいた部落出身女性は全部で17名，在日コリアン女性は，まとめて人生全般について話してくださったのが11名，人生の一部分だけについての語りになると20名を超える。重要なことは，それらは，部落出身女性として，在日コリアン女性としての経験を教えてほしいと申し込み，いく

つもの質問を繰り出す筆者に対して語られた事柄であるということだ。

　ホルスタインとグブリアムによると，伝統的なアプローチにおいては，回答者は基本的に受動的な「回答の容器」として考えられてきた。このアプローチでは，混ぜ物のない事実と経験を獲得するために無数の手続きを提供する。それらをうまく適用すると，回答の容器に保存された真実が導き出されると考える。そして，手続きがうまく適用されたインタビューが，妥当性の高いものとなる。また，信頼性（質問がいつでもどこでも同じ回答を引き出すことができる範囲）や妥当性（質問が「正しい」回答を引き出せる範囲）によって回答が「客観的」な「真理」であるか否かを測定される（Holstein, James A., Gubrium, Jaber F., 1995＝2004：30）。この「客観的」な「真理」は，回答者を代表として，その背後に設定されている対象者を記述するものである。

　しかし，近年ではこのようなアプローチとは異なるアプローチが一般化している。

　桜井厚は，「ライフストーリーは過去の出来事や語り手の経験を表しているというより，インタビューの場で語り手とインタビューアーの両方の関心から構築された対話的な構築物にほかならない」（桜井，2005：12）という。「聞き手が異なれば，また聞き方が異なれば，語りには別の『意味構造』が生み出される」（上掲書：20）。

　筆者も基本的に，桜井が「対話的構築主義」と呼ぶ，構築的なアプローチを念頭においてインタビューを実施し，ライフヒストリーを解釈している。語りは基本的に，インタビューの場において生成されるものであり，自然科学的な信頼性の担保となる再現性をもつものではないと考える。

　そして，インタビューの場で語られることは，「意味構造」を含んだ一連の会話である。この「意味構造」には，「自己と周りの社会との関係」（上掲書：20）が含まれる。ことに被差別者の語りの「意味構造」を解釈するに当たって，桜井は，「用語法」と呼ぶ語りの様式に注目する。「用語法」とは，「語り手がそれを用いれば聞き手もただちに了解でき，聞き手も納得できるであろうと予測できるような，語り手と聞き手（さらに，その背後に想定される他者）がともに属しているコミュニティの文化的なコードに埋め込まれた語りの様式」（上掲書：20）である。

これは，同じ被差別カテゴリーにカテゴライズされる人の語りを多く聞いていくことによって，より有意味なものとして理解される。
　黒坂愛衣は，千葉県の部落に生活する11名の住民を対象に詳細なインタビューを行い，ライフヒストリーを解釈する中で，「それぞれに異なる色彩をもつ個々の『語り』は，事例を重ねるうちに，互いに関連付けられて響きあい，しだいに全体のもつ意味が奥行きを増していく。それにともない，ひとつひとつの『語り』がもつ意味についての解釈も，おのずから変化していく」（黒坂，2005：9）と述べている。ある人の部落差別についての「昔の話」「このへんは，そんなにない」という語りは，他の人の苛烈な被差別体験と関連付けていくことで，「"部落差別がない"ことを意味するのではなく，"すぐそばに部落差別に遭った人がいない"ことこそを意味するものであるということがみえてくる」（上掲書：9）ようになったという。
　マイノリティの経験あるいは意識にフォーカスして語られた複数の語りは，相互に関連付けて解釈することで，集団としての彼ら／彼女らの社会における位置性が見えてくる。これは，"Aと語った人が何名，Bと語った人が何名"といった数量的なとらえ方では見えて来ない。このような理解のための分析は，そもそも数量的な分析にはなじまないのだ。
　桜井は，ライフヒストリー法が求めるものは，「語りの『信憑性』」であるとし，「その妥当性を決定する公認の手法はない」ことを留保したうえで，「妥当性を見極めるある種の尺度や基準」のひとつとして，「内的一貫性」を挙げる（桜井，2002：40）。また，ホルスタインとグブリアムは，インタビューの解釈実践において，文脈の上で構成される意味は，主体のそれまでの経験を離れたまったく新しいものではなく，「比較的持続性のある当該の状況に属する条件を反映する」としている（Holstein, James A., Gubrium, Jaber F., 1995＝2004：29-30）。
　総じて，ライフヒストリー解釈の信頼性は，語り手の生きられた日常への言及のされ方を，当該の語り手の語り全体や，他の語り手の語りと関連付けて，理解的に読み解く結果見出される確からしさということになるだろう。
　代表性の問いへの答えもここから導かれるだろう。この問いにも明確な解答はない。数件のインタビューから，よりその人の生が詳細に語られ（すなわち

解釈のうえで参考になる情報が多く），なおかつ，他の個人のライフヒストリーと相同性や関連性を豊かにもつと考えられる事例を挙げている。

　なお，サンプリングの代表性という問題については，さらに素朴である。出会い，語ることを承諾した対象者が"サンプル"である。

　これは素朴であると同時に，差別問題を研究するうえで存在する困難そのものであるといってよいだろう。3-3に述べたように，被差別体験についての語りは沈黙を強制される。その沈黙を破る政治的言説に出合っていない，被差別カテゴリーにカテゴライズされる人——スティグマをもつ人——は，不可視のまま，語りの場に登場することができない。そのため結果的に，了承の得られた人のみへのインタビューとなる。しかし，このことがライフヒストリーによってみえてくる何事かを無意味化することにはならないだろう。なぜなら本研究の関心は，語り手のマイノリティ女性たちが，被差別の痛みにどのように対し，いかにして語るための力，語るための言葉を獲得してきたかを知ることにあるからだ。

第3章
部落出身女性のライフヒストリー

　部落出身者は「部落民」として生まれてくるのではない。野口道彦は，「差別される人々は，積極的な意味でアイデンティティをもつのではなく，差別されることによって，自分が他とは異なった存在であることに気付かされる」と述べている（野口，1996：166）。すなわち，「お前は『部落民』だ」と言われ差別的な扱いを受けることによって，被差別部落出身者は，「部落民」を差別されるものとして認識し，自己の一部としてそのアイデンティティを獲得させられるのである。

　野口は，歴史的経緯の中で「部落出身」であることがスティグマとして機能してきたとしたうえで，被差別部落出身者の部落差別への対処は，「基本的には，『解放の戦略』をとるべきか，あるいは『身元隠しの戦略』をとるべきかの選択の間での迷い」であると述べている。身元隠しを可能にしているのは，スティグマの要素が「祖先に被差別身分の者をもつかどうかという一点」であり，外見的には見分けがつかないことである（上掲書：166）。しかし，身元隠しによって存在が不可視になることは，差別を解消させることにはつながらない。差別意識をもつ者は，具体的に差別の対象となる個人が身近にいるか否かに拘わらず，カテゴリーとしての「部落民」に差別意識を向けているからである。

　桜井厚は，「出身がどこかではなく，個人として認めてもらえる子になりなさい」といったたぐいの教育的な言葉が，被差別部落の親から子どもへの教育的な言葉として流通していることを挙げ，その言葉を「いくらかむなしく響く」と評している。現実には，被差別部落の人々は，「一歩むらの外に出ると」個人としての名前を失い，「与えられるのは『部落の人』という社会的カテゴリーだけ」だからである（桜井，1996：40）。すなわち，「お前は『部落民』だ」と言われるのである。そして，「部落」という言葉が，「被差別」と不可分

であることはいうまでもない。そもそも「部落民」というカテゴリーがあるときに，そこに含まれない人を呼ぶ言葉がない。ある人が「部落民」としてカテゴリー化されるとき，その人は，マイナスの意味でマジョリティとはなにかが違う人として括られるのである。

「部落の人」ではなく，個人として認めさせるためには，まず自分が部落出身であることを隠さなければならない。そして，近隣地域の人々には，どこのムラかを言うだけで「部落の人」だと知られてしまうが，そうでなければ，自分が部落出身であることを隠すことそれ自体で身元隠しが成立する。日常生活を送っていれば，あえて話すまでもないことであり，それによって「部落の人」でない人と同じように過ごすことができるのである。

しかし，身元隠しは，身元が知れることによって被る不利益を一時的に逃れることでしかない。人生のある時期を境に，出身を明らかにし，身元隠しをせざるを得ない原因となった差別に向き合って闘い始める部落出身者は少なくない。それが集団の力となったのが水平社であり，それを元型とした部落解放運動の諸団体であるといえるだろう。

第二次大戦中に雲散してしまった水平社運動が，戦後の混乱期の収束とともに復興し，オールロマンス事件（1951年）を契機に，部落差別を"個人の心の問題"から"政治による差別"として是正を求める運動が活性化し，1965年の同対審答申に結実。69年の特措法を機に各地で同対事業が行なわれた。

終戦後，1950年代から1970年ごろまでにあたるこの時期は，黒人公民権運動，60年安保，ベトナム反戦運動，全共闘など，繚乱期といえるほど社会運動が盛んに生じていた。先行研究や筆者の行なったインタビューなどを見る限り，戦後生まれで，この時期に青春期を過ごした，いわゆる「団塊の世代」でもある部落出身者の，「部落民」としての自己認識は，部落差別を自明で宿命的なものと見るか，それとも説明可能で不当なものと感じるかという点で，それ以前の世代とは異なる。

特措法は10年間の時限立法で，のちに3年延長された。81年には，翌年から5ヵ年有効の地域改善対策特別法が制定された。この頃には「実態的差別」といわれる劣悪な住環境や露骨な就職差別が概ね改善され，表面的な差異は見えにくくなり，「心理的差別」が潜在的に残ったと考えられている。この時期に

青春期を過ごした団塊ジュニア～真性団塊ジュニア世代の"部落民"としての自己認識はとらえどころがないほどの多岐にわたる。

　しかし，経済的格差の縮小などが運動の成果として得られてきた一方で，部落の内外を問わず周縁化されるカテゴリーの人々が，解放運動組織内でも周縁化されるといったように，外部社会の社会的位置関係は温存されている。たとえば，解放運動団体内においても，幹部は通常男性であり，女性はその組織として女性部などへ割り振られ，独自に活動する場合が多い。その独自の活動内容とは，妊産婦給付金の請求であったり，あるいは子育て環境を整備する運動であったりと，女性役割として期待される分野に関するものを主に担っている。女性を男性の補佐的役割において，男性が役員として組織を代表する活動を担うというパターンは，解放運動団体においても根強いといえるだろう。

　また，労働組合活動においては，参加者数における女性比率の低さが指摘されている（井上・江原編，1999）。労働組合活動は，職業活動以外の時間に行われることが多いが，女性の場合，家事労働と育児労働とを職業活動と両立させる事に精一杯で，労働組合活動に割くべき時間をとれないことが主な原因とされている。

　被差別部落内においても，家事・育児役割が一般に女性に期待されることは，地区外と異ならない。それは上述の女性部活動にも見てとれる。解放運動に参加する女性たちは，職業活動と家事労働を両立させた上で，さらに解放運動にも参加する状態になる。しかし，解放運動等においては，ジェンダーによる負担の偏りの問題は周縁化される。

　次節以下では，4名の部落出身女性のライフヒストリーをとりあげる。4名のライフヒストリーには，部落出身者として生きるうえでの困難が見出される。それは，部落外から，部落出身者に対して向けられる，差異化のまなざしに起因するものだ。それに加えて，女性としての生きづらさもまた，語りの中に現れてくる。それは，彼女たちが部落出身であってもなくても，部落内外を問わず流通する，女性を周縁化するジェンダー秩序によって経験された困難である。そして，彼女たちが部落出身であることによって，女性であるが故の困難は，より複雑な様相を帯びたものになってくるのである。

事例1　戦略的対応を身につける

語り手と地区に関する解説

　本事例の語り手である内山みち子（うちやま・みちこ）さん（仮名）は，1932（昭和7）年生まれ，聞き取り時点で70歳である。東京都の被差別部落で生まれ，同じ東京都内の部落出身男性と結婚し，嫁ぎ先の地域で生活して現在に至る。現在生活している地区は，同和地区指定は受けていないが，もともとその地域で生活してきた部落出身者の多住地区である。内山さんへのインタビューは，2002年10月7日，内山さんの住まう地区にある部落解放同盟の支部内で，3時間程度にわたって実施された。同席者は，語り手である内山みち子さん，聞き手は鐘ヶ江晴彦教授，及び筆者である。引用されているインタビューの「U」以下は内山さんの発話，「K」以下は鐘ヶ江教授の発話，「H」以下は筆者の発話である。また，（　）内は，語りの内容を補足するもので，〔　〕内は，インタビュー中の仕草である。

　内山さんの住む地区では，1949年と比較的はやい時期に支部が結成されている。1950年代，60年代には，参院選に出馬する松本治一郎の後援をおこなっており，内山さんは選挙後援を通して解放運動に接触した。

　69年に同和対策事業特別措置法が公布され，東京都に同和対策協議会が発足する。それに続く70年代，内山さんの住む地区では環境改善事業を主とする活動が盛んにおこなわれた。その一環として，隣保館保育園に子どもを通園させている父母により，隣保館改築闘争が展開された。それを契機に支部での子ども会活動が開始され，内山さんの子どもたちもその活動に参加した。

　内山さんの暮らす地区では，地域環境改善のための事業は盛んにおこなわれ，高い進捗率を示している。しかし，運動に参加していない人の間には，「寝た子を起こすな」意識がひじょうに強く，部落差別問題への理解が進んでいない状況であるという。

子ども時代

　内山さんは1932年，草履屋を営む両親のもとに生まれた。小学校5，6年の頃，戦火を避けて，埼玉の親戚の家に個人疎開をし，その疎開先の村で，初めて被差別体験をもった。地区外の子どもから，「チョーリンボ（被差別部落民に対する別称）」と呼ばれ，石を投げられたのである。その地区の子どもに対する，「いたずらっ子」たちの差別的行為は，彼女が疎開する以前からあり，疎開した彼女も受けることになった。

　その時の体験を尋ねると，集団での登下校の話から，地区の人が集団で行動することに関連づけて，地区以外の人との結婚についての話が出てきた。地区の人は「何するにも，そのかたまり」で行動し，地区外の人を「しろうと」と呼んで区別していた。大人たちは，地区に嫁いでくる人に「悪いから」，子供が寄って行って不用意な行動をしないようにと，釘を刺すこともあった。「チョーリンボ」と呼ばれて石を投げられる自分たちと，「しろうと」とのはっきりした関係はつかめないながらも，内山さんはこのムラに住んだことで初めて，いつも一緒に行動する子どもたちと，「しろうと」とは違うものなのだと認識するようになった。

U：（集団で学校に）行くんですけど，途中まで行くと，いたずらっ子が，待ってるんですよ。そいで「チョーリンボが来たぞーっ」ていうんで石投げるんですよ。それを追い返して，学校行くんですね。で，あたしなんかよく，ぼさっとしてるもんだから石が当たるんですよ，こんなコブつくって行くんですけどね，で先生が「どうした」って言うとね，親戚の子がね，「今，石投げられてこうだ」って言うと，先生が怒るんですけどね。その先生が，うちのほうの，町内町内で先生の持ち場がありますね。

H：ああ，担当がね。

U：担当がね。その先生が，わたしたちの，クラスの担任の先生だったもんですから，怒ってくれるんですよ。ですけどね，もう，（学校の）行きも帰りも，部落の人たちが，ええ，10人ぐらいいたかしら。そのかたまりになって，帰っていくんです。で何するにも，そのかたまりなんですよ。それで，部落外の人が来ると，「しろうとが来た」って言うんですよね。で，

「あそこに嫁さんが来たけども，あの人はしろうとだから，行って，あんまり，ここらへんのことは喋るなよ」って，言うんですよ。しろうととか，自分達のことは何にも言わないんですけどね，で「喋っちゃいけない」っていうから，と思って，結婚式なんか，家でやるから見に行くんですけどね，みんな子どもたちですから，廊下んとこへこう，よじ登って，唐紙，障子にこう（指をぬらして）穴開けて見るんですけどね，おばたちがね，あの，「あそこはしろうとなんだから，行ってあんまりお前たちがやると，お嫁さんに悪いから，黙ってろ」って言うんで，それから行かないようにする。

内山さんのものも含めて，これまでのいくつかの聞き取りによれば，居住地の村全体の産業と，自分たちの従事する産業との違い，あるいは経済状態や住環境の落差が，地区の内外の目印になっていたように思われる。内山さんの生まれた地域は，内山さんの家以外でも履物関連産業に従事する家が多く，内山さんの記憶では，周辺の地域と，特に異なった様子はなかったという。

U：草履屋さん，鼻緒屋さんとか，近所はね。なんにしても，隣で不幸があったって言うとみんな，（隣の住人の）親戚がみんなうちに寝に来て，隣とうちとくっついてるような生活でしたよね。で，何かあると，うちから持ってったり向こうから来たりして。前のうちでも，あたしが，落ち込んでると，むこうから，「おおい」って呼んでくれて，むこうへ行ったり，窓越しに，「今日のおかずはなんだ？」って，「これだ」って言うと，「うちのほうがいいから食べに来い」って言って，行ったり来たりするような。隣近所っていうより，ひとつの家みたいだったですね，近所じゅうがね。

K：あれですか，東京の典型的な下町の。

U：そうですね。

K：近辺のほかの，地区というか，おそらく昔の言い方だと町とでもいいますかね，そういうところと比べても特にそう変わった様子でもなく，大体似たような感じですか？

U：そう，だと思うんですよね。

しかし，疎開先の村は，被差別部落とそうでない地区との環境が大きく異なっており，他の地区には行ってはならないように感じていたという。

U：(疎開先の）ムラにいると，部落っていうのがすっごくこう，ここだけのもので，他へいったら住めないような感じでしたね，あたくしがそこに住んでた時はですね。だから，ひとつ道を離れて向こうが違う村なんですけどね，そすともう，そこは行っちゃいけないみたいな，あれでしたけどね。誰も，(地区は）夜なんかも，提灯つけて，帰って来たりなんかするくらいのとこでしたけどね。

内山さんを始めとして，地区に住む子どもたちは，何につけてもひとまとめに「チョーリンボ」として，地区外の子どもたちから扱われた。テストでよい点を取ればいじめられるので，わざと悪い点を取ったり，授業を抜け出したりして，いじめから逃れる対策をとっていた。
しかし，なぜその地区に住む自分たちが「いじめ」を受けなければいけないのか，ということは内山さんにはわからない。地区外の子どもたちもおそらく，「チョーリンボ」の意味もよくはわからず，その地区に住む子どもだからということで，内山さんのことも「いじめ」の対象としていたと思われる。

U：そういう，チョーリンボって言われたのが，あれ（最初）ですね，学校にいてもね，勉強して，点数いいの取りますね，「なんでチョーリンボがこんな点取るんだ」っていうんですよ。"じゃあいいや"っていうんで，先生が答案用紙配ると，(回答）しないんですよ。で，点が悪ければ，(いじめっ子は）みんな喜んでるんですよ。(いじめっ子は）すっごい，できるかぎりのいたずらしました。すぐ「チョーリンボ」っていうことばが出るんですよね。「チョーリンボがまじめに勉強した」って言う。"じゃ，しないでやろう"っていうんで，トイレ行ったふりしてトイレの下の窓から，逃げるんですよ。で，先生がまたそういうの見て，怒るんですけど

ね，みんなの前で，怒るまねをするんですよね。かわいそうと思うんじゃないんですか？　昔ですからね，軍隊式でもって，そこらへん座らして，そでこう，棒でもって，だーってぶって歩くんですよ。ぶたれるんだけど，(内山さんが) 細くって小さくってひょろひょろしてたから，あたしのとこだけ，ちょっと軽めにするんですよね。そうすっとみんなが，「チョーリンボを先生が，あれ (ひいき) してる」って言って，また，いじめるんです。だから，その，チョーリンボってのは何なのかなっていうのがずうっとそのまんま，(疑問に感じて) いたんですけどね。

内山さんは，おばから部落についての説明を受けた。「チョーリンボ」と呼ばれるのは，自分たちが差別される地区に生まれたためであり，どこへ行っても身元が知れてしまう上に，結婚も，同じ生まれの者同士でしかできない，といった内容である。無論これは，現在，解放運動団体などで説明されているものとは違う。差別される側に，差別されるだけの理由があると考えさせてしまう説明である。おばの話を聞いて内山さんは，もし自分が将来結婚すれば，子どもも自分と同じように，石を投げられていじめられると危惧し，結婚をしたくないと考えた。

U：おばに言ったら，「ここでは話せないから，家に帰ってから話すから」。で，土曜，日曜休みんなると，家 (実家) に帰るんですよ，すっと，(おばが内山さんを) つれて，家に帰った時に，「チョーリンボっていうのは，部落だ」っていうの，親じゃなくておばに聞いたんです。で「部落っていうのは，どこ行っても隠れられないんだ」って言うんですよ，「分かるんだよ」って，「仲間同士で結婚しなきゃいけない」っていうのを聞きましてね，「じゃあ恋愛もできないの」っつったら，「そうだ」って言うんですよね。"じゃ，結婚なんかしないほうがいいわ。子どもがこういう思いすんじゃ，かわいそうだから"って，"子どもにまた石投げられたら困るから"っていうんで，ウフフ。

独身時代――質素な身なりで過ごす

　1945年の東京大空襲で，内山さんは父親を亡くした。空襲によって住む家もなくし，親戚の家を転々とする生活がしばらく続いたが，やがて亡き父親の知人に引き取られた。その知人は都内で菓子店を営んでおり，内山さんはその仕事を手伝って暮らした。店主は戦中に，内山さんとその父親によって命を救われたことがあり，いわば内山さんは恩人であったため，引き取られた先では大切にされたという。

> K：このお菓子屋さん行ってからは，学校には行かないで，仕事は，お店を手伝ったりなんかしてたんですか。
> U：ええ，あと，そこのご主人に，いろんなことを教わってたような気がします。そこのお嫁さんより，すごい待遇受けました。あたしは恩人だっていうんでね。そこが空襲で焼けたときに，あたしが，「あそこのうちが焼けたから助けに行かなくちゃ」ってなんか助けに行ったらしいんですよ。父が生きてましたからね，父に言って。で，父がそこのおじいちゃん，そこの，主人をつれてきたんですよ，それでもって全部面倒見てたです。それを恩に着てくれて，私を，ずっと引き取って。そこの家の，若旦那のお嫁さんがいるんですけど，お嫁さんより，私のほうが（良い待遇だった）。食事するんですよ，と，私とそのおじいちゃんとが，いちばん上座に座りまして，お嫁さんがいちばん下座に座りましてね。（本来なら）使用人だから，あたしがいちばん，ね，『おしん』じゃないけどいちばん下でもってやるのが，あたしがいちばん，上座に座って「ご飯」って（茶碗を出しておかわりを求める），やるような，生活させていただいてるんですけどね，もうほんとに，よく面倒見てくれたんです。

　成長した内山さんは，菓子店の家族に勧められて見合いをした。おばから出身について説明を受けて以来，結婚をしたくないと考えてきた内山さんにとっては，気の進まない縁談である。その見合いの後，内山さんはある話を耳にした。内山さんの見合い相手と同郷の人で，やはり見合いをした人が，見合い相手が部落出身であることを知って破談にしたという話である。それを知って，

内山さんは縁談を断った。

　内山さんにとってこの縁談は，もともと気の進まないもので，先方が話を進めるも断るもさして頓着しない，いわば売り手市場の状態のはずであった。それが部落出身であることによって，内山さん側から急いで断ることになった。それまでに内山さんが直面した，石を投げられるような差別ではなく，結婚という（ことに女性にとって）人生の上で重要な選択が，部落出身であることによって難しくなるというかたちの差別が，現実のものとして見出された出来事であるといえるだろう。

　　U：○県の人なんですよ，その人。（この話を）聞いたのが，その人とお見合いしたあとなんですけどね，その人がじゃなくて，他の人が，○県のほうでお見合いしたそうなんです。それだけど，（見合い相手が）部落出身だから断わったって言うんですよ。「ああそう」って聞いてね。「ああそいじゃあ，部落だっていうのを分からないうちに，断ったほうがいいな」って言って。で，その（お見合いの）時もね，「今日はお見合いだから」って，洋服も取り替えられて，「お化粧しなさいよ」って言われたんですけど，顔，洗っちゃって，普段着でもってお見合いしたんですよね。ウフフ。

　当時，内山さんの親戚は，会社に工場のための土地を貸していた。内山さんは社長の娘と親交があり，たびたび工場へ遊びに行っていた。従業員の女性から，社長の息子と結婚してはどうかと言われるほど，工場の人々と親しく付き合っていた。そんなある日，社長から従業員とともに食事に誘われ，ついていった先で，突然，工場長から，愛人になることをもちかけられた。

　結婚を考えていなかった内山さんは，お見合いの席にすら普段着で行ったように，異性の目にとまることがないように質素な身なりで過ごし，恋愛に発展するようなことにならないように気をつけて暮らしていた。しかしその身なりを工場長は，困窮のためだと考え，内山さんを金銭でつろうとしたのである。内山さんは断わってその場を逃げ出し，その後，社長一家との付き合いを止めた。

U：そこ（工場）へアルバイトに来てるおばさんに，「あんたここへ嫁に来た方がいいよ」って言われたんですよ，結構ね。あんまりこう，仲良く，みんなと遊ぶもんですから。でも，その前に，差別のことを聞いたわけなんです。それでね，私たちは親戚同士じゃなくちゃ結婚できないっていう話も，してたもんですから，男の人っていうのは，除外視してたんですよね。好きにならない方に，自分が，向かってったっていうのかしら，そんな具合でしたね，なるべく，好きにならないように。だから，異性のいる所は，お化粧もしないで行くんですよ，あんまりいい格好して行かない。そしたら，そこの工場の人にですね，ある日「ご飯食べに行こう」って言われたんですよ。「お前，いつもここで遊んでるんだから，食べに行こう」っていうんで，行ったんですよね。でみんなして，社長も，お兄ちゃん（工場で働いている，社長の息子）も，あたしの友達，その（社長の）お嬢さんも一緒に，5，6人で。食べてるうちに，みんなどっか行っちゃったんですよ。（後から考えれば）なんか言い含められたのか，みんなしてわいわいわいわい騒いでた人が，突然いなくなったんですよね。で，まだ，"トイレ行ってるから，帰ってくるだろう"と思って待ってたら，帰ってこないで。したら，あの人は工場長やってる人だと思うんですけどね，突然，「お前は，おんぼろ着てるんだから，困ってるだろうから，お妾さんになれ」って言うんですよ。「セーターだって買ってやるから，上着だって買ってやるから」って，お金でつろうとするんですよね，ほいだから，「そんな馬鹿な話，いやだ」っていうんでね，荷物持って逃げてきたんですよね。

従業員の女性が内山さんに，社長の息子との結婚を勧めたように，未婚の女性が未婚の男性のいる場に関わることはそれだけで，恋愛や結婚への発展が充分見込まれる状況である。未婚の，すなわちいずれは結婚する女性であれば，より条件の良い結婚のために，美しく装うことは，女性が未婚のまま過ごすことが逸脱であったこの時期には常識であったといえるだろう。それを内山さんがしなかったのは，部落出身者に加えられる差別的な行為を，自分の子どもが

受けることになる点を忌避してのことである。いわば，部落出身であることによって被る不利益を回避するための対応であったといえる。

しかしそれが，女性としての内山さんを，結婚から逸脱する性愛の対象へと貶めてしまうことになった。部落出身であることと，「女性」であることの，二つのカテゴリーにカテゴリー化されている内山さんが，そのカテゴリーに含まれることによって被る不利益を回避するために，結果として，交友の場や友人を失うことになった。

結婚

結婚するつもりがないまま過ごしていた内山さんだが，30歳を前にして，かねてから縁談のあった親戚の男性と結婚した。内山さんは，その頃には菓子店をほぼ取り仕切るまでになっていたが，30歳近くなっても独身の娘は，母親にしてみれば心配の種で，たびたび結婚を急かされていた。再三縁談を断っていた内山さんが結婚することにした理由は，母親が兄夫婦と暮らしているために，仮に菓子店を出てしまえば行く先がなくなってしまうこと，年齢的なことに加えて，相手の家が自分の家と同じ程度の経済状態だったこと，また，親戚関係にあるために，結婚後も母親と会うことができ，「威張っていられる」と考えたことであった。

H：あんまり結婚する気なかったんだけど，お見合いして結婚しちゃったのは，どうしてですか？

U：あのねえ，行くとこがなくなっちゃったんですよね，うちに。兄も結婚して，そして，あたくしがいたんですけどね，母親が，年とって，「早く嫁に行ってくれ」って泣き付かれましてね，それで，主人の親が，もう，命が何日ももたないっていう，あれだったんですよね。それで，主人も，あたしとお見合いしたあと，あたしが断わったんで，他の人と，何回も見合いしたんですって。でもそれがだめなんですって。で「何とかしてくれ」ってんでおじが言ってきたんですよね。でも，それでもまだ断わってたんですけどね。なんでしょう，親が，主人の親とあたくしの親と，いとこ，またいとこかな？　だから，行っても親がうちに遊びに来れるかな

あっていう，安易な考えでもって，ウフフ。でね行ってもね，威張っていられるかなってそう思って。ま，何でもいいわ行って，してればいいかなっていうんで，来たんですよ。たらもうすぐ（義母が亡くなった）．主人が言うには「お前みたいにきつい嫁さんだったら，蹴飛ばされるから，お袋が先に逝っちゃったんだ」っていう，フッフッフ，そう言われるぐらい。望まれて行くぐらいの方がいいんじゃないかって言われましてね周りからね，そいじゃ，いいかっていうんで，もう年も，30過ぎちゃうからそいじゃ，このへんで手を打たなきゃって，ハッハッハ，ウフフ。そんなふうだったんですけどね。まあね，自分のうちと同じぐらい（の経済状態）だからいいんじゃないかなっていうので。フフフ。

　結婚してまもなく長男が生まれ，その後，靴職人であった夫は勤め人になった。靴職人をしていれば出身がすぐに分かってしまい，子どもが何かと嫌な思いをすると，親戚からアドバイスを受けたためであった。しかし，それによって収入が激減した。内山さんも結婚後すぐに内職を始め，その後も外へ働きに出るなどして，家計を支えていたが，夫は収入のほとんどを勝手に遣ってしまうこともたびたびあり，生活は楽ではなかったと思われる。また，内山さんの夫は，内山さんにとっては「頑固」であり，「一人天下で」「人の痛みがわからない」という語りもあった。結婚生活の上で，何のトラブルもなかったわけではないと思われるが，同じ敷地に住んでいる夫の姉が，内山さんの味方についており，また出て行っても「行く家がない」から「ここにいた」と話している。出て行く当てがないことは，結婚の理由としても語られており，女性が独立して生活することへの困難感を，内山さんが抱いていたことをうかがわせる。

　女性であればいずれは結婚して夫の「イエ」に入り，特殊な状況を除いては実家と関わらないこと，嫁ぎ先では最も弱い立場に置かれることは，内山さんが結婚した1960年代には常識であった。内山さんにもその意識があり，嫁ぎ先で弱い立場に置かれることを危惧していた。しかし，結婚後の生活は「威張っていられたから，それでいいんじゃないですか」と言えるものであった。

　いまひとつ，当時の女性に対して予測しうる，女性であるがゆえの困難とし

て，家事・育児役割と，労働との二重の負担が当然視されていたことが挙げられる。しかしその負担を内山さんは，「女ってのはそういうものだと思って」いたという。それに続いて，「威張っていられたから，それでいい」という語りがなされた。内山さんにとって，そのような苦労よりも，家庭において弱い立場に置かれることこそが，結婚においてもっとも苦しいこととして認識されているといえるだろう。

H：まあ，当時はそれがあたりまえだったと思うんですけど，そういうの，内職したり，しながら，家事やって子育てやってっていうので，すごく大変だとか，あとはお前はきちんと家事をやってないって怒られたとか，そういうのってありました？

U：そういうのはないんですよね。ええ。家事っていうことは，なんだろねえ，あんまりご馳走食べない人ですからね，そこらへんにある雑草なんか採ってきて食べさせて，そのくらいで，すんだものですから。夢中で子育てもやりまして。内職もして，どっかお掃除（の仕事）行くにも，おぶって連れて行って，そこんとこに座らしておいて，お掃除してくるからねってお掃除してきて。帰りには，お勘定もらったので，「今日のおかず買ってこよう」とか，「お父さんの靴下買うからね」とか言って，やるもんですから。そういうのもね，母親がそういう生活したらしいんですよ。若い時分に。それをね，ずっと聞かされてたもんですから，ですから，女ってのはそういうもんだと思ってやってるもんですからね。あんまり考えないで，過ごしちゃってますね。で，主人がね，一瞬でなくなるぐらいお金遣っちゃうんですよ，全部。いいようにずっとね。（夫の）姉が一緒に住んでるもんですから，「姉さん，お金ないんだけどどうしよう」つったら，「あんたは，主人おん出してあんたここにいなよって，ちゃんと，印鑑と通帳は持ってなくちゃだめだよ」って，言うんですよ主人の姉さんが。それで，だから，威張っていられたから，それでいいんじゃないですか，ハッハッハッハッハ，で主人を追い出せって言われたぐらいだから，追い出そうと思ってるもんですから。で，私がおん出ても，家がないんですよ，行く家が。だから，そこにいたんですよね（笑）。もうね，雑巾みたい，ぼ

ろ雑巾になっちゃったって言いながら仕事，生活してましたから．疲れてね，「もう今日はぼろ雑巾だわあ」なんて言いながらの，生活でしたからね．今，だから，天下取っちゃって（笑）．

身元を隠す

　内山さんは結婚後の一時期，ヤクルトレディーの仕事をしていた．ある時，顧客から住所を聞かれ，答えたところ，そこが被差別部落であること，すなわち内山さんが部落出身者であることを理由に解約された．内山さんはその時まで，地名を言うことが部落出身であることを表すことをさほど意識していなかったと思われる．しかしこの体験以来，住所を尋ねられても隠すようになった．彼女の仕事は契約を増やすことが重要であり，住所を言うことが収入の低下につながるため，彼女にとっては当然の選択であった．

　U：でヤクルトやっててね，「お宅はどこですか？」って言うから，「A（地区の名称）に住んでますけどよろしくお願いします」ってったら，「解約します」って言うんですよ．ヤクルトせっかくね，できて喜んでね，帰ると「解約します」ってんですよ．どうしてでしょうかって言うと，「あなたAでしょう？　いらないわよ」って言われてね．それから，あ，困った，Aって言うと，解約されるから，って今度，Aって言わなくって．その次に行った時は，「どこですか？」って言われたから，「○○駅の近くです」って言って，Aは隠しましたずっと．で，それからまた，あたしはAだってのが分かってるかなんかで，訪問に行きますよね，そうすっと，すぐ，戸，閉められちゃうんですよね．だから，なるべく，そういう，戸を閉めるような所へ行っても困るからっていうんで家の周りを配達するんですけど，ヤクルトは，成績を，どのくらい，やらなくちゃいけないですからねえ．でも，そのヤクルト，5年ぐらいやったかしら．お菓子屋にいる時は，「これだけ勤めたから」って商工会議所ですか，お免状いただいて，「もうこれ，お免状ひとついただいたから，これでもう，ここにいることないね」とか言ったくらいで，そで今度，ヤクルトでもって，成績が良かったからってまたお免状いただいて，「これでやめようか」って．フフ

フ，フフ。学校のお免状がいただけないからっていって，そういうので，こう，お免状っていうと喜んでましたけどね。

　ある人が部落出身であるか否かは，誰にでも見分けられる目印がついているわけではない。たいていは，出身地（場合によっては名字）を言うことで，その地区の周辺に長く暮らす人など，わかる人にだけわかるのである。そのため，居住地や出身地を隠すことは有効な戦略となる。
　ヤクルトレディーを5年務めたあと，内山さんは，公務員となって新たな職に就いた。その職場で，同和対策に関する冊子が回覧されたことがあった。その冊子の，部落出身者は履物産業に従事しているという記述を見た同僚は，内山さんに部落出身者ではないかと尋ねたが，内山さんは，わからないふりをして対応した。

　U：その時にね，同和対策の本が配られますよね，学校に。そすとね，その本を読むように，回覧みたいに回ってくるんですよ。ほいで，その中に，部落の人っていうのは，職業が靴屋さんとか草履屋さん，そういうのが載ってますよね，そすと皆が，「それ，それ」って言うんですよね。「内山さんは靴屋さんでしょう？」って言うから「そうよ」って（答えると），「じゃあ，この部落かなあ」って言われるんですけどね，「そうかなあ，あたしわかんないわ」ってとぼけるんです。とぼけちゃいけないんですけどね，いつも，「そうかもしれないねえ」とか言ってとぼけるんですけどね。「もう部落なんてないよねえ，そんなこと言ったってねえ」とかいって，みんなに，言われるんですけどね。

　職業もまた，部落出身者であることを表す特徴となる場合がある。冊子を読んではじめてそれを知ったということから，同僚は被差別部落についてほとんど知識がなかったと考えられる。そのため，内山さんが「わからない」と言ってしまえば，被差別部落に対して知識もなく，これといった感情も抱いていない人には追及のしようもない。
　ごく最近まで内山さんは部落出身であることを，誰に対しても隠してきた。

会話の中で被差別部落に関する話題が出てきても，自身は関係がないかのような態度を反射的にとってきた。地域の部落解放同盟の支部で生活相談員をするようになり，内山さんの出身を知らない人に対しても，出身を言えるようになったインタビュー時点からふり返ると，「何でそこ，隠したかな」と思うことであるが，隠していた頃には，「部落って言うといじめられる」という意識がはたらいていた。内山さんにとって，部落出身であることは，自分に不利益をもたらす属性であった。部落差別問題の存在を否定するような発言や，身元隠しをすることは，不利益回避のための戦略であったといえるだろう。

U：でもやっぱり，部落っていうのは，隠してました。最近になってこうやって，あたし今，こないだもそうこの辺の地主さんのうちへ行ってね，「あたしは部落出身です」って，初めて言ったんですけど，今まで言ったことないんだ。なんか部落っていうといじめられるっていう，記憶がありますからね。（中略）あたくしの経験ではね，あたくしがね，同和ですっていうのを，すごく隠したいんですよね，こう，（インタビューの中で）話しても。今，相談員やってるから，「部落解放同盟の内山です」って，おっきな顔して言ってるんですけど，どこ行っても，あたくしは同和の人間ですって言ったこと，なかったんです，隠してて。で，同和の話が話されると，「あ，そんなこともあるわよね」とか，「うちのほうはＡだけど，同和の人ばっかりじゃなくて普通の人も住んでるから，同和ばっかりじゃないのよ」とか，同和って言われると，同和じゃないのよっていう言葉を，すぐ言えちゃうんですよね。で，自分自身が，同和じゃないような顔しているんですけどね，同和じゃないっつったって，同和だって言っても，変わりないんですよねえ，五体満足なんだから，だから，なんでそこ，隠したかなって今，思うんですけど。

育児役割と解放運動

　内山さんは64年ごろ，参議院選挙に立候補した松本治一郎の後援活動に参加したことで，初めて解放運動に接触した。内山さんはヤクルトレディー時代の被差別体験を，地域にある解放同盟の支部の，当時の書記長に話し，それが

きっかけで，選挙後，婦人部活動を続けるようになった。

　内山さんを後援に引き入れたのは夫であったが，夫は選挙後はまったく反差別運動に関わることはなく，むしろ，内山さんが活動を続けていることには反対している。とはいえ，子育て期には，子どもをつれて参加するぶんには特に苦情を言わなかったという。婦人部活動に参加する他の女性もおおむね似たような環境にあり，そのため婦人部活動はほとんど子ども会と区分されない状態であったという。

　U：あたしがこれ（相談員）今，やってても，主人がねえ，反対なんですよ。寝た子を起こすな（って）言って反対してんですよね。
　K：ああそうですか，最初じゃ，松本さんの選挙なんか，熱心だったのに。
　U：え，松本さんはいいんですけどね，あたしがこの活動するってのは，怒れるらしいんですよ。ですからねえ，子ども会とかなんかで，子ども連れて行くんだったら，ま，子どもの子守りしてるからいい，っていうんでしょうねえ，で許してくれるんですけど，一人で，婦人部活動ってなんか，出かけるってことは，気に入らないんですよね。だから，いつも子どもつれて，どこ行くにも子どもと一緒に行くもんですから，子ども会と婦人部会と一緒になっちゃうのね。
　H：それは，内山さんのとこだけじゃなくて，他の，婦人部の方なんかでも，似たような事情があるんですか？
　U：はい。全部皆さん，子どもしょってくるんです。ハハ。で子どもは子供でこっちで遊んでて，親はこっちでね，いろんな。でその時分，隣保館の，保母さんが，いっしょにやっててくださるから，保母さんが，子どもはみてくれるもんですから，お願いして。もうあたくしなんかどこ行ったかすっかり忘れてるんですけどね。よく，夜中から，なんか子どもつれて，行きましたね，婦人部。

　内山さんの夫が解放運動に反対する理由は，いわゆる「寝た子を起こすな」の考え方からであるというが，それと「子守りをしてるからいい」ということで婦人部活動に参加できる，という理由付けにはあまりつながりがないように

思われる。内山さん以外の母親も，子どもをつれて運動に参加していたことなどから，母親が子どもを置いて，仕事以外の場所に出かけることについて，一般的に風当たりが強かったことが見て取れる。おそらく，内山さんの夫が，子育て当時に運動への参加に反対した理由もそれであろう。

　内山さんの語りからは，女性に家事・育児役割が期待されるというジェンダーによる差別が，解放運動という，差別に対抗するための活動への参加機会を規制している状況が見て取れる。また，解放同盟の組織自体も，女性は婦人部（現在は「女性部」）へ割り振られ，子育て環境の改善要求など，育児役割に関する活動を行うといった，女性の周縁化がおきているといえるだろう。

　しかし内山さんにとっては，子どもをつれて参加したことは，むしろ子どもとともに運動に取り組んだととらえられるもので，主観的には肯定的に評価されている。内山さんと子どもたちは，ともに運動に参加したことによって，子どもが成長し独立しても，部落差別問題という，共有できる話題をもつことになった。このことは，単に解放運動にとどまらず，親子関係をより親密にするという意義があったといえるだろう。

　U：子どもたちが一緒に，この，同和のことで一生懸命やってくれてるもんですから，あたくしがなんか言われて，こう落ち込んでる時ありますよね，そうすると娘に言うんです。すっと娘が，「あ，これはこうだよ」って，同和のことを言って慰めてくれるから，いっしょにやってよかったなっていう時はありますけどね。……息子はね，この，同和の，子ども会で（解放学習を）やってたおかげで，今のあれ（仕事）でね，エセ同和っていうんですか？　あれから，「本を買え」って来られたらしいんですよ，でなんか，高い本らしいんですよね，買うように言ってきたんですって，で，あたしには言わないんですけどね，わかんなくて，（支部の職員に）相談したらしいんですよ。で，自分でもって，子どもの頃からやってるから，エセ同和っていうのが分かったらしくて，断わるのに都合がよかったっていうのか。

マイナスイメージの転換への望み

　インタビュー時点で，内山さんは，居住地にある解放同盟の支部で，生活相談員として勤務している。しかし，実際に被差別部落住民が，生活に関する相談をしに来ることはまれであるという。その理由を内山さんは，相談に来ることで，出身が明らかになってしまうためであると推測している。内山さんが最近まで出身を隠してきたように，内山さんと同じ地区に暮らす部落出身者もまた，身元を隠して暮らしている。さらに，親から何も知らされておらず，自分自身差別に直面することがなかったために，自分が部落出身者であることを知らない人もいる。

　内山さんの暮らす地区は都市であり，人口の移動が頻繁であるため，新しく地区に入ってきた人には，誰が「部落民」であるかはわかりにくい。また，東日本は一般的に部落差別問題への関心が薄く，部落出身者が一生，部落差別であると認識させられる体験に遭遇しない可能性も高い。すなわち，身元隠しが有効な環境であるといえる。しかし，身元隠しによって，部落出身者が存在しないかのように見えても，被差別部落へのマイナスイメージは消失してはいない。そのため，部落出身者が，自分がそうであることを知らず，他の部落出身者を差別するようなできごとが起きることもある。

U：ここらへんの地区の人は，怒ってても，嫌ってても，同和ってこと絶対言わないんですよ。そいで，あたくしが，「あそこのうちと親戚だよ」って言っても，あたしがここで同和だって言ってるから，「親戚だと同和だと思われるから親戚だって言わないでくれ」って言うんですよ。そのくらいだから，同和の，あれ（相談）は，来ないんですよね。そういうふうに，隠すようだから，隠して隠して，きてるから。でも，話，する時は，こないだも，近所で，病院で，薬をもらい損なったっていう，お年寄りがいたんですよ。そいで，うちの近所のとこ（薬局），話しに来て，薬をくださいって来たんだけど，「あそこのうちは，これなんだってね」って言ったらしいんですよ。「これなんだってね」っていうことは，同和って言うことでしょ，その言った人もそう（部落出身者）なんですけどね，それ，わかんないから，「これなんだってね」って言うらしいんですよ。で，

悪口を言って，終わってしまうんですよね。その中で，「あそこのうちはこれだから，結婚してもだめになっちゃってこうだったんだよ」って言うから，「あらそう，気の毒だね」っていうけども，相談ではなく，そういう，噂話っていうんですか，そういうので来てしまうんですよね。で，皆，"自分はそうじゃないけど，あそこは同和だ"って，言うのね。で，いつか（他人のことを）「同和だ」って言うから，「あら，いいわねえ，昔話が聞けるからねえ」っつって，冗談言って，流しちゃったんですけどね。

内山さんが解放運動に関わり，支部で働いていることについて，内山さんの親戚の反応はあまり良いものではない。中には，内山さんの親戚であることがわかると身元が知られてしまうからと，交際を絶った親戚もあるという。内山さんの親戚は，結婚相手が部落出身者ではない場合，相手の出身を「いいとこの出」と表現する。そして，相手に部落差別問題に関する話をしないようにと，内山さんに注意するという。被差別部落は「いいとこ」ではなく，できるだけ隠しておきたいと考える，マイナスイメージが見て取れる。

U：うちの兄弟たちが，いとこたちが，結婚する時にね，「お前はお喋りだからね，いとこが，いいとこへお嫁に行くんだから，黙ってろよ」っていうんですよ。で，「部落じゃないんだからね」って言われましてね，「ああそう」って言って。そのまんま，いまだにその人とは，行き来してないから，話さないからいいんですけどね。いいとこお嫁に行ったって言うんですよ。で，（親しい知人が）どこだか学校の先生と一緒んなったっていうんですけどね，「あの子も，しろうとさんと一緒になったんだからね，お前は，やたらに行って喋るんじゃないぞ」っていわれまして，結婚する時になると，そういう話を言われるんですよね，「やたらにあそこ行って，部落の話をするなよ」って言うんです。

しかし，結婚によって，「いいとこ」の人と同居している親戚の中には，「仲間だから」，「なんでも話できる」と，内山さんの家までたずねてきて，お喋り

をしていく人もあるという。この場合の「何でも」とは，特に部落差別問題についての話題をするということではなく，世間話程度のものである。家庭内では，部落差別問題に関する話題が憚られるため，ちょっとした話をするにも気を遣ってしまう状況があると思われる。

U：近所にいとこがいますね，いとこがお茶飲みに来るんですよね，「ちょっと，話にきたぞ」って，「ここへくると，仲間だからなんでも話できるからいいんだ」って言ってはよく来るんですよ。ほて，もう，あたくしがいると2時間でも3時間でも，話していくんですけどね。そういう風で，奥さんが一緒にいても，ちょっと，窮屈みたいな。話を聞きますとね，「うちの女房の実家はいい実家なんだから」ってから，「あらそう，よかったねえ」って言うんですけどね。で，もう一人のいとこはね，「うちの，息子の嫁は，いいとこの出だから，うちでは，あんまり話できないからここへきて話すんだ」って言うんですけどね，そういうふうな話はよくするんですよ。

さらに，内山さんの親戚にも，自分が部落出身者であることを知らない女性がいるという。その女性は，娘の嫁ぎ先で，実家の職業を尋ねられ，皮革産業に従事していたことを答えると，相手が急に険しい態度になり，部落出身者ではないかと尋ねられたという。娘の嫁ぎ先の示した反応は，部落出身者に強いマイナスイメージを抱いていることをうかがわせる。内山さんの親戚の女性は，部落差別問題について何の知識もなく，その娘もすでに子どもが生まれていたことなどから，その件はうやむやになったが，それ以来，内山さん自身，その親戚のいる前ではやはり，部落差別問題に関する話題を出すことがはばかられるという。

U：何度も言うけど，ほんとに，こういうことやってるって，親戚にも言ってないんです，あたしは。で，婦人集会へ行きますよね，で，「なんで行くんだって」言われるんですよ。それで，「婦人集会だ」と（言うと），「お前は何の婦人集会に行くんだ」って言われるんですよね。で，兄嫁っ

ていうのが，あたくしの主人のおじさんの娘なんですよね．だから，つながってるんですよ．だから，あたしがこういうことやってれば，兄嫁も，部落って（問題が存在する）ことは知ってるわけなんですよ．それが，（自分が部落出身であることは）生まれた時から，全然知らないんです．全然教えられてなくて知らないから，その，姉様の，娘が，結婚してるんですよ，そこへ，兄たちで，法事かなんかあって行ったらしいんですよ．ほいで，「お前のうちは，昔は，どこだった」って言う話から，「○○で皮屋やってた」って言ったんですって．そしたら，その，嫁に行った（先の），親たちが，「皮屋？　皮屋っていうのは，部落じゃないか」って言ったらしいんですよ．うちの兄嫁は知らないから，「そんなことない」とか何とか．で，うちの兄は，あたしから聞いてるから，（兄嫁の）脚をこう突っついて，話を黙らしたらしいんですけどね．その時，その（娘の嫁ぎ先の）親が，部落っていうの，ふっと，すごい顔して，顔に出して怒るような，あれ（表情）したらしいんですよ．だから，私も，実家がそこ（兄夫婦の家）ですけど，あんまり部落って言わない，言えないんですよ．

　内山さんの周囲には，被差別部落住民にマイナスイメージを持つ人が多くいる．それが，部落出身者には，身元を隠す行為を取らせ，そうでない人には差別意識を生み出している．しかし，内山さんにとって，現実の部落出身者は，「こんないい人」といいうる存在である．そのため，「部落民」カテゴリーへの，マイナスイメージが転換し，「部落の人だからこそ，いい」というイメージに達することを内山さんは望んでいる．

U：（部落出身であることが）恥ずかしいとか，そういうのじゃなくって，部落っていうことで，そのチョーリンボっていじめられた，記憶がふっとくるんで，"そんな悪いことなのかな"って気がするんですよ．で，なんかはぐらかしちゃうんですよね．
K：むしろ，いい悪いの問題じゃなくて，それが，相手に知れるとこっちがいやな思いするかもしれないとか面倒に巻き込まれるかもしれないという，そういう感じですか．

U：そう，そうなんですよね．それと，そういうのだからよけいにね，あたしは部落だからっていうんで，部落の人はこんないい人だっていうところを，見せたいなっていう気がするんですよ。それで，どこへ行っても，なんかやったときに，仲間の人にも言うんですよね。こないだも，事件があったんですよね，殺人ですか。その時に，「またやったんだよ，あれはあそこはやっぱり部落だよ」って言われたことがあったんですよ。だから，部落だから，そういう悪いことをやったっていうのが，そういう考えを，してもらいたくないなって思ったんですよね。それだけにね，私と一緒に婦人集会に行って，そういう，ちょっと悪いことした人がいたんですよ。それ悪いことしたのが，部落の人じゃないんですけど，婦人集会に，一緒についてきた人なんですけどね，「あなたは，部落だからって，部落をたてにして，こういうことやらないでくれ」って，寝ないでその人にお説教しちゃいましたけどね。部落だから悪いことしたっていうんじゃなく，部落の人だからいいって所見てもらいたいなっていう，気があるんです。

小括——育児役割と解放運動の両立がもたらした肯定的な認識

　内山さんは，「チョーリンボ」と呼ばれていじめられるという最初の被差別体験によって，初めて自分が「違う」属性を持っていることに気付いた。そのため部落出身であることは「いじめられる」ことになるという意識が後々まで残ることになった。

　いじめを受けることも，後に体験した，仕事の契約を断られることも，部落出身であるということだけが理由であった。内山さんにとって，部落出身であることは，それが知れればさまざまな不利益を被る可能性のある属性であったといえる。そして，その不利益を回避するために，身元隠しをすることで対応した。部落，および，部落出身者への外部のまなざしはマイナスイメージを含んでいる。身元隠しは，マイナスイメージを抱かせる属性を持たない自己を提示する戦略であるといえるだろう。

　今ひとつ，内山さんのとった対応に，結婚に関するものがある。結婚して子どもが生まれればその子どもも「いじめ」を受けることが予測されるために，

結婚しないことで対応しようとした。そのために，質素な身なりで，異性の目を惹かないように過ごした。結婚によって差別が再生産されることを回避しようとしたのである。

　しかし，その対応は，新たな不利益に遭遇する結果となった。質素な身なりが，困窮のためであると判断され，金銭で性的な関係を持てる女性であると考えられたのである。女性が婚姻外の性関係をもつことが逸脱とみなされることは，ダブル・スタンダードとして指摘される規範のひとつである。部落出身者であることによって被る不利益を回避する行動が，女性であることによって被る不利益を生み出した出来事であったといえるだろう。ここでは，部落出身であることによる不利益と，女性であることによる不利益が，一方を回避しようとするともう一方に出合ってしまうという，ねじれた関係にある。

　女性であることによって出合う困難は，結婚後の生活にも見出される。家事・育児役割は，女性である内山さんのみが引き受けている。そのため，解放運動への参加も子ども連れでなければならなかった。部落出身であることによって担う負担と，女性であることによって担う負担との，二重の負担を負っている状態であるといえるだろう。

　しかし内山さんは，子どもとともに解放運動に参加したことを，「よかった」事として評価している。ともに運動に参加したことにより，部落差別問題は，子どもの成長後も親子で共有できるテーマとなった。そのことは内山さんにとって高い価値を持つ，子育てと解放運動との両立による成果である。部落出身で女性であるという，重層的な困難に出合う可能性を持つカテゴリーに属する主体として，その負担を積極的に引き受けることによって獲得した成果であるといえるだろう。

事例2　差異の虚構性の告発

語り手および地区に関する解説

　本報告の語り手は秋野たか子（あきの・たかこ）さん（仮名），インタビュー時点で57歳である。長野県の被差別部落に生まれ，現在も同じ地区に暮らしている。

　長野県は東日本において，早い時期から部落解放運動のあった地域である。米騒動をきっかけに，1920年には上田市において融和団体の信濃同仁会が結成された[5]。1922年の全国水平社創設から2年後には長野県水平社が結成された。長野県水平社の発起人の一人である朝倉重吉の地元の地区では，地区内の富裕な住民の多くが同仁会のシンパである状態で，朝倉は地区でも「手に負えない荒くれ者」を協力者として長野県水平社を組織したという（小諸部落誌刊行委員会編，1978：176-177）。朝倉は戦後，1948年に部落解放全国委員会長野県連合会が創立された際にも委員長を務めており，長野県の代表的な解放運動家のひとりである。

　終戦後間もない1948年，部落解放同盟長野県連合会の前身である部落解放委員会長野県連合会が組織された。解放運動は再開されたものの，法律も財政基盤もなく，県による小規模な資金貸し付け，および，1953年に朝倉の地元地区の共同浴場改修といったささやかな事業の実現にとどまった。1954年には県連下の各支部からなる連絡協議会が発足，1955年，小諸市には東日本で最初の隣保館が建設されたが，被差別部落と他の地区との経済的・環境的格差は大きいままで，国策の不在による環境改善の遅滞はいかんともしがたかった（小諸部落誌刊行委員会編，1978：p.191）。また，学校でのいじめや差別事件，就職差別も多く，さらには結婚差別によって自殺者が出る事件も一度ならず起きたりと，地区外の人々の差別意識も強かった。

　1957年に始まった部落解放国策樹立要求大運動から，1961年には内閣に同和対策審議会の設置が議決され，同和対策事業の適用を受ける地区が出始めた。しかしそれは主に西日本の，100戸以上の地区が対象で，長野県でその条件に

該当するのは2地区だけであった。小諸市は，市内のある地区を同和対策事業のモデル地区として，環境改善事業を実施した（小諸部落誌刊行委員会編，1978：206）。同1961年は，県内各支部の主導により，各市町村に対する国策樹立要求運動が一斉に行われた年でもあり，県連はこれを請願行動の東日本隊の出発点と評価する（長野県部落誌調査委員会，1999：81）。

しかし県内の被差別部落の大半を占める小規模集落は，依然として狭い範囲にひしめき合うように家が建っており，その家も傷みが激しいものが多かった。火災が起きても，道路が狭いために消防車が入れないなど，地域の安全上も大きな問題があった。それらの地区への小集落改良事業の波及は，1965年の同対審答申とそれを受けて1969年に制定された同対特措法を待たねばならなかった。実際に小集落改善事業が県内で初めて適用されたのは1973年であった。

秋野さんの夫は70年代始めから，小集落改良事業要求の発起人となり，その後も長く地区の解放運動に中心的に携わった。

インタビューは2001年9月，10月の2回にわたって，小諸市の第二隣保館においておこなった。1回目の同席者は計7名で，語り手として秋野さんを含めて4名の部落出身女性，解説および全体を取り仕切る役として部落解放同盟長野県連合会小諸支部のT書記長（当時），聞き手は筆者の指導教授である鐘ヶ江晴彦教授，および筆者である。2回目は語り手として秋野さん，事例6で紹介する高坂紀代美さん，聞き手として鐘ヶ江教授と筆者の4名で行なった。なお，引用されているインタビューの「A」以下は秋野さんの発話，「K」以下は鐘ヶ江教授の発話，「H」以下は筆者の発話である。また，（　）内は，語りの内容を補足するもので，〔　〕内は，インタビュー中の仕草である。

幼少期

秋野さんは1943年に，長野県内の被差別部落であるB地区で生まれた。B地区は，行政区としての村に含まれる90戸ほどの集落で混住はなく，東日本の被差別部落としては比較的大きな地区といえるだろう。主要産業は農業と養蚕で，秋野さんの実家も従事していた。住居は，養蚕も営む農家なので広かったが，耕作地のほとんどは小作地で，また，現金収入も乏しかったので，両親は

冬になると日帰りで出稼ぎに行っていた。

　秋野さん一家は祖父母と両親，それに秋野さんを頭に5人の子どもたちのいる9人家族で，家業と出稼ぎに忙しい両親の代わりに，祖父母が秋野さんたちの面倒を見ていた。子ども同士の歳が離れていないので，秋野さんは子守をしたことはなく，近所の同じ年頃の子どもたちと遊んで子ども時代を過ごした。

A：田んぼがねえ，3反歩ぐらいで，畑が1町歩ぐらいあったかな。お蚕さん飼ったりしてましたから。そいでもお百姓ですしね，お金がないから，お父さんたちは冬になると，軽井沢の方へ土木の仕事に，母親と2人で行ってました。うち，5人きょうだいで，あたしが総領で18年（生まれ）で，いちんばん下が25年（生まれ）なんですよ，だから間隔が狭いもんで，おじいさんおばあさんがいたもんだから，お子守りなんかはみんなおじいさんおばあさんがしてくれて，年よりっ子で私は育ちましたけどね。

K：ご両親は冬は，あの泊り込みで出ちゃうんですか。

A：そうじゃないんです，軽井沢だから，汽車で通いで，なんか昔だから石運びしたりね，そういうことやって苦労してました。子供が学校行くようになると，あの頃ね，教科書も何もみんな買ったですよ，だからお金が忙しかったんです。

K：学校行く前っていうのは，どういう子どもたちとどんなことして遊んでましたか？

A：学校行く前はやっぱし，部落が大きいですからね，近所の子どもと，あたしなんかその頃から，体格もよかったし，元気よかったから，おてんばでした。であの頃は，冬になったって外で，道路の坂道のとこ，水まいて凍らして，そり遊びしたりとか，夏は水遊び，川きれいでしたから，水遊びしてたら「おおい」って親に呼ばれるまで家帰ってこないほど，結構，そういうことでは楽しく。みんな貧乏でしたから，そんなに気にならなくて。

H：じゃあ遊ぶ時も，きょうだいみんな一緒で。

A：弟は弟の年代で，あたしは，あたしたちの年代っていうのあるから，別に。小さい子，あたしの下は男2人で，いちばん下のが女の子2人だもん

だから，ちょっと，上と下のあれ（遊び集団）があるから，そんなにつれて何とかっつこともなく。なんしあの頃，みんな仲良かったし子どもいっぱい近所にいたから，遊ぶのには不自由しなかったんですよ。なんでもみんな自分たちで作ってね。そりも作ったり，瓦のおっ欠けでかわら投げとかやったり，ハチノコ，ハチガッセンとかつって，絵描いて遊んだりとか，遊ぶことだけはいっぱいできましたね，工夫して。

また，きょうだいの中で「いちばん上」ということもあり，両親の手伝いも積極的にしていた。そのなかには，遊び仲間の子どもたちと一緒に，遊び半分でイナゴやタニシをとって帰ったりということもあり，秋野さんはそれを「苦労だとは思わなかった」という。

A：でもいつも，お手伝いをしていました。いちばん上だから。
K：秋野さんも，お蚕の手伝い，だいぶしました？
A：そう，あたし，みんな桑背負うんですよね。母親たちが切るからそれを，束ねたのをあたしたちが背負ってうちまで帰るとか。桑くれる時は一緒にいて手伝ったり，繭かきとかなんだとかってみんな，やりました。と，牛を飼ってたなんかするから牛の草刈，うさぎ飼ってたからうさぎのエサやったり。冬になるとサデサライっつって，サデをさらうのやったりとか。松葉の枯れっぱが落ちるじゃないですか，それをさらってきて，点け火，薪の前づけみたいにするんですよね。イナゴ捕りとかなんかやったり，春はタニシとか，取ってくと，おかずにもなるし，年寄りが喜んでくれるから，一所懸命頑張って，フッフフ。
K：なるほどね。それは仕事という感じでしたか？　それとも，遊び半分，仕事半分て感じ。
A：そうですよね。だからイナゴ捕りって言ったって，おにぎりなんか握ってもらってね，近所の子たちと遊びながら。お昼になると，おにぎり食べて，また，遊びながら捕ったりね。捕ることは，いつも人に負けなかった。そういう楽しみもありました。だから別にあの頃は，それが苦労だとは思わなかったですよね。イナゴは，冬の保存食でもありました。

B地区は比較的大きな集落で、遊び仲間の子どもたちはみな部落の子であり、先の語りにもあるように、「みんな貧乏」であったので、秋野さんは、ことさら自分の地区や、自分の家が困窮しているとかいった意識はなかったものと思われる。

小学校時代——忌避するまなざしの認識
　小学校時代の秋野さんは「元気」で、成績も概ねよかったこともあり、部落出身であることを理由に馬鹿にされたりすることはなく、むしろいじめられがちな子どもを助けたりするような子どもであったという。しかし、同じ地区出身の子どもには、学校になじまない子どももいた。地区住民の多くが貧しく、働くのに精一杯で子どもを教育するところまで手が回っていないためであると秋野さんは考えている。

Ａ：あたし、元気よかったんですよ、それで別に、勉強のほうもできなくなかった、普通だったもんだから、馬鹿にされることもなかったし、元気いい人に負けないでやったくらいだから、弱い子は私、助けたくらいで、あたし自身はいじめられたことはないんですよ。6年生の時、生徒会の副会長もやりました。

Ｋ：周りの子で、そういう、いじめられた子っていました？

Ａ：やっぱしね、男の子でも、ちょっと、うちがあれだし（環境が整わず）勉強ができないんですよ。私たちはね、親もそんなに教育ないし、子どもに教えるなんてこもないし、貧乏だったもんだから、（親自身が）学校も行かないってことも、ありましたよね。あんまり、（地区の子どもで、成績が）いい方の人は、いませんでした。

Ｋ：秋野さんの小学生の頃なんかだと、学校にほとんど来れないという、地区の子どもも、いました？

Ａ：いないですよね、ただ、自分が学校嫌いで来ない子はいますけどね。うちのためになにかしないといけないから、学校行かないっつ子は、いなかったですよね。

秋野さんは小学校に上がってから，自分の暮らすＢ地区が，何か特殊なまなざしを向けられていることを認識した。学校では，子ども同士は部落出身であるか否かにかかわらず一緒になって遊んだが，よその地区の親たちの差別意識が向けられていることはたびたび感じていたという。それはことに，地区の子どもが地区外の子どもに乱暴を働いたときなどに現れた。

Ａ：だいたい，（ひとクラス）48人から50人。そのうち，5，6名はいましたよね。で，なにかあって，男の子なんかが（地区外の子どもを）いじめたりすると，「Ｂの子どもは」って言われましたよね。だからそれがもう，地区の人たちのことだっていうことで。親たちも，子どもがいじめられると，押してくる（苦情を言いに来る）とかっつうこと，あったじゃないですか。でも，その親たちも，やったのがＢの子どもだったのがわかると，「ああ，やめといた方がいい」って。「ああ，Ｂのしょう（衆）かい，じゃいい」とか。そう，怖がられていた。それに，あたしたちが遊び行っても，子ども同士はいいんですけど，親が（家に）上げてくれなかったっていううち，あります。だからもう，小学校の頃からそういうことは感じていましたよ。子ども同士はいいんですよ，一緒に遊ぶの。親たちがね。「いいよ，上がんない方がいいよ，外で遊びな」なんて。そう言って，嫌われたっつことはもう，身にしみてます。

　そのように「嫌われ」るのがなぜなのかということは，はっきりと説明をされたわけではない。ただ，秋野さんの父親は，秋野さんが小学校高学年の頃から，Ｂ集落の常会（町内会組織）の支部長をつとめ，集会場もなかった時代なので自宅で集会がたびたびもたれ，大人たちの会話の中から，地区の人々が「チョーリ」「ヨツ」と呼ばれること，そしてそれがなぜなのかをうかがい知っていた。

Ａ：うちの父親が，私が小学校4，5年ごろから，支部長ってのやったこともあるんですよ。それであの頃は，集会所ってものなかったから，うちで

集会をしたんですよね，みんな（建具を）取っ払ってね，全部寄ってやったんですよ，常会の人たちが。そいうときに，そういう話なんか聞いてたから。で，青年部なんつうのもあって，あたしたちは子ども会に行って，そんな時には青年部の人たちが，漫画本とかそんな本貸したり，読み聞かせをやってくれたりとか，楽しかったんですけど，そういうことはなんか，薄々わかってました。だから，自分たちのあれ（先祖）はねえ，十手持ちやってて，村の，あれ（犯罪）を防ごうとして，それが長吏になったって事は，知ってました。だかあたしたちは，チョーリとか，ヨツとかって。

H：あれ，じゃ，支部長さんやってたんだから，おうち，広かったんですか。

A：そうね，昔のうちは結構，養蚕をやっていたんで，場は広かったんですよ。8畳間がふた間ぐらい続きで，真中の帯戸っていうか，唐紙戸はずせば，大きくなって，そこで，皆でつめて，集会みたいなことはしたりしたんです。

何か問題があると「Bの子どもは」と言われることから，秋野さんは，そのような批判を受けない"いい子"になろうと気をつけてすごすようになった。それは，中学校に上がってからも意識し続けた。

中学時代――「いちばん上だから」

秋野さんが，自分の暮らす地区を貧しいと認識したのは学校に上がってからだった。特に中学校に上がってからは，広範囲から生徒が集まってくるので，街場の生徒たちとの差は大きく感じられた。当時はまだ給食がなく，昼食はお弁当だったが，「町の人たちのお弁当は，白い」ので，麦の入ったお弁当が恥ずかしく，隠しながら食べたりしたという。

A：お米はあっても，あたしたちの頃は，お米は物々交換できる，現金みたいなもんでしたから，麦をいっぱい入れて，ご飯，炊くんですよね。でも，うちの母親なんかは，麦って上の方浮きますから，それを（上の方だ

けをとって）自分が食べてね，あたしたちには白いとこをくれたりとか，そういうことを覚えてます。で，お弁当つめて持ってってもやっぱし，あの，町の人たちのお弁当は，白いお弁当なんですよ。恥ずかしくってね，こんなこと言ったらいけないんだけども，新聞で隠して食べたりもしましたし，でも，前の方（同席した高齢者の話）なんか聞けば，あたしたちまだ，おかずに，ソーセージとか，切りイカとか，イナゴでも，捕ったのを，佃煮にして持ってかれたりとかできたから，まだおかずは，少々ついていて，いいですよね。切りイカって，干したイカを，糸のように，細くしたもの。あれを油でね，甘く煮付けてもらうとおいしいんですよね。あの頃ほんと，そんなん入れてもらえば，最高のご馳走でした。

中学校時代の秋野さんは，「運動好き」で，バレー部に所属していた。しかし，養蚕の手伝いのために，夏合宿には出たことがなかった。また，成績も決して悪くなかったが，高校進学は選ばなかった。「いちばん上だから」働いて，親を助けたいという思いと同時に，同じムラの年上の少女たちが，紡績工場で働いて，弟妹にお土産を買ってくるのがうらやましかったためだという。

K：中学校時代は，えーと，どんな生徒でしたか？
A：あたし？ ッハハ，あたしは別に，運動好きだったから，結構，跳ねてましたけどね。勉強も別に，（嫌いではなかったし，成績も）困らなかったですし。あたしバレーやっていて，結構，市の大会出たりとかそういうことで，足も速かったもんだから……あたしの子どもの頃はね，部落の子どもたちは足速かったんですよ（笑）。運動会とか何とかっつうと，すごく得意だったんです。だからリレーも，ずっと，中学まで選手やったくらいに。でも，部活の合宿とかってあるじゃないですか，夏休みのそういう時は，うちが，お蚕さん飼ったりしていちばん忙しい時期だから，そういう，学校でやる合宿とか，そういうのには出なかったですけど。ええ，うちのお手伝いしなくちゃいけないから。また，うちが貧乏だから高校行かれなくって。先生は「どうだ」って親に言ってくれたんだけど，あたし自身も，「行かない」って決めました。いちばん上だから早く働かなくちゃ

と思いましたし，親のためにならなくっちゃと思ったし。近所のお姉さんたちが，紡績工場，行ってるんですよ。お正月になるとね，皆にお土産買って来てくれるんですよね。きょうだいに。そういうのがうらやましくてね，あたしも早く働いて，自分のきょうだいや家族に，お土産買って帰りたいなと思ったんです。

しかし，働くことへのモチベーションはとりもなおさず，貧しさと表裏のものであった。

下に4人の弟妹がいて，苦しい家計を慮り，秋野さんは，英語の辞書を買ってほしいと親に言うこともできず，友人に借りて勉強したという。よく勉強し，スポーツが好きで部活動で活躍しているという具合に，秋野さんは学校によく適応していた。実は進学の希望をもたないわけではなかったが，それを親に言うことはできなかった。

A：なんか学校の（必要なものが）あったって，あたしなんかいちばん上だから余計，親に「お金作って」って言えなくてね。人は辞書買ってもらっていて，うらやましいなと思ったけど，親に，「あたし英語の辞書ほしい」って，言えなかったんですよ，お金なくてかわいそうだと思って。人の辞書，2，3日借りたりして，あたしは勉強したんです。高校も「行きたい」って言えなかったしね。

秋野さんは，望んでいた高校進学という選択肢を，自ら降りてしまった。全国の高校進学率が半数を超えた当時で，進学を断念する理由に経済的な事情があることは決して珍しい現象ではない。とはいえ，秋野さんに進学をあきらめさせたのは，経済的な理由に加えて，「いちばん上」の女の子としての役割意識であったといえるだろう。幼い頃から家業を助けていた秋野さんにとって，学を身につけることよりも，就職をして親を助け，弟妹にお土産を買って帰ることこそが，自己のふさわしい"場"として認識されていたのだ。

就職──ふるまいと主観的被差別感

　中学校卒業後，秋野さんは故郷を離れ，愛知県の紡績工場に就職した。しかし，父親が土木作業中に事故にあい，体を悪くしたので，「長女だから」家のことをしなければならないと，1年半ほどで再び実家に戻った。

　その後，実家から通える場所にある，時計会社の工場に勤めたが，流れ作業で同じ仕事をするのに，学歴が中学校卒であることで，給与が高校卒の人より低く，昇給の割合も小さかったという。きょうだいの「いちばん上だから」と，家族を支えたいという思いから進学を選ばなかったことで，懸命に仕事をしても，「学歴社会」によって報われない思いをすることになってしまった。

　A：（就職先は）愛知県。で，毛糸工場で，染色っていう色つける所入ったんです。で1年半ばかり働いたら，父親がね，冬，山で日取り（日雇い労働）やって，木の下敷きになっちゃって，具合悪くなっちゃって，心臓。それで，あたしは帰ってきちゃったんですよ。長女だから，うちのこと手伝わなくちゃいけないっつことで。それで，時計作る工場，あって，そこへ勤めたんです。今なんか（その工場をもっている会社は）もう精密機械ばっかりですけど，あたしたちの頃は，流れ作業で，時計の組み立てなんです。自分の付ける部品があるから，それを，（ベルトコンベアの上に）前の人からだんだんに流れて，（部品を）付けて来るから，自分の部品を付けて，流すんですよ。仕事は，手が早かったから，人に負けないくらいやったんだけどもねえ……あたし，どうしても中卒だからね，昇給とか全然だめなんですよ。もう高卒がいっぱいいました。どんなに仕事できても，労働条件なんか全然違いますよね，昇給になるともう中卒はだめなんですよ。中卒は1000円あがると，高卒はね，3000円昇給とかっつうようになっちゃうから，学歴社会になってましたよね。

　また，同じ地区から働きに行っている女性たちが，言葉使いが乱暴であることや，座っているときに足をそろえないことなどで，陰口の対象になっているのを耳目にすることもあった。現実に部落の女性たちには無作法なふるまいをする人も少なくなかったので，秋野さんは，そのような陰口をきいて，「あた

しはああいうふうにはなりたくない」と，自分のふるまいに「神経は，遣って」いた。

　A：（同じ地区から）行ってる人たちは，（行儀が）悪いんですよ。あたし同じ（地区）なのに，あたしだったら，なんか違えばもう，「あんたたちは違う」って言われると思うから，気をつけてるんだけど，そういう人たちはそういうこと（意識），ないのね。もう，陰で（他の同僚が）言ってるんですよね，こそこそ，言葉悪かったりとか。例えば，座ったりとかして脚開いてて，あたしらはそういう教育受けてないでただ育ってるから，「女の子だから脚ぐらい閉じてなくちゃいけないよ」とかね，違った立場であたしも一回言われたことあって，ああ，こういうことがやっぱし違うんだな，あたしらはそんなこと母親から，言われてないもんと思ったりしたこともありましたものね。……そしたら皆に馬鹿にされるっつか，嫌がられるんですよ。だけど，その事も"無理ないわ，やっぱり自分が気をつけなくちゃ"と思ったりね，だからもうずっと，そういう神経は，遣ってました。あたしはああいうふうになりたくないと思って，泣きたくないと思うし，笑われたくないと思うから。

　上の語りから，秋野さんは，同じ地区の女性たちの行儀が悪いことは，親から行儀に関するしつけを受けなかったことに起因すると考えている事がわかる。
　悪いふるまいが周囲の差別意識を顕現させるという認識は，秋野さんの語りにおいてたびたび出てきたトピックである。地区の人が，地区外の人の前で，「お行儀」の悪いふるまいをすると，そのふるまいが被差別部落出身であることを原因としたものであると解釈されると秋野さんは認識している。しかし，秋野さんの暮らす地区へ結婚などによって入ってきた，いわゆる「一般」の人が「お行儀がいい訳でも」ない。

　A：（部落は）生活が悪いから，お行儀とかそういうのだって，なんか変な意味あれ（部落の人が無作法な行為を）したって，「ああいうとこで生ま

れが悪いから」っていうようになるから。よそから（結婚して部落へ）来た人は，大事にされますよ，でもその来た人は決してあたしたちよか，お行儀がいい訳でもなく，何にも変わりないんだけども。

　上の語りでは，秋野さんは，部落出身であることと，「お行儀」のよしあしに直接の因果関係がないことを前提として語っている。上述したが，秋野さんの育ったムラはどちらかといえば貧しい地区であったために，親たちはまずは衣食を満たすことに精を出しており，子どもに行儀をしつけるような余裕が生まれなかった。それが小学校時代には，非学校的な子ども，乱暴な子どもを生み出し，学校を卒業してからは，女性らしからぬと思われてしまう粗雑なふるまいをつくり出す。つまり，ふるまいの悪さの原因は，生活条件の劣悪さにある。その生活条件の劣悪さの原因が部落差別にあったことはいうまでもないが，出身はあくまで，ふるまいとは間接的な関係にある。
　しかし，被差別部落出身者を「違う」者として名指す側にとっては，ふるまいのよしあしは，出身という「違い」の，行動への発露として利用されている。
　それだけに秋野さんは，「お行儀」の悪いふるまいをすると出身を云々されるという意識から，一般地区の人々と付き合う際には，陰口を言われるようなふるまいをしまいと，細心の注意を払わざるを得なかった。「お行儀」のよしあしと出身に直接的な因果関係がないとしても，周囲の人々はふるまいと出身を結び付けて考えていることを，秋野さん自身も認識し，出身について指摘されることを回避してきたのである。
　実は，秋野さんの母は，血統的な意味での部落出身者ではない。親元で育てられない事情のあった秋野さんの母を，子どものいなかった秋野さんの祖父が引き取ったことで，部落住民となった。秋野さんは，部落に生まれたために貧しくて進学をあきらめたことや，後ろ指を指されるふるまいをしないようにと気を遣い続けなければならない立場であることで，「なんでこんなとこに生まれてきたか」，「あたしの母親の落ちたとこが悪かったから，あたしたちまでつながった」と，因果のように思ったこともあったという。そして，たとえば一般地区から嫁いできた人でも無作法な人がいることや，また，のちに解放学習

によって部落差別の歴史を勉強したことなどから，部落民もそうでない人も明白な違いがあるわけではないことに気付き，理解もしているが，それを「言ったってそんなの，世間通りませんから」と，外部からのまなざしは忌避的なままであることを感じている。

　A：なんでこんなとこに生まれてきたかってねえ，思いまして。うちの母親っていう人はね，部落の人じゃないんですよ。だけど，うちのおじいさんが，子ども，いなくてもらってきたんですって。だから，あたしの母親の落ちたとこが悪かったから，あたしたちまでつながったとかって，そういうふうに思ってたこともありましたけどね。でも，ずうっと，あたしら，変なことできないっつかね，そういうあれ（意識）はいつもありますよ。……私たちのところ，本当に貧乏でした。他の人たちから見ると，何であたしらはこんなに悪いかなと思って，そこからこっちって来るとわかるんですよ，無理もないかなとは思ったけども。そういういろんな，勉強（解放学習）は子どもたちと一緒にしたようなもんですよね，歴史的な流れなんかもね。だけどあたしらが何もないって言ったってそんなの，世間通りませんからね。

結婚——「免疫なかったから」
　時計工場勤めの4年間，秋野さんは同じ地区の同年輩の男女で，たびたび街に映画を見るなどの遊びに出かけた。当時，運転免許をもっているのは男性がほとんどで，運送業者のトラックの荷台に乗るなどして皆で出かけていたという。後にその一人と結婚することになるのだが，一方で，地区外の人との交際は，部落出身である自分を「違う」と感じていたことから，自ら「極力」，「避けてた」という。同じ職場で働く同じ地区出身の女性で，地区外の男性と恋愛関係にあったものの，出身が原因で破局してしまったという話も耳にした。そのような状態で，「免疫」がなかったこともあり，後の夫に恋をしてしまったのだろうと秋野さんは語る。

　A：（結婚は）一応，恋愛なんですよ，ウフフ。恥ずかしいよね今言うとね。

あの頃はよかったんじゃないですか，ハッハッハ，若い時だったから。な
んしろ（夫は）父親が戦争で亡くなっちゃったんですよ。で，母親と二人
暮しだったもんで，そのお母さんがあんまり，かまってくれなかったんで
すよね，働いてあれしなくちゃ子ども養えないから。だから，長女の身だ
から，母性本能で，惹かれちゃったのかしら，かわいそうで，お洗濯とか
そんなこと，やってやっちゃったとか，近くなもんだから，同じ村なんで
すよ。だから，なんか，何が原因だか，きっかけはよくわかんないけ
ど，ッフフッ，そういう縁で。フフフ。

K：ひとつ違いだと，もう子どもの頃から知ってはいたわけ。
A：でもあんまり，関心なかったですよ。向うはね，あの，与太息子っちゃ
変だけど，もう，ほんとに，名うてのワルだったんですよ，あたしは普通
にいい子してたもんだから，子どもの頃は知らなかった，あんまり。
K：そういう子がいることは知ってたわけね，そんな個人的なあれは，交流
はなかった。
A：そう，であたしがあんまりまじめだったもんだからうまくやられちゃっ
たみたいなんじゃ，フッフッフッフッフ（笑）。ちょっとからかってやろ
うかな，なんて，むこうが思ったのが，こっちが本気になっちゃったん
じゃないですか，そんな，あんまり免疫なかったもんだから。もうあたし
は，工場行っててもね，生まれが違うと思うから，友達も違う人（部落出
身でない人）と，そういう恋愛したことあるんだけども，だめで，「どう
して？」っつったら，「そんなこと聞かない方がいいじゃないの」って。
言われりゃもう，どうしてそうなったかっつことがわかるから，もう全然
そういう，極力一般の人たちとは，避けてたっつかね。

上述のような，「生まれが違う」から避けてしまうという行動は，ふるまい
によって出身を名指されることを怖れ，自分の行動に気を遣い続けることの困
難さを回避する行動であると思われる。当然，結婚するにあたっても，「そん
な神経使わないから」部落出身同士が良いと考えてもいた。

秋野さんよりも早く結婚した親族に，部落外の女性と結婚した男性がいる。
その妻は，一族の反対を押し切って結婚した。ほどなくして妻の父が亡くなっ

たため，妻がその葬儀に出たいときょうだいに連絡すると，きょうだいたちはそれを拒んだという。部落出身者と結婚したために親の葬儀に出ることすら断られる彼女を見て，秋野さんは「そんなにあたしたち，嫌われてるのかな」とあらためて感じた。

こうした差別意識の認識は，「若い時，そんなに飛んで羽ばたくこと」がなかったと，結果的に自身の行動範囲を狭めたと秋野さんは感じている。一般地区の人々との交流を「避けて」過ごし，そのために男女交際の「免疫」がなかったというのも，外部からの差別意識を回避するための戦略の産物であったといえる。

A：親戚の嫁は○○のあれ（部落外出身）なんですけども，お父さんの亡くなった時ね，お葬式に行きたいって言ったら，きょうだいに「来るな」って言われたって。あたしたち（部落の人）だったらそんなこと，自分の親，死んでねえ，娘が「行きたい，会いたい」っつのに，「来るな」なんて言わないと思うの。部落の人は，情が深いから。だから「そんなことないから行きな」って言ったんだけど，それでも「姉さんに言ったら，来るなって言われた」って言って，「行かれない」って泣いてたことありましたもん。そんなにあたしたち（部落の人は），嫌われてるのかなと思うことあるんですけど。

K：うん，今は行き来してるの？

A：今はもう，みんなと仲良くやってます。……なかなか，フフフフフ，なんかつい，あたしたちなんかこういう，同じの（部落出身者同士の結婚）がいいかな，なんてね，そんな神経遣わないからいいかな，なんて思うと，やっぱり若い時，そんなに，とんで羽ばたくこと，なかったですよ，これ，動く，行動が狭かった。（中略）ああ，ここで生まれてここで終わるんだな，なんて思うと，あたしたちすごく悲しいようになりますよ，何にもなかったなあと思うと。

秋野さんは1965年に，件の男性と結婚した。その経緯はなかなかにドラマティックである。

秋野さんと夫との交際は3年ほどに及んだ。その間，特に求婚されることもなく，また，母子家庭で「名うてのワル」だった夫に対し，秋野さんの父がよい印象をもっていなかった。秋野さんは交際を終わらせるために，再び実家を出ることにした。当時，弟夫婦が神奈川県にある工場の寮で，賄いの仕事をしており，秋野さんもそこで一緒に働くことに決めた。後はそれを恋人に告げ，終止符を打つまでと覚悟を決めていた。

　同じ頃，夫は親族から，秋野さんと結婚するように諭されていた。夫にしてみれば，結婚を意識することもなく，「まだ遊んでいたかった」が，3年も交際した秋野さんをそのままにして，「笑わせもんにしちゃいけない」と説得されて結婚の意志を固めた。

　村を出て行くと切り出した秋野さんに夫は求婚し，急遽，2人は結婚することになった。しかし，お互いに苦しい家庭で，結婚式をする余裕はなかった。秋野さんもまた，「いちばん上」であることから，家族のことを考えて，衣装などを調えることを遠慮した。そうやって何ごとも親のため家族のためと我慢したことを，「貧乏くじ」だと秋野さんは評するが，当時の秋野さんにとっては当然の選択だった。

　A：うちは父親あんまり，あたしのだんなにいい，あれ（印象）もってなかったから，反対なんですよ，「だめだ」っつわれて。で，2，3年付き合ってたもんだから，向う（後の夫）も，親戚の人に，「村同士でうるさいし，そろそろ何とかしなくちゃいけないよ」とかって言われてたらしいんですよ。あたしもでも，ちょっと，3年も付き合って，これが潮時だから，弟が東京の方で，会社の寮の食事やってたんですよ。だからあたしも，これでもう，別れて，行っちゃおうかなと思って。それで，それを切り出したら，むこうも，あたしに（求婚）してきなさいって言われたらしいんですよ，「女の子そんなに3年も付き合いしといて，もう終わりなんてことじゃいけない，笑われもんにしちゃいけない」とかって言われて。あっちはまだ遊んでたかったらしいけど決心がついて，一緒になっちゃったんだけど。だからあたしはその時はもう，父親も反対するし，1人で行っちゃおうと思ったんですけど，なんかやっぱし，縁があったんでしょ

うねえ、フフフ。で急遽、ねえ、式ったって、あたしいちばん上で、うちも貧乏でしたから、まだ下の子なんか高校行ってる頃でしたから、あの、「結婚式、挙げてもらわなくったっていい」って言ったんですよ。で、おばあちゃん（秋野さんの祖母）なんか切ながって、「こんなに苦労させてきたのに、せめてかつらぐらい乗っけてやりたい」とかって、泣かれたりして困ったんですけど、なんしろ貧乏くじなんですよ、いちばん上の、貧乏なうちの長女っていうのは。うちのこと考えて、何でも「いい、いい」って（遠慮して）。今思えばほんと、馬鹿みたいだったなと思うけど。

結婚後、秋野さんと夫はいったん、秋野さんが働く予定であった寮の仕事に就いたが、夫の母親を一人実家においてきたことや、秋野さんが身ごもったことなどから、1年半ほど経った1961年の秋、夫の実家に戻った。翌年に長女が誕生し、3年後に長男に恵まれた。秋野さんは子育てをしながら、夫の実家で農業を手伝った。夫は帰郷後2年ほどダンプの運転士をした後、やはり農業に従事した。

解放運動との出合い
　長男が生まれた1970年ごろ、秋野さんが暮らすB地区で火災があった。B地区は当時、狭い区域に住宅が密集していたため、現場近くまで消防車が入れなかった。消防団員でその様子を見ていた秋野さんの夫は、それまで解放運動に興味を示していなかったが、子どもたちのために地域の環境を改善する必要を感じ、小集落改良事業の発起人となり、後に副支部長として、長く地区の解放運動の中心となった。
　運動の成果で地区の区画が整理され、1975年には市営住宅が完成し、秋野さん一家もそこに入居した。

　A：うちらがその、小集落（改善事業）っていうのをね、発起人はうちのお父さんなんですよ。火事があって、そん頃自分も消防団に入ってたんだけど、消防車も入れないとか。それで、あんな狭いとこにいて、環境が悪いっつことで、自分の娘たちのためにも、何とかしなくちゃいけないっつ

ことで，今まで全然，同盟には関係なく，そっぽ向いてたのに，それで，「やらなくちゃ」っつことで，支部を盛り上げて，やったんです。
H：ああ，それは何年ですかね。
A：なんでしょう。47年かしら，私たち，市営住宅に入ったのが50年ぐらいだから，3，4年前からもう，そんなにすぐできるもんじゃないからね，やってたと思うんです。だって，29歳ごろの時には夢中でやってました。

　秋野さん一家は，やはり解放運動の成果で，農業経営の補助金を受けることができ，その資金で，当時まだ手がける人のいなかったエノキの栽培を始めた。夫は，解放運動の中心的な役割を担ったこともあり，また，男性が「お勝手入るもんじゃない」という態度でもあったので，秋野さんは家事のすべてを担いながら，畑仕事にも精を出した。冬になると，エノキ栽培をしている建物で子どもを見ながら仕事をしたこともある。それは彼女にとっては，「大変だったけど」，子どもたちの将来のためになることであり，生活が向上していくための活動であると理解していたので，夫の解放運動を後押しするという意味を持つ，秋野さんなりの解放運動だった。この時期を秋野さんは，改善するべきことが多く「燃えていた」時期であるという。

H：家事とか子育てとかは，だんなさんは協力してくれました？
A：全然，男なんかね，お勝手入るもんじゃないと思ってたから，冷蔵庫に何残ってようが何しようが，何にもやらなかったですよ。
H：子どもさんが小さくてまだ，秋野さんとだんなさんが，農業の手伝いに行ったりとか，エノキを育ててたりとかした時っていうのもやっぱり，秋野さんは，家事もやって，仕事もだんなさんと同じぐらいやって。
A：全部やりましたよ，ええ，みんなあたしやりましたよ。なんしろあたし，働きもんは働きもんなんです。働くことは好きなんですよ。……だから，子どもたち小さい時なんか炬燵持ってって，炬燵に子どもたちあたらせつつやってましたよ。

（中略）
K：あのー，あれですか，ご主人はずいぶんそういう運動，ずいぶん，ね

え，熱心に，燃えてやってたみたいですけども，秋野さんは，あれですか，ご主人がそういうふうに運動に一生懸命なのは，当時はどう思ってました？

A：大変だったけど別にあたし，子どものために，自分たちの将来のためにってやってるから，反対はしません。だからなお一生懸命，うちのことはあたしがやる，っていうあれ（気持ち）で，後押ししてました。もう子どもの頃から，そういうことは知ってましたから，環境よくなることはね。（中略）うちは主人がずっと，10年以上ね，副支部長やってたから，夫婦でそんなことやってられないじゃないですか。片方が出て，いない時は，あたしがうちで仕事やんなきゃならないから。子ども会の会議でも，みんな父親が出るんだから。あの頃はもう，燃えてやってましたから，夜も家，帰ってこないくらいに。

夫は家事には手を出さなかったが，子どもの教育は一手に引き受けた。少年期は非学校的だった夫だが，学歴の重要性は感じており，後に，長女がいったん就いた仕事をやめて大学に進学したいと言ったときもすぐに賛成したという。教育という形で子育てに関わった夫に，子どもたちは相談事を持ちかけることもあり，良好な親子関係がうかがえる。

A：うちは，「中学までは教育は俺に任せろ」って言って。「お前には生んでもらったから，あと教育は俺がするから」って。で今，子ども悪い時は，「あんたが悪いんだからね」って（笑）。だから，いろんなこと，子どもも，あたしに相談するよりも，よく父親に相談してましたよ。それだけ（教育の面で子どもを）見ててもらったから，あたしはただ，肉体労働だけしてればよかったんです。だんなの方はね，おばあさんが，大学まで出してくれるって言ったのに，本人が「やだ」って行かなかった。そういう幸せな人なんです，あたしは，行きたくたって行かれなかったんですよ。（中略）高校終わって本当は，娘は大学行きたかったんですよ。だけど，あたしたちがお金がないために，2年間，○社ってとこ行ってね，横浜の方の。そこで2年間勉強してたんですよ，働きながら。で，帰ってきても

やっぱりなんか，福祉の仕事やりたいって事で，父親はすぐ賛成してくれたんだけど，あたしは，お金ないから，反対してたんだけども，よく考えればねえ，あたし何も資格がなくて，こんなに苦労して。子どもにはやっぱし，教育必要かなと思って，長野大学の，福祉科へ入れて。

　また，秋野さんは子どもと一緒に解放学習に参加したことで，初めて部落差別問題を歴史の視点から学んだという（上段参照）。長女は部落解放研究会（解放研）の活動に学校卒業後も関わり，聞き取りの段階では子育てで一時中断していたが，結婚後も部落解放運動への情熱を維持している。長男もまた解放子ども会の活動に参加し，学校で部落民宣言を行うほど，部落差別問題を「ちゃんと分かって」いる。学校卒業後は仕事で多忙であるために運動を離れているが，やはり興味を失ってはいない。

A：うちの息子たちの頃は盛んだったね。運動。うちの息子たちは学校の教壇の上に立って出身者宣言したっつもん。「何々部落の誰々です」っつ事，やったんですよ。そのくらいちゃんと分かってね，（中略）うちの娘はそういう，本（部落解放同盟の出版物）にも，原稿出したり，青年部でね，発表会なんか出てやったりとかってやって。今もだから，解放研に入っています。今ちょっと，子育て大変だから，それどころじゃないんですけど，そっち（部落解放運動）には，娘はすごく興味あって，今でもやってるんですよ。息子は全然。
K：息子さんは，えーと，子ども会なんかはずっと行ってたの？
A：やったんですよ。でも，働くようになってから。
K：で，今はあれですか，べつに，いやんなっちゃったわけじゃなくて，仕事が忙しいからっていう，感じですか？
A：そうですよね，で今，（機会が）ないんですよ，そういう人たちが集まるっつとね。それでまた結婚でもすれば，そこにいるから，落ち着いて，役員とか何とかっつうあれもくるけど，結婚もしてないから，まだそういうとこにも入れないし。娘はだから，余裕さえ，出てくれば（また運動に参加する意志がある）。

運動の沈滞と危惧

　前段で，秋野さんは独身の長男が現在，解放運動に関われない理由として，仕事で多忙であることに加え，学校を卒業した青年たちの集まる機会がないことを挙げた。秋野さんの暮らす地区では，支部や地区協議会に青年部がない。解放子ども会の高校生部会も，運動の隆盛した一時期を除いて休止状態になっている。

　地区内で解放運動が盛んだった時期，夫は時に，夜，帰宅できないほどに「燃えて」活動し，秋野さんもそれを支えた。それは決して楽なことではなかったが，「楽しかった」「いやじゃなかった」と振り返る。それは「なんしろもうやることがいっぱいあった」時期であり，地区の環境や自分たちの生活が劇的に変わっていくことで成果を実感できたためだ。

　A：あたしたち若い時は，楽しかったよやっぱり，いやじゃなかったもん。今だんだん年取ってきたらなんかめんどくさくなっちゃったのかな（笑）。で，あの頃から見るとだんだんなお悪くなってきてるなあと思うから。あん時，あんなに力あったのかなあなんていうのは，なんかほんとに全盛期を知ってるから。
　H：運動が沈滞すると，つまんなく。
　A：なんかね。どうでもいいやっていうようなあれ，なっちゃいますよ。ほんとにあたしたち，燃えてる時，若かったから。
　高坂さん：やってほしいことたくさんあったですもんね秋野さんの時。
　A：集会所造ったり，児童館造ってもらったりとか，道が悪いから道って，こんだ小集落やったりとか，なんしろもうやることがいっぱいあったでしょ，だからもうみんなが団結して，強かったですよ。

　しかし，環境改善事業が進行し，即物的な「やること」が見えにくくなっていくにしたがい，運動が勢いを失い，参加する人も減っていく。
　改善すべきものが見えなくなる中で，現在では「若い人たちってそういうこと全然知らないで」，「無関心」になっているという。環境改善がなぜ行われたのか，地区の人々がどのような生活を送ってきたのかといった，歴史について

や部落差別問題についての学習が続けられることがなく，運動に参加した人々の思いを継承する場がないことはその一因と言えるだろう。

　秋野さんは，環境が良くなった現在，解放運動が，持ち回りで決まる役員の活動になってしまっていることを「大変」であると評する。補助金が出るなどの際だけ顔を出す次世代以降の地区住民に対して，このまま運動が形骸化していくことへの危惧を抱いている。

　A：今なんか，みんな役員だけの運動になっちゃって，ほんと大変ですよ。これやんなくちゃっていうあれ（生活環境などにおける差し迫った問題）も，なくなってますよね，ある程度みんな生活も，よくなったっていうか，まあ差別は残ってるでしょうけども，みんな，家も造ったとか，だいぶ環境もよくなりましたしね，今の若い人たちって，そういうこと全然知らないで，けっこう一般からも，結婚して入ってる人たちも今，多いんですよ，最近は。あたしたちの頃とは違って，ねえ。だから，無関心。なんか保育園のほら，援助があるとかね，そういうものあるとか，そういうときだけ，顔出すけど。だから役員までやる人は，大変ですよ。

小括——差異の虚構性の告発

　秋野さんの生まれ育った地区は，部落差別のために安定的な収入の乏しい，貧しいムラであり，そのために地区の人々にはふるまいが粗雑な人が多く，それが周囲の差別意識を強化するという循環によって差別意識を向けられ続けた地区だった。

　地区の人のふるまいの粗雑さは一定程度事実であり，それに対する忌避感情を「無理もない」と内面化していた秋野さんは，差別意識を向けられることを避けるために，ふるまいに細心の注意を払うばかりでなく，地区外の人との交友を避けるなど，行動範囲を自ら狭めざるをえなかった。また，貧しさと，長女としての役割意識から，高校進学を断念し，それが職場での昇給の差につながるといった不利益も被ってきた。ここには部落差別と，それとはほとんど不可分の貧しさ，そしてジェンダー意識が重なり合い，循環しあって発生した不利益な状況が見出される。

結婚後は，家事と，教育を除いた育児を一切行なわない夫のジェンダー規範に従い，「家のこと」を一手に引き受け，解放運動に参加する夫を支えた。部落差別に意を唱える運動の傍らで，女性を周縁に置くジェンダー規範が温存されていることは，少なくとも秋野さんの家庭では等閑視されていたといえる。

しかし秋野さんにとって，その生活は「大変だった」が，生活の向上を結果するものであり，さらに，子どもたちと一緒に解放学習をする機会を得るものであった。解放学習は，秋野さん自身には，部落差別の歴史に関する知識を，子どもたちにおいては，出身宣言をしたり，長じても運動に興味を維持し続けるようなポジティヴな効果をもたらした。ふるまいに差異を見出されることを恐れて自ら行動範囲を狭めざるを得なかった秋野さんに対して，子どもたちは「誇りうる部落民」として，自己の出身を学習してきたといえるだろう。解放運動に主体的にかかわることによって多くのものを勝ち取り，子どもたちとともに部落差別問題についての学習を重ねてきた秋野さんにもまた，「誇りうる部落民」アイデンティティが一定程度内面化されているだろう。

秋野さんはかつて，「お行儀」を，部落出身者を他と峻別するものとして捉えてきた。しかし，現在の立場からは，「お行儀」の悪さは単に教育の問題であることを示唆したり，地区外から嫁いできた人などにも「お行儀」のよくない人がいるなど，「お行儀」のよしあしと「部落」を結びつけるカテゴリー化への違和感が表明されている。これは，秋野さん自身が，部落出身者として自己を一定の社会的場に追いやってきた，差別者側の世界観からの脱却を象徴する語りであろう。

秋野さんのライフヒストリーは，〈いま-ここ〉からふり返って，「お行儀」に差異を見出されることを恐れた過去を参照し，差別の根拠となる差異が架空のものであることへの告発がなされている。「部落出身」というカテゴリーを引き受けた上で，カテゴリーにある，"「生まれが悪いから」，「お行儀」が悪い"といったマイナスの意味づけを解体しようとしているのである。

事例3　押し付けられたカテゴリーのとらえ返し

語り手についての解説

　本事例の語り手は大崎季江（おおさき・きえ）さん（仮名），1952年生まれ（インタビュー時点で51歳），高知県の被差別部落に生まれた。現在は東京都のC地区で生活している。インタビューは大崎さんの居住地であるC地区にある，部落解放同盟東京都連合会C支部の入っている公共施設において，2003年6月と8月の2回，計6時間程度おこなった。そのうち1回目は，語り手が大崎さんを含めて2名，聞き手が鐘ヶ江晴彦教授と筆者の2名，2回目は語り手が大崎さん，聞き手が鐘ヶ江教授と筆者の2名である。

　引用中の「O」以下は大崎さんの発話，「K」以下は鐘ヶ江教授の発話，「H」以下は筆者の発話である。また，（　）内は内容の補足，〔　〕内はインタビュー中の仕草である。

ネガティヴなシンボルとして認識する

　大崎さんは1952年に高知県内の被差別部落であるD地区で生まれた。4年後に弟が生まれ，両親も合わせ家族4人で暮らしていた。また，ごく近所に祖父母が住んでおり，一緒に食事をするなどほぼ毎日行き来していた。

　D地区は150世帯程度で，混住はなかった。隣の地区から見ると坂道を下った低地にあり，特定の産業はなく，住民は半農半漁の生活をしていた。大崎さんの家では，大崎さんが小学校低学年までは花や野菜，果物の栽培をしていた。

　大崎さんが小学校高学年の頃，父親は高知市内の造船関係の会社に勤め始めた。その会社は，大手の造船会社の孫請け会社で，現業の親方が被差別部落出身者であったため，大崎さんの地区からそこに勤める人が増えた。とはいえ，彼らは現場のための雇われ工人であり，「本工」とは待遇が違う。日給月給で，「雨が降ったらお休み」の仕事であったので，いわゆるサラリーマンの安定したイメージからはかけ離れている。それでも，「初めての，現金収入」のある

職であった。

　大学進学のために上京するまでの記憶では，D地区では解放運動が起こらなかったという。環境改善事業によって地区内に銭湯ができたり，隣保館が建ったりはしたが，被差別部落であることがわかってしまう「隣保館」という名称を地区の大人たちは嫌い，「福祉館」と名づけるなど，地区の人々は反差別運動に積極的とはいえなかったと思われる。

　大崎さんは，D地区出身であることが差別の対象となることを知らずに育った。大崎さんの両親が隠してきたためである。同じ地区に暮らす，大崎さんの遊び仲間たちもやはり，家族から何も知らされずに育った。大崎さんは，隠して過ごした親たちの心境について，「（解放同盟の）支部があって運動があれば，違う考え方が出てたと思うんですけど，その辺がまったくなくて，隠すことだけを，教えられて」と語っている。

　大崎さんが幼かった1950年代は，オールロマンス事件を契機として差別行政の批判がなされ，各地に解放同盟の支部ができるなど，ことに西日本では解放運動が隆盛しつつある時期である。大崎さんが幼い頃にはすでに，表立って差別行為をすると糾弾されるという認識が流通していたといえるだろう。そのため，親から説明されないことで，子どもが差別される可能性をもつ身であることに気付かないで成長することが可能になっていたのである。

　しかし，表立った差別行為は起きなくても，周囲の差別意識がなくなったわけではなく，かくれたところに存在し，受け継がれている。大崎さんが初めて，自分の生まれた地区に対する周囲の反応に違和感を覚えたのは，小学生の時であった。学校の友人から，その子の親が，D地区の子どもたちと一緒に遊ばないようにと話したと聞かされたのである。また，同じ地区の友人たちも，同じような体験をしていると知った。それでも子どもたちには，交遊を禁止される理由は分からず，「何でだろう，なんかおかしいなあ」という違和感ばかりが付きまとっていた。

　　H：クラスで友達同士で遊ぶ時っていうのは，地区の子とそうじゃない子と
　　　　混ぜ混ぜで遊びましたか？
　　O：学校では混ぜ混ぜで遊んでたけど，初めて私がなんか変だなあと思った

のは，仲のいい子から，「お母さんから，大崎さんとは仲良くしてもいいけど，D（地区）の子とはあんまり遊ばないんだよって言われた」とかね。で，他の子が，あの，誰々ちゃんのとこ遊びに行ったら，なんか（同じようなことを），言われた，うん。そんなので，ああなんでだろうっていうか，なんかおかしいなあみたいな感じは小学校の頃。すごく感じましたね。でもそれが，部落差別だって言うのは全然。

　違和感は，地区の仲良しの少女たちの関心の一部を占めていた。中学生になると，彼女たちは頻繁に，仲間の1人の家に集まって，学校の勉強を一緒にするようになる。その際にも，地区に向けられるまなざしに対する違和感はたびたび話題にのぼった。

　ある時，少女らの1人が，祖母から，地区の昔の話を聞いてきて皆に伝えた。彼女の話は少女たちにはあまりにもショッキングで，「『ええっ？』て感じで，『ほんと，嘘やろう？』」と，にわかには信じかねる内容だった。

O：中学校くらいに，友達とこう夜集まって勉強したり，するんです，おんなじ部落の中で。そうすると，やっぱりそういう，「なんか変だねえ」って，「私も言われた事ある，私も，誰々ちゃんからDの子とはそう（一緒に遊んではいけないなどと），お母さんがいるときに言われた」とか。「何で言うんやろう」っていう話を，子ども同士で，わりと。（その仲間に）おばあちゃんから聞いてきた子がいて，いやあおばあちゃんが言ってたけど，ここは，要するに部落だってことで。ここから，一歩あの道から向こうに行くときには，草履を脱いで裸足になって，頬っ被りをして，「ごめんください」って，あの，何とかって言いながら，顔見せないようにして，行かなきゃいけなかったんだって。それで，誰々ちゃんちの，お姉さんが，結婚したんだけど，あの地区だからっていうので，帰ってきたとか，で駆け落ちしようとしたけども，親に，家にね，連れ戻されて，もう駆け落ちしないように，頭を，丸坊主にされたとか，そんな話をこう，子ども同士の情報交換で話してて，「ええっ？」て感じで，「ほんと，嘘やろう？」って，いうのがあって，あんまり信じたくないっていうか信じられ

ないっていうか。

　しかし，大崎さんにはそれを信じざるをえない予備知識があった。それは，小学6年生時分に，教師に勧められて読んだ『破戒』によって，一般的な意味での集落をあらわすのではなく，差別される対象としての「部落」という言葉を知っていたことである。

　『破戒』を読んだ時には，「『先生，この本に出てくる部落って，うちらの部落（一般的な意味での集落のこと）と違うよね？』って，言ったら先生が，『うん，違うよ』」というやりとりがあったが，「ああこんなことがあるんだ」という程度に，まだまだ他人事として把握していた。それが，友人の話を聞いたことで，信じがたい思いの一方で，「ああ，あの『破戒』の部落のことだ，それがうちらのことなんだっていうのが，ものすごく感じ」たのだという。

　その後も子ども同士で部落の話をするうちに，周囲が何によって「部落の子」を識別するかという情報も入ってきた。ムラの名前，特定の苗字，「隣保館」という建物，それらによって「頬っ被り」や「裸足」になる必要はないものの，いやな思いをさせられるまなざしを向けられてしまうことが分かってくる。そのため少女たちは，それらを「言わないほうがいい」，隠すべきものとして認識するようになった。

　高校に進学した大崎さんは，映画研究会に入部した。高校1年生のときに出合った，以下に紹介する出来事から，映画研究会の生徒たちが，部落問題についての豊富な知識をもち，なおかつ学習していることを知り，自分も学習したいと考えたためである。大崎さんにとって，出身が知れてしまうことは避けるべきことだったが，一方で，ひたすら避けて通るのではなく，被差別部落に関する知識を得たいとも望んでいた。

　被差別部落出身であることは，隠したいものではあるが，大崎さんの属性のひとつであり，それについて知りたいという思いは，自分自身に関わる事柄についてもっと知りたいという欲求であるといえるだろう。

　　O：（最初は）新聞部に入ったんですよ。で，新聞部で，何でかわかんないけど，部落問題を，特集したんです。特集記事を組んだんですよ。あんま

り，私入ったばっかでよくおぼえてないんですけど，「部落，何とか」って見出しで，カットが萱葺き屋根のカットで，多分，あんまり部落問題を，ちゃんと把握してないような記事だったと思うんですよ。あたしは入らないで先輩たちでやってたんですけど。そしたら，映画研究会が，「あの記事は何だ問題だ」って，新聞部に文句言いに来たんですよ。で，よく初めて聞いてみて，その時はもう自分が部落だっていう事はわかってあたしは隠して，来たって状態だから，「ああこの人たちってとっても部落問題についてわかってて，一生懸命考えようとしてる人たちなんだ」っていうふうに，思って，で，部落民だってこと隠したまま，映画研究会に入ったんです（笑）。この人たちの言ってることが正しいと。で，（映研の生徒が）「新聞部はどっちの見方に立つんだ」って，すると新聞部の部長が，「新聞は中立」とか何かわけわかんないこと言ったんですよ。そしたらこう，理路整然といろいろ言いましてね，映研の連中がね。で，「あ，この人たちの言ってることはなんとなく感覚的に，いいじゃないか」っていう事で，部落問題，考えてみたいっていうのがあって，新聞部から，そっちに，移ったんですよ。で，部落問題のこと一生懸命，やったんですね。

　小学生時代は，学区が小さいため，同じ学校に通う子どもの親たちは，どの地域の子どもが「部落の子」であるかを知っている状態であったといえる。それが，中学，高校と進学していくにつれ，交流圏が広がり，D地区を知る人の割合も小さくなる。すなわち，身元隠しが容易になるということである。
　しかし，身元隠しをすることは，出身を知られないと同時に，部落外の人々の部落に対する見方がストレートに入ってくることでもある。高校生時代の大崎さんは，部落外の人々の差別意識を知らされ，それが自分に向けられることを恐れなければならないことがたびたびあった。
　大崎さんの高校は，同和教育の研究校に指定されており，学校を挙げて「橋のない川」の映画を見に行ったことがあった。そこに描かれている部落の悲惨な状況が，中学生の時に知った大崎さんの地区の過去の状況と重なり合い，「こらえきれなくなって，『季江ちゃんどうしたの？』って言われるくらい，わんわん号泣」してしまったという。

その後，映画を見た感想を言い合うフォロー学習があった。同じクラスの生徒たちの感想は「かわいそう」「生まれなくてよかった」というものばかりだった。大崎さん自身が生活し，成長してきたのと同じ被差別部落は，同じクラスの生徒たちには，遠くから他人事のように「かわいそう」と眺めるものでしかなかったのである。
　また，同情を寄せるだけではなく，被差別部落出身者との結婚について，「親がかわいそうだから，しない」という感想も相次いだ。学校の行った「同和教育」は，悲惨で「かわいそう」な部落を生徒に認識させ，そこの人との結婚に際して「親が差別をする」ことを止めるための力にもならないものだったといえる。この学習は大崎さんに，出身を「絶対に言えない」ものとして再認識させることになった。
　この出来事を語った大崎さんは，しばしの沈黙の後，「映研の人たちにもやっぱ，言えなかった」と話した。映画研究会での学習は確かに，大崎さんが部落問題に関する知識を得ることにはなったが，ただ問題を知っているだけでは，差別意識を向けられるおそれを克服することにはならない。また，身元を話すきっかけにもならなかったのである。

　O：映画を見た後，フォロー学習みたいな。それがもう，ものすごくいやな話し合いで，私は当てられなかったんですけど，感想を言っていて，あの，まあ「かわいそうだと思った」ぐらいはまだ，いい方で，「ひどいと思ったけど，私がもし，部落の人と結婚すると言ったら，親がかわいそうだからやっぱりしないと思うから」みたいな，あとは，「部落に生まれなくてよかった」とか，「かわいそう」とか言う人が何人か出たんですよ。でーもう，私当てられたらどうしようと思って，当たらなくてよかったんですけど。ほんとに当てられたらなんて答えようと思って，告白する勇気もなかったから，もう机じいっと見て，先生と目が合わないように当てられないように当てられないようにと思ったんですけど。で一人の子が，「みんなきれい事を言っているけれども，ほんとに自分が，部落の人と結婚するっていうことになったら，どうなんだって思うんだ」って，そう問いかけたんですよ。……そしたら，やっぱり，あの，親が，差別をおこな

うと思うけれども，それから親がかわいそうだから，あのー，「やっぱしないと思う」とかっていう意見が結構出たんです。でー，私ほんとにそれがショックで，もう絶対に出身は言えないと，思って。……で，映研の人たちにもやっぱ，言えなかった。

　その日の帰り道，大崎さんの親しい友人が，「親から部落の事，少し聞いてる」と話した。しかしその内容は「たとえば『部落の家は，ほんとに汚い』，『部落の人は血が違うから，やっぱり結婚は，よそとはできない』とか，そんなのいっぱい」であったという。
　また，別の友人の家に遊びに行った時に，その母親がやはり，部落出身者への蔑みを表明したこともあった。大崎さんが身元を隠すことは，周囲が被差別部落に対してどのような差別意識を抱いているかがストレートに入ってくることでもあった。それが自分に向けられることを考えると，「ますます怖くなって，言えない」気持ちが強化されるのであった。

O：(学校に部落出身の先生がいて) なんとなく好かれてなくて，教え方が下手だとか何とか，お友達と喋ってたんですよ，親友のうちに，行って。で，その子のお母さんが，お茶持って来たときに，その先生の悪口を言ってたら，「やっぱり小森は小森よ」って言ったの。小森は『橋のない川』に出てくる部落の，名前なんですよ。もう，そういうことが，高校時代いっぱいあったんですよ。広い世界に出ちゃったから，今まで知らなかった，世間で部落をどう見ているのかっていうのは，自分隠しているから，どんどん入ってきて，そのお母さんが教養のあるお母さんなのに，「小森は小森よ」って言ったのがもう，すっごいショックで，「もう二度とこのうちの敷居はまたがない」って決意してそれから行ってないんだけど，フフフ。すっごく親しくしてた子なんだけど。

隠しつづける苦しさ

　大崎さんはそれまで，自分が部落出身であると知っていることを，親に話せずにきた。しかし，映画鑑賞とそれに続くショックは，大崎さんに，黙ってい

られない状態をもたらした。ただでさえ，差別されることがこわくて，友人には出身を話せない。その上親にまで，知りながら隠す苦しさに耐えるには，学校での体験はあまりにも衝撃的だったといえる。

　そのできごとを境に，大崎さんは，部落について両親と時折話し合うようになった。のちに解放運動に参加するようになった大崎さんは，さまざまに辛い思いをしながらも運動を続けてこられた要因として，子どもに部落の事をきちんと話せるようにしたいという思いがあったと語っている。大崎さんとその両親とが，お互いに隠しつづけた苦しさを，大崎さんが親となった時に繰り返したくないという思いが，大崎さんを運動につなぎとめたといえるだろう。その意味で，この出来事は，のちに大崎さんを運動に駆り立てる動機の最初の芽ともいえる。

　O：うち帰って，それまで私は自分が知ってるってことも親に黙ってたんだけど，母親に，「今日学校で橋のない川っていう映画見てきた」って。で，母も何食わぬ顔で，「ああ，よかった？　どうだった？」みたいな，フフフフ。で私がなんか言ってるうちに，(胸が) いっぱいになっちゃって，「お母さんやおばあちゃんたちが，あんな思いをしてきたなんて」って言って，わーって泣いちゃったの。母がそれで，「あんた知っちょった？」って。で，映画見て泣いたって言ったら，「そりゃあんたばれたがね」(笑) っていう反応だったんですけど。私も苦しかったの，親に黙ってること，知ってるってこと。で，まあ，それで親とは話ができるような感じになって，逆に，うちの母親も無知で，また宿命だと思ってたみたいで，私がその頃，映研で勉強したこと話すと，「ああそうか，ああそれで差別されてたんだわあ」，フフフ。ていうような話を，母とはできるようになって。父は，「そうじゃない」，って言って。「起源は，もともとは」，それこそ「徳川のつくった身分制度であるかも知れないけれども，やっぱ300年，染み付いた」，あのー，そのー，なんか，すごくいやな言葉だけどよく言われた言葉は「部落の『エタ根性』は変わらないから，自分たちが，人間的にいろいろ」，造船所で一緒に仕事をしていても，材料っていうか，(くず鉄などを) 盗んで，やってて，「それはみんな部落の者だ」

と。で,「そういうことをしてるから,いつまでたっても,差別はなくならないんだから,政治や,社会のせいにしないで,自分たちが人間を磨いて」と。父は学歴はなかったですけど,あの,教養のある人間になれ,人間的には教養のある,っていうことは,言っていました。

　この頃から大崎さんには,差別されることを恐れて,誰にも出身を明かせないという思いとは裏腹に,それを明かさなければならないという思いが強くなっていった。その心境の変化は,「説明つかないけど,やっぱり親しい友達には,言わないと,だめだ,とか言いたいみたいな気持ちがあって」というように,一口に説明できるものではなく,また大崎さん自身にもはっきり言葉として認識されているわけではない。しかし,特に,親しい友人に隠して過ごすことは,「仮面をかぶった自分」の,「うわべだけの付き合い」であると感じるようになったという。「部落出身」という属性を含んだものが「本当の自分」であり,それを見せずに隠すことが,自分に対しても嘘をついているように認識されたのだろう。大崎さんにとって,部落は切り離すことのできないものであり,それを偽ることで大崎さんはアイデンティティの危機に直面することになったのだと思われる。

　とはいえ,先に述べた映画鑑賞とそれに続く同級生たちの反応を知ったこともあり,また,映画研究会での学習で得た知識などが逆に,差別される怖れを助長したこともあり,現実に話すことは難しく,言いたい,けれど言えない,というためらいの状態が続いた。それでも大崎さんはそのためらいを乗り越えて,親友二人に真実を伝えた。そのうちの一人は,上で述べた,部落出身者へのマイナスイメージを話した友人であるが,彼女たちは大崎さんの出身を知ったからといって大崎さんとの仲を断ったり,気まずくなったりするようなことはなかった。

O：(部落のことを) 知れば知るほど怖い,怖いって言うか,差別されたら怖いっていう思いで,やっぱり,隠したいっていうか。その一方で,言いたいっていうか。言わないと本当の,やっぱり,表面だけの,うわべだけの,関係かもしれないと思う。そんな雰囲気だったから,そういう思春期

に部落問題が，あたしの場合は，影響が大きいっていうか。(中略)(出身を隠すことは)自分を偽ってるような気がする。自分ではないっていうか，仮面をかぶった自分でしか付き合ってない，っていう感じが。ね？だから自分に，いやだって。ほんとの自分ではないっていう。思いがありました。でもその一歩がなかなかこう，聞けば聞くほど，知れば知るほど，言えなくなってしまって。

逃げずに向き合う

　大崎さんは高校卒業後，東京の大学に進学した。大学が遠方であることや，学をつけすぎると縁談が少なくなることなどから，両親は反対したが，大崎さんの意志は固く，最後には両親も，大崎さんの人格と，その確たる選択を尊重し，上京を許した。

　大崎さんの進学した大学は，当時多くの大学がそうであったように，学生運動が盛んで，狭山闘争のビラを手にすることもたびたびあった。しかし入学してしばらくの間，大崎さんは，それらをできるだけ避けていた。大崎さんはその理由について，ひとつには，部落差別問題への批判が，学生運動における政治的主張の道具として利用されていたことが，彼女自身の部落差別問題の実感と大きく異なっていたことであると話している。しかし，より重大な理由としては，当時の大崎さんが，部落差別問題に，まだ向き合うことができなかったことであると考えているという。

　東京では，部落差別問題に関心をもつ人はおろか，部落そのものを知っている人も数少ない。そのため大崎さんには，「隠し通して生きるって決めたら，それでもう，そっから，隠しおおせるかなあみたいな，幻想」を抱いていた部分があった。そうやって隠し，逃げることを繰り返していたものの，一方で，高校時代から学習していた狭山闘争については，「やっぱ同じ部落の青年が，無実の罪で，あの当時はまだ死刑囚でしたからね。死刑判決受けてるっていうのを，自分の中の声が，お前ほっとくのかっていうわけですよ。それはほっとけない」ものとして関心をもっており，一人でふらりと狭山集会に出かけたこともあった。しかし，「かといって自分が，解放運動に身を投じるには，ちょっと，まだ，決意ができない。なんか逃れたいと思ってる，そんなぐちゃ

ぐちゃした状態で」，逃げつづけていた。この時期の大崎さんの部落問題に対する意識は，逃げたい思いと，部落差別問題に関わりたい思いとの間で，非常に複雑に揺れ動いていたのである。

大学1年生の夏，大崎さんにとって大きな転機となる事件が起こった。

大崎さんには，高校時代から交際している男性がいた。彼は部落差別問題に対し理解があり，大崎さんが彼に出身を明かした後も交際は続いていた。ところが上京した最初の夏，彼の父親が，大崎さんの出身を理由に，この先交際が続いても結婚は許さないと言った事を知らされた。恋人は，時間をかけて父親を説得すると約束したが，二人の間で，考えていることのすれ違いが広がっていった。

恋人の父親は部落差別問題に対する知識があり，過去に解放運動家の知人もいて，解放運動にも理解があった。恋人が部落差別問題に関心と理解を示したのも父親の影響であった。そのような人ですら，結婚に際しては差別意識を示したことによって，大崎さんは，「差別問題を頭で理解していることと，生き方として実際に差別しないこととは違うのだ」と痛感させられたという。

さらに，恋人に向けられた「もし子ども生むんだったらおまえの子どもが差別されるんだ」という言葉が追い討ちをかけた。差別の厳しさを知っていて，それを味わわせたくないという身内への愛情や，解放の困難への配慮を示しながら，上の発言は，部落の子どもを「差別される」者として決め付けてしまっている。そのような身内は抱えたくないという，実際には非常に差別的な見方が露呈しているのである。大崎さんは，この発言を振り返り，「今だったら抗議していると思う」と話した。しかし当時の彼女には，部落差別をする人に直接抗議をする技術も力もなく，また大事にするわけにはいかないので誰かに相談することもできず，人間や人生そのものに対する懐疑や不信感を抱くほどに苦悩しながら日々が過ぎていった。

O：（彼が）今日は電話するよって言ってたんですよ。それがあんまり遅いから，こっちからかけてみたんですね。そしたらすっごい暗い声で，「今，親父と，けんかしてて，できなかった」って言ってて，なんかそれがすごく気になったから「何，どんな話」つったら，「いや，君にも関係のある

ことだけど，明日会って話す」って言うから，「えー，そんな気になるから今言ってよ言ってよ」って。そしたら，「でも，明日」って。で，次の日喫茶店で会ったんですよ。そしたら父親が，「高校卒業しても付き合ってるようだけれども，将来は結婚するつもりなのか」って。まだ18とか，その頃って夢みたいに思うじゃないですか，その時付き合ってればねえ，このままずうっとこう，結婚するとかって。でまあ，彼が，そのつもりだって言ったらしいんですよ，そしたら父親が，「Dっていうところは，部落なんだけど，まあ，付き合うのはいいけれども結婚するのはやめろ」と，「深いつきあいになる前に，別れろ」って言ったって。もう，社会科の先生がそんな事言ったっていうのは本当に，もうびっくりなんだけど。

K：ああそれが（映画研究会の部長）。

O：そう，彼は父親の影響で，部落問題とか，解放に目覚めたの。で，彼はやっぱり「それはおかしいじゃないか親父，言ってることが違うし」って言ったら，「自分は，（部落出身者から）差別がどんなに厳しいか聞いているから，だから言うんだ」って。で，「もし子ども生むんだったらおまえの子どもが差別されるんだ」って，言ったんだと。まあ，それで言い合いになったんだけど，最後は，「これはお前一人の問題じゃなくて，家の問題だ」って。で，彼は全部隠さずに言ってくれたんだけど，でもそのあとで，あのー，父親を，まあ「自分は時間をかけて説得していく」って言ったんだけど，「父親を，許してやってほしい」って。「これが公になると，父親は，学校，教師をやめなければいけなくなる」って言われたんですよ。……それで私はもう，なんかね，なんつうんだろう，あの，本読むのが好きでよく読んでたから，人間とか，人生をどういうように考えたらいいかわかんない，うん。で，まあだから，公にもできず，誰にも相談できず，彼とも何回も話したんだけど，どんどんどんどんすれ違いが広がっていって。

　上の差別事件に出合う前，狭山集会に参加した際に，大崎さんは，関東部落青年友の会という団体に接触する。まだ部落解放同盟の東京都連合会が再建されていない当時において，東京における解放運動をいかに展開するかという課

題に取り組んできた団体である。そこにも，学生運動に見られるような政治的主張の闘いがまったくなかったわけではないが，部落解放が至上の課題として取り組まれ，何よりもメンバーが基本的には部落出身であり，「部落の，青年というところでは，やっぱりみんながこう，つながりあえるっていうか」という仲間意識を得られるものであった。

とはいえ，はじめからそのようなシンパシーを抱いて積極的に参加できたわけではない。関東部落青年友の会から連絡を受けた大崎さんの大学の部落問題研究会から，大崎さんはたびたびオルグを受けたが，そのときは逃げたい思いが先に立ち，誘いを断りつづけていた。しかしその夏，上述の差別事件に出合ったことから，「このまま，部落問題から自分が，いつまでも逃げていたら，なんつうかまっとうに生きられないっていうか。そういう思いがして」，「自分がこう，向き合っていかないと，自分の，人生はなんだ，みたいな感じになっちゃって」部落差別問題に向き合い，闘おうという意思を固めた。

大崎さんにとって，部落差別問題は，人生に関わり，それを左右する問題として認識されている。そうであれば，永遠に逃げつづけることは難しい。出身を隠すことが，「本当の自分」ではないのと同じように，部落差別問題から逃げ続けて生きることは本当の人生とはいえなくなってしまう。それでも，これまで逃げつづけ，隠すことによって一定の平安を得てきた問題に，正面から向き合うことは大変な勇気を必要とする。部落差別問題と向き合うことで，差別の現実をも見ざるを得なくなる。差別される可能性をもつ自分を認識し，呈示せざるを得なくなる。その困難から解放運動に踏み切らせたものが，大崎さん自身が当事者となった差別事件であったのだ。

O：大学へ入って，狭山のビラとかもらって，逃げてたんだけど，でも狭山のことは気になって，集会に，一人でふらっと行ったんですよ。その時，関東部落青年友の会って旗があって。で，その時は狭山に対して気分が，前向きになってたから，行って，ちょっと話して。連絡先，「〇〇大学に行ってる」って話もして，で，（友の会の会員から）毎月1回集まりもってるから，今，松本記念館になってる，当時松本会館ていってたんですけど，「おいで」って言われて。言われたんだけど，その時は気分が前向き

だったんだけど，やっぱりっていうふうになって，もうほんとに，揺れ動いてたって言うか。そしたらちゃんと関東部落青年友の会から，○○大の部落研に連絡がいって，「1年生にいるから，探して，声かけろ」って。で，（部落研の学生が）学生課へ行って調べたり，してたんですね。で，「合宿に来ないか」って連絡があって，断ったんだけども，そんで夏その事件があったので，（その後）電話をして，「合宿に参加させてください」って言って。そっからなんです，ちゃんと，ちゃんともう，逃げないで，やるようになったのは。それまではもう，揺れ動いて。

大崎さんはその夏の合宿から大学の部落問題研究会に入会し，同時に関東部落青年友の会の活動にも再び参加し，解放運動に参加するようになっていった。それらの団体で出会った学生には，大崎さん自身も含めて，卒業後20年以上が過ぎた現在も部落差別問題に何らかの形で関わっている人も多く，今でも交流があるという。

部落問題研究会の学生たちは，大崎さんの出身をすでに知っているので，その点では，隠す必要も，隠す苦しさもない，「受け入れられている」という安心感があったという。そして，彼らとともに運動に参加したこの時期から，大崎さんの，出身に対する認識は大きく変わっていった。

H：その頃に，そういう部落研の活動なんかに参加されて，大崎さんの中で，自分の出身ていうものに対する印象っていうか，考え方が何か変化したりっていうのは，ありました？

O：前言ったみたいに，逃れたいとか，やっぱり自分の中で，どっちかっていうと否定すべきもの，っていうふうに，多分，思ってて，それはやっぱり，ガラッと変わりましたよね。

大学の部落問題研究会との出合いから，大崎さんは，現在生活している地域に入り，地域での解放運動の担い手となってきた。長らく部落解放同盟での運動を続ける間には，組織の「いやな部分を見たり」，自身の力不足を感じたりして，運動から離れたいと思うことも「何回かあった」という。

時にそのような思いをもちながらも解放運動を続けてきた最大の動機として，大崎さんは，自身の子どもたちへの思いを語った。自分が解放運動を離れてしまったら，子どもたちに部落差別問題について聞かれても，「答えられない」。それでは，出身をネガティヴにとらえ，誰に対しても隠し，親にすら話せなかった過去の繰り返しになってしまう。子どもたちには，「部落に生まれてよかったって思えるように」育ってもらいたい。その希望が，大崎さんを解放運動に引き止めてきた。

O：やっぱり運動で，いやなことあるじゃないですか，組織っていうのが，どんな組織でもそうだけどいやな部分をもってるわけですよ。そういういやな部分を見たり，こう自分が，力がなくって，課題を乗り越えられなかったり，いろんなときにもう，ほんとに，落ち込んでやめたいって思うことも何回かあったんですけど，でもやっぱり，今思うとそういうこの自分を支えてきたのは，もしこれ解放運動やってなかったら，将来，子どもに，「お母さん部落って何？」って聞かれたときに，答えられないと思ったんですよ。子どもが小さいときですよね。こう，まだ若い時って結構こう，あの，心がやわらかいから，すぐ落ち込んだり，後ろ向きになったりするんだけど，そういう時にやっぱり運動を続けてこれたのは，将来子どもに聞かれたときに，自分がなんて答えられるかって。まあよく言いますけど，部落に生まれたことを誇りに思えるっていうかね。部落に生まれてよかったって思えるように，子どもにはなってもらいたいっていうかね，思うから，それ思うとやっぱり，運動離れたら，子どもに語れないなあっていうの，そこをいちばん，大きいかな。と思いますね。

小括──「本当の私」としての「部落民」の内面化ととらえ返し

　ここでは，これまで挙げてきた大崎さんのライフヒストリーをもとに，若干の考察を述べたい。
　被差別部落出身者は差別的行為を受けることによって「部落民」としての自己を認識させられる。八木晃介はそのことを指して「〈部落民〉概念を社会的定義過程の産物以外の何者でもないと考えている」と述べている（八木，

1996：68)。

　大崎さんが自分を「部落民」として認識したのもそのような経緯であった。小学生の時におぼえた「なんか変だなあ」という違和感は，中学生時代に友人が祖母の話を皆に伝えるまで，はっきり差別と意識されない状態ではあったが，心のどこかにあり続けた。それが出身に対する差別だと認識されてからは，出身を隠しつづけたが，それは，「部落民」に向けられる差別意識をすでに充分に理解し，内面化しているからこそ，隠したいと感じたといえるだろう。

　ところが，隠しつづけることは決して容易ではない。隠している「部落民」としての特徴をもっている自分こそが，「本当の自分」だからである。親しい人とのかかわりですら「本当の自分」を隠してしまうことで，他者が認識しているだろう自己像と自己の認識する自己像とが統合できない，アイデンティティ拡散の危機に直面する。隠されることによって見えなくなってしまう「本当の自分」を認識するからこそ，隠すことが「自分に，いやだ」という言葉として現れるのである。大崎さんを，友人への出身者宣言へと動かしたのは，「自分は何者であるか」を表明し，友人に認識されている（と大崎さんが考えている）自己像と，大崎さん自身が認識している自己像を統合したいという，アイデンティティの欲求であったといえるだろう。

　しかし，ただ明らかにしただけでは，出身は依然として，隠したいものでありつづける。なぜならば大崎さんにとって（周囲にとっても）「部落民」に含まれるネガティヴな意味は変わらないからである。全国水平社創立宣言がそうであったように，部落というシンボルに与えられたネガティヴな意味を逆転させ，差別からの意味の解放を達成しようとする戦略を要する。しかし，スティグマ逆転は容易ではない。

　上京してから，その機会があったにもかかわらず，部落差別問題に関わることを避けていた大崎さんの転機となったのは，彼女自身が当事者となった差別事件である。日常生活で避けて通ることのできる問題であっても，結婚のような深い人間関係に至った場合には，部落差別問題に理解のある人ですら，差別意識を向けた。「このまま，部落問題から自分が，いつまでも逃げていたら，なんつうかまっとうに生きられないっていうか」という言葉に見られるよう

に，その後の人生をいかに生きるかと考える上で，部落差別問題に向き合って，折り合いをつけなければならないと決意したのである。その後運動に関わり，互いに信頼関係で結ばれた仲間ができ，大崎さんの出身に対する認識は転換を遂げたのである。

　大崎さんが運動を続けてきた力の源は，自分の子どもたちが出身を恥じないように育つことへの望みである。出身を恥じ，部落差別問題について親と話すこともできなかった苦しみを知るからこそ，それを子どもたちにはさせたくない，むしろ，部落に生まれてよかったと思えるようになってほしい。その思いから，大崎さん自身が，部落差別問題に正面から向き合う姿を子どもたちに示し続けているのである。

事例4　仲間との歩みで育まれた強いアイデンティティ

語り手と地区に関する解説

　ここでは長野県小諸市出身の高坂紀代美（こうさか・きよみ）さん（仮名）のライフヒストリーをとりあげる。インタビューは2001年9月，10月の2回にわたって，小諸市の第二隣保館においておこなった。1回目の同席者は計7名で，語り手として高坂さんを含めて4名の部落出身女性，解説および全体を取り仕切る役として小諸支部のT書記長（当時），聞き手は筆者の指導教授である鐘ヶ江晴彦教授，および筆者である。2回目は語り手として秋野さん，事例4で紹介した秋野たか子さん，聞き手として鐘ヶ江教授と筆者の4名で行なった。なお，引用されているインタビューの「C」以下は高坂さんの発話，「K」以下は鐘ヶ江教授の発話，「H」以下は筆者の発話である。また，（　）内は，語りの内容を補足するもので，〔　〕内は，インタビュー中の仕草である。
　長野県の部落についての解説は，事例2で一部を説明したので，ここではそこは割愛して，同和教育についての補足を加えたい。
　長野県は，1953年に同和教育連絡会議が発足し，学校における同和教育もさかんである。1956年には，部落出身の高校生への奨学金制度の創設が，県への働きかけによって，全国に先駆けて実現し，進学率における格差是正が図られた。1973年には同和教育副読本の「あけぼの」が発行され，長野県内の多くの小中学校での同和教育に使用されている。相次いで結成された同盟の支部は，そのほとんどに解放子ども会が組織されており，1975年には最初の県内での大会が開催されるなど，県連内でも子どもへの同和教育が盛んであることが見て取れる。
　1979年生まれの高坂さんの世代は，物心ついた時にはすでに，被差別部落とそうでない地区との，外見上の格差がほとんど存在しない。また，高坂さんの生まれ育った地区は混住地区で，さらに街場であるために人口の移動も多く，誰が部落住民であるかはわかりにくいという。

小学校時代

　高坂さんは，1979（昭和54）年，長野県小諸市の被差別部落に生まれた。高坂さんの父親は，彼女が生まれた当時，部落解放同盟長野県連合会（以下，「県連」と略記）に勤務しており，部落差別問題に関する会話が家庭の中で「あたりまえに」されていたという。しかし，それは，部落差別問題が何であるかという教育のようなものではなく，そのため高坂さんは，自分たちにまつわる「何か」があるのだろう，という「漠然と」した思いを抱く程度であった。

K：お父さんが県連に行ってたから，たとえば，地区のことだとか，部落差別のことだとかいうのは，もうかなり早い段階から，なんとなく知ってました？

C：まあ解放子ども会は小学校1年生から通ってましたから，なんかね，子ども会の，地区の，大会だとか県の大会行くと，お父さんも一緒だったから。お父さんはね，もう結構いろんな集会あっちこっち飛び回ってたんで，うちの中でも，あたりまえにそういう会話をしてましたから。ただ，漠然としかわかってはいなかったですね，自分が部落の出身で差別される側にある人間であるっていう事を，知ってるっていうまでではなかった。何か，あるんだな，っていうぐらいでしたね。

　そんな小学生時代，彼女は友人からある話をされた。友人がその母親から，高坂さんと遊ぶことを禁じられた，という内容である。しかし高坂さんは，友人の母親による禁止が部落出身者に対する差別意識の表れであるということはわからなかった。

K：学校時代に，なんか，これは差別，差別だぞと感じるような，体験てありますか？

C：まず小学校の時に，友達んち（家）にね，私が友達迎えに行って，ここの児童館に遊びに来るんですよ，で，その子んちからここまでテクテク歩いてる間に，「あのね，うちのお母さんに，紀代美ちゃんと遊んじゃいけ

ないって言われたんだけど，でもあたしは遊んであげるね」って，その子が言ったんですよ。で，「あ，ふーん」て思ったんだけど，そん時は，それが差別だっていうのピンと，気がつかなくって，でまあ，中学校になってから，ちゃんと解放学習で，頭に残る解放学習をしていくうちに，あああれは，（友達の）親が，私に対して差別してるんだ，そういうことに気がついて。という感じですね。あとは，部落差別的なことは，もう特にね，しばらくはなかったですけれども。

長野県の解放同盟には基本的に，解放子ども会が組織されている。同盟に組織されている家庭の子どもたちは，ほぼ必然的に解放子ども会に参加することになる。高坂さんは，小学校1年生から中学校3年生まで解放子ども会に参加していたが，小学校時代は子ども会において，記憶に残るような解放学習はしなかったという。

K：解放子ども会は，勉強はしなかった，勉強の時間帯はないの？
C：ありますよ。ありますけども，小学校はほとんど記憶にないから，なんか狭山事件のことをやったりとか，したことも，あったみたいだけど。
K：じゃなくて，学校の勉強を，先生たちでみてくれるとかっていうの。
C：うんそういうのは（あった），宿題やりに行くっていうような。ただ今日は宿題出てないから，今日は全部遊ぶぞ，みたいな感じ，フフフ。
K：するともう宿題やるだけだった，基本的には。宿題を，先生と一緒にやる以上のこと，先生や他の子とやる以上の事は，やらなかったですか，小学校時代は。
C：そうですね，遊びと宿題と，あとなんか行事があれば，その行事の説明と，ぐらいですね。

また，高坂さんの通う小学校では同和教育の時間があったが，それについても記憶に残る内容の授業はなかったと話している。

K：学校の，同和教育の時間なんかでも，解放子ども会なんかのことは，か

なり早い段階から取り上げてやるんですか？
C：いえ，私のクラスでは，小学校，4年生まで同じ担任で，5年生になって担任が変わったんですけれども，担任が変わったとたん子ども会の話を，クラスでするようになりましたけど，それまではまったくっていっていいほど，そういう，子ども会の話は，しませんでした。
K：出なかった。そうすると，その4年生までは，同和教育の授業は，『あけぼの』使って，淡々とやるという感じですか。
C：『あけぼの』も，あんまり使ってなかったですね，小学校では。だから結局担任が変わってそういうふうに子ども会の話が出てきたからといって，『あけぼの』が出てくるかっちゃそうでもなかった。

中学校時代

　小学校時代は，記憶に残るかたちでの同和教育を受けてこなかった高坂さんだが，中学校では，同和教育のための副読本である『あけぼの』を使用した授業があった。その時間は「うんといや」なものであったという。『あけぼの』には，解放子ども会について，「差別される」「かわいそうな子」たちが集うと読める記述があった。高坂さんが解放子ども会に参加していることは友人たちには知られており，『あけぼの』を読んだ生徒から，自分もまた，差別的に見られるのかという「怖さ」があったという。

K：たとえば，小学校の，高学年の方とかね，中学生ぐらいとか，学校で同和教育ってのはそれなりにやってるわけじゃない？　そういう中でもって，ほかの子たちの，地区の子どもたちに対する，まなざしというかね，なんか感じましたか？
C：子どもたちから，っていうかね，周りの生徒たちからは，特に感じなかったですけど。中学の時に『あけぼの』の授業でね，『あけぼの』こうやって開いて読んでると，子ども会の話が出てくる。で私は「子ども会に行ってる」と平気でね，クラスの子たちに言ってるし，だから，私が子ども会（に）関わってるっていうのはわかってる，みんな。だけれども，『あけぼの』を読むと，「部落の差別される子たちが通っているところなん

です」って書いてある。で,「かわいそうな子なんです」っていうような事が書いてあるの。「私かわいそうな子なんだ」みたいな感じ,フフフ。で,これを読んで,周りの,友達が,じゃあ私のことも差別的に見るのかな,そういう,怖さがあって。やっぱり『あけぼの』の授業の時はうんといやで,こういうふうにね,それこそ,教科書の陰に隠れて,あんなちっちゃい本の陰にこうやって隠れてね一生懸命,それでもうひたすらその時間が終わるのを待ってるっていうような状況で。

中学校3年生の時,高坂さんは,クラスの友人とのトラブルが原因で教室に行かなくなり,授業の時間帯は用務員室で過ごすようになった。授業には参加しなかったが,演劇部の活動や,解放子ども会には積極的に参加していた。「同推室(同和教育推進室。以下同じ)なんかにも遊びに行って,お茶飲みに行ったりして,だから部活と,解放子ども会,ですよね」と,中学時代を総括している。当時の解放子ども会は,メンバーが精神的に団結しており,高坂さんにとって楽しく過ごせる場であった。

K:中学時代の解放子ども会ってのはどんな,かかわり方でした？
C:まず学校の,勉強ですね,わからないとこがあれば先生に聞く。それからあとは,解放学習もしましたし。あとね,三年生になったときかな,中学生部で,お話を考えて,ホームビデオで,ビデオを撮ろうと,そういうことをやったりとかしてね。みんなで,話考えて,展開考えてね。で,市から,映像とかね,処理する機械を借りて,同推室で編集して,それでビデオ作って。一本ね,30分ちょっとぐらいかなあ,そういうなビデオ作って。んで,みんなでね,一本ずつもらったりとかって,そういうことはしました。
K:結構,あれなんですね,活発な活動してた,子ども会だね。
C:そうですね当時,女の子が結構たくさんいたから。その女の子でも,こうやってね,おとなしくしちゃってる子じゃなくて,どっちかっつとやいのやいのと話するような,じゃああれやろうよ,これやろうよって言うような,飛び回っているような,感じの時代でしたから。じゃあ今日は勉強

やろうぜっつったら，みんなでまじめに勉強もやりますし。そういうふうに，やるときはやるってふうにね，今日はこれやるって決めたらみんなでばあっとやる，て感じの頃でした。

　子ども会での解放学習は，学校での同和教育と異なり，高坂さんにとって意義深いものであった。担当の教員の態度は，学習意欲を促進するものであり，その時期の学習によって高坂さんは，それまで漠然としかわからなかった部落差別が，自分とどのように関わっているかを知った。高坂さんの母親は結婚を反対され，現在も母方の実家とは絶縁状態にある。子供時代の高坂さんはそれを寂しく感じながらも，口にすることはできなかった。それが部落差別によるものであり，将来の自分にも関わる問題であることを意識したのである。高坂さんは，自分自身が地区外の人と結婚する場合，問題がおきる可能性があると考え，それに対抗する知識をつけるために勉強した。

K：高坂さんは，解放運動が楽しいなと思い出したのはいつ頃から？
C：中学3年生の時。(中略) そん時の先生が，すごい気さくな面白い先生で，「おれもわかんないからさあ，一緒に勉強してこうよ」っていう先生だったんですよ，「何でもやって，いろんなこと勉強してこうよ」っていう先生だったから，「よっしゃやろう」って，そういう気になったし。その頃かな，親が，部落差別を受けて，結婚して，で私が，母親の実家に行かれないっつことを，部落差別のせいだっていう事を理解できたから。そういう楽しいことやりながら，自分もそういうことにならないようにっていうか，自分は受けてもいいけど子どもが，そん時にね，生まれた子どもがどう感じるだろうかっつうとやっぱり私みたいに感じるだろう，って，思ったんで。私はそう，動機が不純だけれど結婚したいから，っていうのが（笑）。円満な結婚がしたかったんですよ。むこうの実家と行き来をして，子どももつれてっていうのが，ただそれだけ，そういう結婚がほんと理想だったから。うちの両親がそういうこと（実家と絶縁状態）になってたから，私もね，やっぱり正直言って寂しかったんですよ，むこうの，実家に行かれないから。そういうね，夏休みに帰っていくからさ，

（友達から）「どっちのおばあちゃんち行った」とかさあ，「どっちのじいちゃんち行った」とかさあ，そういう話を聞くとね，「どうして私行かれないんだろうなあ，いっつも，お父さんの方しか行かないじゃん」（と）思ってね，なんとなく口にしちゃいけないような感じもしてたから。で，母親もね，そういう面では，小さい頃，そういう頃からでもね，「行かれないんだよ」っていう話をほんとにあけっぴろげに話してくれるんですよ，今でも。「こういう感じだったんだよ，あの人さー，嫌なんだよねー」って言うから，なんか，こっちとしてもあんまりそういうふうに，「寂しいな」なんて言っちゃいけないような気がしてて，だからその分，やっぱ子どもに寂しい部分抱えさせたくないなっていうのは，どうしてもそれだけは譲れなかったんですよ。

　小・中学生時代を総括して，高坂さんは，部落出身であることを「誇りに思うわけでもなければマイナスに思うわけでもない」と語っている。しかし，まったくこだわりがないわけでもなく，ごく親しい人にしか「言いたくない」「ちっちゃな秘密」であったとも語る。

　この時期に解放子ども会でおこなった学習によって，高坂さんの部落差別問題に関する知識は向上した。また，自分が部落出身であることを，「マイナスにしか思わない」のではなくとらえられるようになったことも，解放子ども会が契機であったと高坂さんは考えている。

K：高坂さんなんかは，ある意味ではちゃんと同和教育を受けた，世代であるわけだけども，自分がその，部落出身だということを，どういうこととして受け止めてた？

C：ハンデとしては受け止めてなかったですね。ただ，なんていうのかなあ，時には，最初はね，ハンデだとは思わなかったけどもね，やっぱ中学生ぐらいになってくるとちょっとハンデだなあ，と思った部分も，ありましたけども。どっちかっていうとね，「これ私の秘密」みたいな，そんな感じの。だから，ほんとに親しい友達だとか，付き合ってた人だとか，いう人にしか，言えない，っていうか言いたくない，っていう秘密みたい

な感じのものでしたよね。だからべつに誇りに思うわけでもなければマイナスに思うわけでもないんですけども，私のちっちゃな秘密みたいな感じ，フフフ，そんな感じに思ってましたね。ただやっぱりそういう現実，を知っていくうちに，重要な物だっていうのがわかったから，やり方だとかね，伝え方だとか，いうかやっぱし秘密みたいな感じでいいんですけど，言い方の重さが違ってきた，ぐらいですよね。だから逆に，学校の同和教育は，嫌いでした。子ども会で同和教育やったほうが全然，為にもなるし，わかりやすかったし。学校のはね，なんか中途半端なことすんなよっつうか，何でそういう説明の仕方するんだろうっていうか，そういう学校の方だけだったら，私は，家庭の中では，やっぱ部落の話はありましたけど，そいで子ども会，行ってなくって，で自分が部落だって知ってて学校の同和教育だけだったら，私マイナスにしか思わないと思います。差別される人間だっつうふうにずうっと，多分ずうーっとそれ，抱え込んでね，運動にも参加しないでいたと思います。

高校時代

　高坂さんは，中学を卒業後，県内の農業高校に入学した。彼女は高校生時代の自分を，「はむかう子だった」と表現する。「学校時代に差別だと感じたことはないか」というこちらの質問に対して，小学校時代の，友人の母親からの差別に関する語りに続いて，高校時代，「高校生らしく」「部長らしく」と，ふるまいや服装を強制されることについて反抗したという語りがなされた。

　C：まあ普通にね，高校行ってて，（教師に）「おめえ何だその格好は，高校生らしくしろ」（と注意されて），「おめえ高校生らしくって何だこの野郎」って，ウフフ，そこで言ってみたりとか。結構はむかう子だったんで先生もたいへんだったみたいだけれども，まあそういうふうにね，男らしく女らしく，高校生らしく中学生らしくって，それってなんだよ，先生って，そういうことは言ったりとかね。高校3年生のときに，農業部の部長やってたもんで，その役職っていうのその生徒会長に次ぐぐらいの，学校の，長だったもんだから，（高坂さんの制服の）スカートが短くってね，

「お前何だそのスカート，みじけえスカートはいて，おめえ部長なんだからもうちょっとちゃんとしろ」（と注意されて），「何で部長だからちゃんとしなきゃいけないんだ」。そういうことはね，フフフ，言ったりとかしてね，逆に，先生が，「ああそうだったな」つって，考えを改めてくれるような場面も，ありましたね。ま，そのぐらいですかね，学校生活。

聞き手の質問は，部落差別に相当する出来事はなかったか，という意図をもってなされたものであった。それに対して高坂さんからは，上の語りがなされた。高校生当時の彼女は，「らしさ」を強要されることに差別性を見出し，それに反発してきたのである。

高校生活はおおむね楽しく過ごしていたと振り返る高坂さんだが，同和教育にはやはり不満を抱いていた。年に1度，映画を見て，それについて感想を書かせるだけの形式的な授業で，中学校での同和教育よりもさらにレベルが下がったと感じていた。高校における同和教育は，高坂さんにとってむしろ，同和問題について知識のない生徒の差別意識をいたずらにあおるものとして感じられていた。

K：高校でも同和教育はそれなりにやってました？
C：年に一回映画を見て感想文書かされただけです。だから感想文は書かないで，いつも文句を書いて出しました。何でこういう意味のない事するんですかって書いて出しました。フフフ。だから，そういう同和教育やったことによって，周りが一体どんな感情で，どんな目で，私を見るんだろうっていう怖さは，いつもありましたね。
K：まだじゃあ，受け止め方としては，そのレベルっていうか，どんな目で見るんだろうっていうことで，なんか，同和教育でたとえば子ども会のこと，やったために，ほかの子達が私を見る目が変わっちゃったとか，そういう実感は必ずしもない。
C：そういう感じではないですね。その頃にはもう差別は，見えにくくなっていますから，やっぱり表立って言う子もいませんでした。「お前エタだ！」って言われたこともないし，フフフ。ただ，だからといって私が

ね,「私は部落の出身で」って, 友達に言ったことも, なかったですね。だってね, そんな,「部落の出身だけど私と遊んでね」ってなんでそんな私がお願いしなきゃいけないんだよって思ったしね, フフフフ。

H:『あけぼの』の授業とか, 高校の時の映画の授業とかに対して, 部落じゃない人たちの, その授業そのものに対する反応っていうのはどうでしたか？

C:つまらなくて昼寝の時間で, サボる時間。でめんどくさい。感想文書かなきゃいけない。すごいいやな時間。その子たちはそういう感じのいや。私はべつに, 私は私でいやな時間で。とりあえず, うざったい授業。昼寝だとかね。さすがに早弁する子はうちらの時代にはいなかったですけど, フフフフ。

K:小学校の高学年ぐらいでやるのと, そんなに内容変わってないんだよね, 中学でやるのもね。

C:そうですね。ましてや高校入ったらレベル下がっちゃったからね。年に一度の, 事前説明もなければ, 後説明もなく, ただ感想文書かせてね, 出させて, それを集計したものを話しするわけでもなくっていう感じだった。かたちだけ, っていう感じの授業だったから, 私でさえかったるい授業で, フフフ, 昼寝の時間。

中学3年生の解放子ども会によって, 解放運動に興味を抱いた高坂さんは, 高校進学後も, 県連の学生の会に参加する意志をもっていたが, 前年に, 県連青年部の高校生の会が解散し, 高校の解放研も活動を停止していたため, それがはたせなかった。

C:私の頃はほんと, 集める人もなく, っていう感じですよね。活動する場もないし, 全国高校生集会, 代表者会議に入ったけれども, 全国集会としては行かなかったです。一回行ったかそれでも高校の時, それしか行ってないですよね。でもほんとに, ただ遊び半分に行ったっていうような感じで, 飛行機乗ってね九州まで行って, 映画見て, 遊んで帰ってきたみたいな。まだ勉強してくる, っていう感覚じゃなくてですよね, 分科会行って

もなんか、ゲームで交流みたいな感じだったから。

卒業後

　高坂さんは高校卒業後，群馬県で就職した。それから1年ほどで会社の都合で退職し，実家に戻った。そしてすぐに，地元にある部落解放同盟E地区協議会（以下，地区協と略記）の青年部に入り，解放学習と運動に参加した。

　C：帰ってきてからすぐ青年部のほうに，行き始めて。でまあ，小諸市にね，小諸市協の青年部っていうのはなくって，一応地区協の青年部員として，いろんな運動に参加さしてもらってて。んで，1年目で，入ってすぐぐらいか，ほんとに，入って，年度が変わって総会をやって，「県連の方の青年部の常任委員会のほうに，県連常任委員としてあがってくれ」っていわれて，「え，だってそんな私なんにもわからないよ」。だって学生の会もね，話したとおりできない状態にあったわけですから，高校の時何にも，運動はやってなかったわけで，「ほんとに何にもわからないから」って言ったら，「行った方が，地区協でちまちまやってるよりも，全体的なことがわかるから，行っておいで勉強しておいで」というかたちで，県連の方にあげてもらって。

　高坂さんの学生時代の友人たちも，高坂さんと同じように，高校卒業後は県外に出ていってしまうので以前の友人と会って遊ぶという機会がなかなか得られなかった。そんな高坂さんにとって，青年部への参加は，運動であるよりもむしろ，「友達と，月に1回集まる会合」という楽しみでもあった。彼らとの交流を通して，高坂さんは，最大の関心事である結婚についても，「私の事考えてくれないならこんな人いらない」というように，出身を引け目に感じない力をつけていった。

　高坂さんは，最初のうちは「ゼッケンつけて外歩く」ことができなかったという。中学校の子ども会活動などで，部落差別問題についての知識をもっていたが，自身が部落出身であることを誰の目にも分かる形で示すことにはまだめらいがあったのだ。そんな過去を，高坂さんは「恥ずかしい話」と振り返

る。出身を恥じることを「恥ずかしい」と言えるほど，部落出身であることは「胸張れる」事として認識している。

その認識は，「ちょっとずつ県連にみんなに引っ張られながら」，ともに運動の実践を重ねていくうちに，少しずつ育まれたものだ。

C：学校の友達は，一般の子ばっかりでしたけれども，やっぱりどうしても（成長すると県外に）出ちゃうんで，（高坂さんが実家に）帰ってきてから会う人がね，いないんですよ。だから，遊ぶ相手がいないもんだから，常任委員会に行ってね，話をするとほんと友達感覚みたいな，感じになって，ほんとに友達と，月に1回集まる会合みたいな感じ，フフフ。だからその辺に，楽しさ求めてたっていうの，かつ楽しい上に，ね，運動できて，力もついて。私なんか最初ね，恥ずかしい話ビラ配りもできなかったんですよ。ゼッケン着けて外歩くのできなかったです。だけれども，やっぱりそうやってね，ちょっとずつ県連のみんなに引っ張られながらやっていく。もちろんゼッケンも着けてビラも配りますし，誰に会おうと私は部落出身，つの胸張れますけど，やっぱ最初はね，そういう人たちがいなかったら私，もうほんとに，こういうところで喋れって言われたら絶対喋らなかったし，フフ，活動にだって絶対出なかったし。(中略) だから，結婚に際してもほんとにね，私の事考えてくれないならこんな人いらないとかね，そういう考えにもなったし。そういうふうにもし障害にぶつかった時のために，私は，知識と経験がほしくて，それでやっぱり運動していこうっていうふうになって。やってるとね，もちろん土日はつぶされる，夜はつぶされるだから，そういう面では苦労しますけど，やっぱり自分のためでもあるし，勉強したいし，行けば楽しいし。みんなと和気藹々とね，ちょっとした深刻な話から，馬鹿話まで，いろんな話ができる人たちですから。

同年の夏，実家暮らしでフリーターである高坂さんの元へ，小諸市協議会（以下，「市協」と略記）への就職の話が舞い込んできた。ずっと運動を続けていきたいと考えていた高坂さんは，市協に入ることでより運動がしやすくなる

と考え，その年の12月から就職することを決めた。

 H：親御さんはその時期は，進路についてというか仕事について何か言ったりとか，意見をしたりとかしてました？
 C：お盆，夏過ぎぐらいからかな，「市協に入らないか」っていうような話がずっと来てたんで，どっちにしろね，運動やりたかったんならそういうとこ思い切って行っちゃった方が，動きやすいんじゃないかなあ，やりやすいんじゃないかなっていうことで。で，もちろん，勉強したかったんで，じゃあ市協のほうにっていう話を，進めてたんですね，アルバイトしながら。だから別段，就職先，探すわけでもなく。

 高坂さんには，群馬時代に仕事を通じて知り合った恋人がいた。この時期，いわゆる遠距離恋愛の状態が続いており，その間に結婚の約束をした。
 高坂さんは相手の男性には，すでに自分の出身を告げてあり，結婚を約束するに際して，彼の両親にそれを話してくれるように頼んだ。彼の出身地から推し量るに，とくに差別意識の強い地域でもないが，その親の年齢などを考えると，高坂さんが部落出身であることを伝える必要があると考えていたのである。
 しかし，恋人は，それをなかなか両親に伝えようとしなかった。それが原因となって，2人は別れてしまった。

 C：ちょっとむこうの方で，あの，いい人できちゃったもんで，ウフフ。で，こっち帰ってきてからも遠距離でずっと，やってて（続いていて）。月に1回ぐらいしか会えなかったんで，私はこっち帰ってきて，車の免許とって，アルバイトをして，で，むこうと1ヶ月に1回ぐらい会いながら，まあ一応結婚しようか，っていう話まで，いったんですけど。向こうの人がね，やっぱりあのー，出身じゃない人だったもんで，で，年がね，10こも上だったから，いくら群馬でねあんまり，解放運動が盛んじゃないって言われても，30歳ぐらいの男の人の，親の年齢を考えると，やっぱり，そういうことにも少し敏感になってくるんじゃないかなって，私はい

つもそう思ってたんですよ。むこうは何も思ってなかったりっていう。私はこっちへ帰ってきて，もうもともとね，就職するなりバイトするなり何だりしながらでも，解放運動はやっていこう，とずっと思っていたから，それも言ってはいたんですよ，こっちに戻ってきてから。「あたしはもう一回運動始めて，あたしはあなたと結婚してからも，続けていくつもり，なんだよ」って，「あたしは部落の出身だから，そういうことを親に話してほしい」って，「（結婚）するしないに拘わらずに，今付き合ってる人がこういう出身で，こういう運動をやってて，万が一結婚した場合にもそういうの続けていく意志があると，そういうことを親に話してくれないか」っていう事をね，私，言ったんですよ。そしたら，「ああわかった」と。それ言ってからですね，まあ，1ヶ月がたち2ヶ月がたち，会おうが電話しようが，一向に彼からその話が出てこないんですよね。話したんであれば，別に何も言ってなかったよなり，なんか言われたなりの，話は絶対出てくるはずなんですよ。だから，あたしもね，急かすのもよくないと，思っていたんで，で急かしたくなかったから，ずーっと，聞かないでおいたんですよ。そのことをね，ずっと私からは切り出さないで，いつかむこうから，私といっしょになる気があれば，気にしてくれるだろうと思って，ずっと待ってたんですよ。で，いいかげん（彼がなにも）言わなかったから言ったんですけどね，まず，「どうしたの」って言ったら，「まだ（親に）言ってない」と，それがもう4ヶ月とか，それぐらい経ってたのかな，で，まだ言ってないって，言われて。あたしは，あたし自身のことを考えてくれるんであれば，やっぱり部落のことも，ひっくるめて考えてほしいんですよ。絶対取れないものですからね。私から部落っていうものは取れないから，ひっくるめて考えてくれないと私のことを考えてくれてないっていうふうにとれちゃうんですよね。だから，ここまで言ってね，自分のことみたいにとらえてくれないんであれば，多分この先一緒になってね，あたしが運動に参加していくことに対してきっと何かしらの障害が出てくるであろう，と思ったんで，ちょっとそのところでね。やっぱそういうところがネックになっちゃって，別れちゃったのね。

この出来事は，高坂さんにとって，その出身はすでに「ちっちゃな秘密」ではなく，ひじょうに重大な意味をもったものであることを示すものであるだろう。
　上述したとおり，高坂さんは「円満な結婚を」したいと考えていた。この場合，彼女が身元を隠して結婚し，その後の生活を送っていけば，差別を受ける可能性が極めて少ない状態で生活できたかもしれない。
　しかし，彼女は，結婚後も解放運動にかかわるという形で，部落出身であることを隠さずに生活する意志があった。それは，相手の男性や，生まれうる子どもも，部落出身者としてカテゴリー化され，差別される可能性をもつことである。だからこそ高坂さんは，相手の男性に，単に部落出身であることを受け入れるだけではなく，それを彼女自身と同程度の重要さをもって認識することを求めていたといえるだろう。
　相手の男性がそれをしなかったことは，部落出身者として，それを隠さずに生きていこうとする高坂さんを，他者化する行為としてとらえられる。それは，関係的に差別者側に立つことですらあるのだ。

H：前の彼にとっては，高坂さんが被差別部落の，そういうことで活動をしてたり，部落の問題が自分の内面の問題っていうのが，それは，無視されてたのか理解されてなかったのかどっちなんでしょうねえ？
C：多分理解してなかった，んでしょうね。一応同和教育はやったっていう話は，本人してたんですけど，学校ではやったって，話はしてたんですけどやっぱり，自分のこととしてとらえられて，なかったっていう部分があって。やっぱ昔話，自分のことじゃないっていう，自分とは関係ない，っていうような感じだったんで。だって私と結婚したら私は部落だから，自分関係ないわけないじゃないですか。だから，一応ね，べつに，そういうことだから（高坂さんが部落出身だから）やだって言ったわけでもないですし，運動やるのやだって言ったわけでもむこうはないんですけれども，やっぱこっちがね，ちゃんと，理解してもらってまず，一緒に出ろとまでは言わないけれども，理解してもらいたいな，自分のこととして考えてもらいたいっていうのがあったんですけれども。やっぱり，そうい

面でね，あたしから見れば，全然考えてないように見える。
H：じゃあ，直接のきっかけっていうか，かなりそれがおっきな理由。
C：それが，もうほんとにいちばんの問題ですね。

結婚

1999年の夏，高坂さんは，青年部の活動において，後に夫になる男性と知り合った。彼もまた解放運動家の子どもで，子ども会への参加，学生時代の活動を経て，青年部に入った熱心な活動家であった。ふたりは解放運動と，お互いの趣味とを通じて交際を続け，翌年，高坂さんの妊娠をきっかけに結婚を決めた。

K：連れ合いさんと結婚，しようというふうに，決めた時はどんな気持ちでしたか？
C：えーっとねえ，するきっかけは子どもでしたけれども，やっぱり，しようとは思いました。なんとなく。「あー，この人なら，いいかなあ」。やっぱりそういう，気持ちがあって。彼が，ある日ね，あたしがバイト帰りの時に，私の車の，「ブレーキテストをしたほうがいい」と，言ったんで，「ちょっと直線あるからそこでやってみよう」っつって。「何キロ出すか」って言うから，60キロぐらいかなあ，に，あたしが先にやって，彼がもう一台車もって，乗ってきてたから，だから，「おれもやりたくなっちゃったー」なんつって，走ってって。直線で，サイドブレーキを引いてねキャーッとやるつもりが，側溝に，デンデンと前輪後輪落としちゃって。でそん時に二人で闇の中ですよ２時３時ぐらいん時に落としてね二人でその畑から，失礼な話なんだけどね稲の，干す棒を持って来て一生懸命詰めてジャッキをやってっていう時に，「なんか二人の共同作業だねえ」って言うから，「そうだねえじゃあ結婚でもすっか」っつうから，「そうだなあ」っつって，フフフ，そういう感じで，フフフ。二人とも部落の出身でね，一緒に活動していて，彼の親も活動家，私の親も活動家でね，だから，「３代で，面白いなあ」とか，「サラブレッドじゃないか子どもができたら」なんて，フフフ，ていうような感じの話を，ずっとしてたんで

すよいつも。で，そしたらそんなことになったから（妊娠したから），「じゃあ（結婚）するか」，「そうだねえ」っていうような感じだから，べつにためらいもなかったしね，ほんとにこの人でいいのかなって思ったこともなかったし，「いいよ」っていう感じで。

高坂さんと夫は結婚後も解放運動を続け，長男誕生後は長男をつれて，親子3人で集会などにも参加しているという。高坂さんは，子どもにとって部落出身であることがマイナスの属性にならないことを望んでいる。

H：高坂さんは，お子さんに部落のことをどういうふうに，受け止めてほしいなっていうふうに思ってらっしゃいますか？
C：胸張らなくてもいいからマイナスにだけは，ならないでほしいですよね。だから，マイナスにしないこととあと，何かあった時に，一人で立ち向かうんじゃなくてやっぱり，仲間といっしょに立ち向かったりとかね，そういうことあれば親に言って，うちらといっしょに闘ったりとか，っていうこと，ですよね。
H：子ども会とかの活動には積極的に参加してほしいなとかは。
C：思いますよ。それに，もう，訳わかんないうちから集会とか連れてってるから，小学校あがるまで，あがっても，日曜日のなんだのあれば，連れてこうかなと。

高坂さんは，彼女自身を含む若年層で，解放運動が沈滞していることについて，訴えていくべきことがないことを挙げている。同席で協力いただいた語り手の秋野さんは，1970年代から80年代にかけて，地区の環境改善のための運動に夫婦で参加してきた。秋野さんの世代と高坂さんの世代では，育ってきた環境が大きく違っている。

秋野：どうでもいいやっていうようなあれ，なっちゃいますよ。ほんとにあたしたち，燃える時，若かったから。
C：やりたいことっていうか，やってほしいことたくさんあったですもんね

秋野さんの時。うちらなんかいったい何今，訴えてけばいいのよみたいな感じ，法律切れとかね，狭山だとかそういうこと，ぐらいしかね，強く訴えてくことないもの。

秋野：集会所造ったり，児童館造ってもらったりとか，道が悪いから道って，こんだ小集落やったりとか，なんしろもうやることがいっぱいあったでしょ，だからもうみんなが団結して，強かったですよ。

K：目の前の具体的なことが，ねえ。

C：ないもん。うちらだってもう子ども会あるしさー，教科書無償だったしさー。集会所あるし道路はきれいだし，ってねえ，

しかし，高坂さんにとって，同和問題は環境や経済の問題ではなく，人権に関する意識の問題としてとらえられている。そのような認識にいたった現在，高坂さんは，部落出身であることを「得してる」と考えている。

K：今でも（部落出身であることは）面倒なもんだと思う？ それとも，そういう出身だったことによって，他の人がしない，いろんな，経験ができてそれはそれで，面白いと思う？

C：面白いと思う，やっぱ得してると思いますよ，逆に。そんなことも知らないでみたいな感じ，に思っちゃいますね。例えばCMなんか見ててもそう，同和関係の，やつだったりとか見ると，こんな事もCMで，全国放送で言わなきゃならないほど日本のレベルは低いのって思うことがね，ありますね。だからその分，そういうことに気付ける自分が，いてよかったなと思う部分もあるし，まだまだ気付けてない部分だってたくさんあるはずだから，そういうことはどんどん知っていきたいっていう，部分もあります。

小括——問題意識を共有する仲間の存在

高坂さんの出身地区は混住が進んでいることもあり，特に名乗らなければ部落出身であることはわかりにくい。そのような環境では，親が子どもに，自分たちが部落出身者であることを教えない可能性が高い。部落出身であることを

知らせることで，子どもが精神的な衝撃を受けることが予想されるし，知らなくても，一生，出身による不利益を被らないことも予想されるため，いわゆる「寝た子を起こすな」の対応に向かってしまうことになるのである。

高坂さんの家庭では，幼少期から，普段の会話で部落差別問題にかかわる話題が取り沙汰されており，意味をはっきりわからないまでも，日常的なものとして認識できる素地が培われている。そのような素地があって，解放子ども会でおこなったような「記憶に残る」解放学級によって，高坂さんは自分と，その問題や歴史を含めた被差別部落とを，不可分のものとする意識に達した。

長野県内の解放同盟の支部には，ほとんどは子ども会が組織され，同盟に加入している家庭の子どもたちの多くはそれに参加している。しかし，子ども会に加入しているからといって，意義のある解放学習を受けることができるわけではない。高坂さんにとって「記憶に残る」解放学習は，その時期に解放子ども会を担当した教員の指導によってもたらされたものであり，それ以前の解放子ども会では解放学習に相当するものをほとんど受けなかった。高坂さんが，部落出身であることを，自分にとって不可分の属性ととらえ，しかもそれに肯定的なイメージをもてるようになった背景には，熱心な同和教育推進教員の指導があったといえる。

青年部の活動は，当初，解放運動よりも仲間との交流が主要な目的であり，仲間と共に部落解放という共通のテーマについて，勉強したり運動したりすることで，より部落差別問題に対する知識が深まり，また，部落出身である自己に自信をもつことができるようになった。

解放運動をきっかけに知り合った夫とも，子どもを「サラブレッド」と表現して，運動家の精神を引き継ぐ存在と位置づけ，結婚・出産を経た現在も共に運動をするなど，部落解放に関することがらは，夫婦で楽しみを持って共有できるテーマとなっている。

部落に生まれたことは，マイナスの属性として認識される可能性を多くはらむ。しかし高坂さんは，解放学習により知識という「力」をつけ，さらに，部落差別問題に関する問題意識を共有できる身近な人々をもったことにより，部落出身であることを「得してる」と言ったように，肯定的なものとする認識に達することができたといえるだろう。

注

5) 『小諸部落史』によると，信濃同仁会は上田市長を会長とし，「県下各界の名士」が名を連ねた組織であった。彼らは部落内でも富裕な住民に融和事業の推進をもちかけ，部落の富裕層はそれを受けて生活改善などに取り組んだ。しかし，彼ら有力者は，部落内でも下層の人々に対しても，財政基盤もないまま生活改善を要求した。当然，貧困にあえぐ部落大衆がそれを実現することは困難であるが，富裕な部落住民はそれを精神論から非難した。結果的に，部落の貧困層は，同じ部落出身者でありながら，富裕な部落民からも差別意識を向けられるようになった。同仁会の活動にはそのような欠点があったと批判されている（小諸部落誌刊行委員会編，1978：175）。

第4章
在日コリアン女性のライフヒストリー

　朝鮮半島の「植民地過去」における日本の責任を問うためのコードとして，「強制連行」言説がヘゲモニー化する過程で，抑圧されてきたものがある。それは直接にも間接にも「強制連行」に関わらず，個別の日本人からよりもむしろ，父親や男性の兄弟，夫やその一族からひどい扱いを受けた女性たち，すなわち帝国主義よりも家父長制によって命と生活を脅かされた女性たちの「植民地過去」体験である。

　在日コリアンが日本に在住している理由の一般的な認識のひとつに，第二次大戦中の「強制連行」が挙げられるだろう（李，1993：24）。しかし，それはまったくの事実とはいえない。

　李英和によると，1910年の韓国併合を境に，朝鮮人の日本への流入が本格化し，1920年には4万人，30年には42万人の朝鮮人が日本に在住していた（李，1993：24）。当初は，男性が労働者として単身で渡日するケースが多かった。韓国併合後，土地調査事業により農地を収奪されるなどして生活に困窮した家庭から，出稼ぎのために来る者が多かったと思われる。その中には，ある程度の稼ぎを得て帰国していく者もいれば，日本での生活のめどが立って，故国から家族を呼び寄せたり，未婚男性であれば一旦帰国して結婚し，妻を連れて再来日したりして定住していった者もいた。さらに，日本定住者となった者を頼って，親戚や同郷人が渡日してくるケースも多かった。こうして，1938年までに，日本に居住する朝鮮人は約80万人に達した（福岡，1993：24）。1939年から「官斡旋」「募集」などと称された労働力としての半強制的移住，および，いわゆる「強制連行」である徴兵・徴用が本格化し，朝鮮人居住者は爆発的に増大した。その数は計算方法によって異なるが，1945年までには約72万人が，半強制的移住，または「強制連行」されたと見積もられている（樋口，2002：125）。

終戦時には約240万人の朝鮮人が住んでいたが，多くは終戦後に帰国し，1948年に日本に住んでいた朝鮮人は60万人程度であったとされる。終戦直後には民族組織が帰国希望者の帰国を助け，1946年2月には，GHQの指示により，強制連行によって内地へ来た沖縄，中国，朝鮮の人々の計画引き揚げが開始された（仲尾，2005：158）。「強制連行」によって来日した人々は，ほとんどがこの時期に帰国したと考えられる。福岡安則は，自身が実施した，150名あまりの二世・三世の在日コリアンへの聞き取りの中で，「自分の親もしくは祖父が『強制連行』で日本に連れてこられたという人には，一人も出会わなかった」と述べている。福岡は，聞き取り対象者の選定が無作為抽出でないことを留保しつつも，「強制連行」によって日本へやって来た朝鮮人はほとんどが帰国し，「それ以前に仕事を求めて渡日してきた人たちが中心になって日本に在留した，という一般的傾向が認められる」としている（福岡，1993：32）。

　帰国を選ばなかった朝鮮人の多くは，すでに日本で長く暮らし，生活の基盤が確立されている人々だったと考えられる。引き揚げ事業での帰国は個人資産の持ち出し制限があるなど，全く自由なものとはいえず，強制的に日本へ連れてこられ，滞日期間が短く，持ち帰るべき資産を持たない人でなければ二の足を踏むものだった。その点では，心情的には帰国したいが，現実的には困難であった人々が帰国を選ばなかったといえるだろう。しかしいずれにせよ，日本に留まったという事実は，個人の選択によるものであった。それにもかかわらず，「強制連行」が在日コリアンの起源であるとする認識が一般的であるのは，これまでにこのテーマをめぐっての証言集などが多く刊行され，また，1990年代以降，戦後補償問題として注目されるようになったためであろう。

　ソニア・リャンは，これまでに刊行されてきた強制連行の証言から，「強制連行」という「ある特殊な経験」が，他のものとは異なる，正統かつ真正なものとして，すなわち在日コリアンの「植民地過去」を解明するための正攻法としてコード化されるプロセスにおいて，在日コリアンの間に，「力関係をめぐるいくつかの階層が付加的に発生した」と分析する（リャン，2005：51-52）。この場合の「力関係」とは，個人的な体験がどの程度「植民地過去」として一般化できるかという可能性の差異であり，発生した「階層」とは，「強制連行」の直接・間接の被害者とそれ以外である。

「強制連行」によって日本へ移住させられたと証言するコリアンは全てが男性で，彼らは，日本での過酷な労働や，その監督者である日本人による暴力行為などによって，肉体的な苦痛を味わったと訴える。リャンは，それらの証言者が，傷跡の存在や，指や手足の喪失，心身の病などを訴えることで，「肉体に刻印された苦痛とともにおぞましい記憶を呼び覚まし，自分たちをそんな目に遭わせた者を今度は逆に問責するための決め手として」用いているとの感を示す。そして重要なことは，「証言者たちは，自分の体験した肉体的苦痛が決して個人的なもの」ではなく，「朝鮮民族全体が耐え忍んだ暴力」であると主張することである。これにより，「肉体的な苦痛を声高に訴える行為は社会的な意味をもつに至る」（上掲書：64）。すなわち，全ての朝鮮民族が，日本の植民地支配により，直接あるいは間接に「強制連行」の害を被り，心身の苦痛にさらされた犠牲者であるという言説が，もっともらしいものとして立ち上がってくるのである。

　リャンは，在日一世の女性の生活史を収集してきたうえで，インフォーマントの多くが，自身の渡日は「強制連行」に起因すると主張するが，詳しく調べると，彼女らもその夫も「強制連行」には関わっていないことが明らかになったとして，いくつかの生活史の断片を例示している。インフォーマントの多くは，日本での終戦前後の経験として，経済的な困窮や，夫の不品行に悩まされたことを語っている。これは植民地出身者の困難と，朝鮮の伝統的なジェンダー意識による困難とを象徴している点で，「植民地過去」の体験であるといえる。しかし，それらの体験は「植民地過去」に関わる質問に対して語られたものではなく，個人的な話題のうちで偶然に語られたものであるという（上掲書：72-82）。

　このことは，語り手が単に自己の経験を，自民族が味わった植民被害の痛みの最たるものとしての「強制連行」と重ね合わせているのではないことを示している。すなわち，「植民地過去」を説明する言説として「強制連行」がヘゲモニーを形成してきたことで，植民地時代の個人的な経験が周縁化され，「強制連行」といういわば借り物の言説によって塗り潰されるメカニズムが働いているのである。

　なかでも抑圧されるのが，「植民地時代，個々の日本人から個人的に差別を

受けたことはまったくない」が、朝鮮の父系的な伝統の下に、「家庭で朝鮮人の夫から、より過酷で直接的な脅威となる暴力や抑圧を被った」女性たちの「植民地過去」体験である（上掲書：82）。

女性の「植民地過去」体験の抑圧は、「強制連行」言説をヘゲモニーに押し上げたポスト植民のナショナリズムが、男性本位に展開されてきたことと密接に関わる。リャンは、日本の植民地主義に批判的な多くの研究が、「ジェンダー的体験という視点からの植民的移民やディアスポラを自覚的にとらえようとはしていない」と批判する。「強制連行」の言説実践が、「その実践に加わる人々のジェンダーの違いやジェンダー限定性をぼかす形で機能」しており、結果的に、女性の体験が捨象されていくのである（上掲書：117）。

在日コリアンにおける女性差別的なジェンダー規範は、はなはだしくは家庭内での、夫による妻や子どもたちへの暴力に及ぶことが珍しくない。在日コリアン家族における女性差別は、日本社会の民族差別に対抗し、生きていくために温存されてこざるを得なかったものである。

朴和美によると、戦後のいわゆる「在日文学」には、家族をテーマにしたものが多く見られ、そこには「荒れるアボジ」と「耐えるオモニ」というモチーフが典型的な姿として用いられてきたという（朴, 2001：14-15）。朴は、在日コリアンが「過剰に家族に固着」している理由として、在日コリアンに対する構造的な排除に対抗するために、家族が互助機能として依存されてきたことを挙げている（朴, 2001：15）。家族で助け合うこと、そしてそのような家族が集まって集落を形成し、在日コリアン同士で助け合うことは、在日コリアンの生存のための戦略であった。

そして、「朝鮮人部落」で育った二世たちにとっては、家族は在日コリアンとしてのアイデンティティの源泉でありよりどころであった。文京洙は、高度経済成長期以前、貧しい日本の中でさらに最下層に位置する在日コリアンたちにとって、「粗暴な父」——朴が言うところの「荒れるアボジ」——に象徴される"家"と、そういう家同士が寄り添う共同体としての「朝鮮人部落」は、教育や啓蒙を通じたものではない、生身の実感として、「否定的であれ肯定的であれ"民族"を実感させるひとつの回路であった」という（文, 2007：180-184）。

朴は，在日コリアンはマイノリティとして常にアイデンティティを問われ続けると述べている。問われた在日コリアンは，朝鮮民族としての文化を維持することで，自己をコリアンとしてアイデンティファイせざるを得なくなる。在日コリアン家族の家父長制は，日本社会の差別構造の中で，「朝鮮民族の文化」として無批判に温存されてきたのである（朴，2001：14-15）。それは在日コリアンのみならず，彼らを伝統的な家族へ固着するところへ追いやった日本人にも，気付かれ，変革されなければならないことであろう。

鄭瑛惠は，民族解放運動のかたわらで，性差別が温存されてきたことを指摘する。民族解放運動の中心的な担い手は男性であり，彼らは日本社会の差別を告発し，民族の解放を訴えながら，家庭内では妻や子に対し強い権力をもっていて，なおかつその問題点に気がつかない。そして，鄭はそれを男性のみではなく，そのような力関係を受け入れ，変革してこなかった女性の問題でもあると述べる。外部の差別に対抗していくうえで家族に凝集せざるをえなかったように，互助機能としての家族を維持するうえで，在日コリアン女性たちは，性差別的な慣習を再生産せざるをえなかったといえるだろう。

次節以下では，3名の在日コリアン女性のライフヒストリーをとりあげる。そのうち1名は在日二世，2名は在日三世である。彼女たちのライフヒストリーには，二世，三世の在日コリアンとしての生きづらさが見出される。そのもっとも顕著なものは，国籍にまつわって，自分は何者なのかという葛藤である。また，部落出身女性と同様，一般に流通する，女性を周縁化するジェンダー秩序に起因する困難も経験されている。それは，彼女たちが在日コリアンであることによって，さらに複雑な様相を帯びてくる。ことに，在日コリアン社会の内部での経験において，それは散見される。一世の来日当時から，大きく変容しないまま保持されている朝鮮半島の文化は，在日コリアンの民族アイデンティティの源泉でもある。しかし，年少者を年長者の，子を親の，女性を男性の下位に置く儒教的文化の保持された近親関係は，女性たちに，女性としての生きづらさを，ライフステージの各所で経験させるのだ。

事例5　在日コリアンを可視化させる「きっかけ」づくり

　本事例の語り手は金順子（キム・スンジャ）さん，通称は村田順子（むらた・じゅんこ）さん（民族名，日本名とも仮名），聞き取り時点で51歳である。インタビューは，2008年6月から7月にかけて3回，計6時間程度に渡り，金さんの職場で実施した。語り手は金さん，聞き手は筆者の1対1である。引用されているインタビューの「K」以下は金さんの発話，「H」以下は筆者の発話である。また，（　）内は，語りの内容を補足するもので，〔　〕内は，インタビュー中の仕草である。

幼少期——「家の中は韓国そのもの」
　金さんは1956年生，宮崎県で生まれた。父親は1929年，慶尚南道で生まれ，第二次大戦後に入国した一世，母親は1941年に日本で生まれているが，その上のきょうだいは朝鮮半島で生まれ，両親に連れられて渡日しているので，母親も一世と考えてよいだろう。家族は両親と2歳下の弟の4人である。
　金さんの父親は，朝鮮戦争の直前に日本へやってきた。植民地時代からの混乱で，父親の兄2人は行方不明になり，1人残った男の子の身を案じた祖母が，日本へ行くようにと勧めたという。同じ時代に生まれた在日コリアンには，家庭の経済状況や居住地の地理的要因などにより学歴がなく，日本語での会話能力が不十分だったり，非識字である男性もいるため，金さんに，父親の日本語能力について尋ねたところ，父親は植民地時代に学校教育を受けていて，日本語に不自由はなかったと，やや意外そうに答えた。

　　H：ご両親が，渡って来たんですよね？
　　K：父が，渡ってきました。母は，日本生まれです。母の上（兄姉）は，朝
　　　　鮮半島だったんですけど，母からは，日本で生まれてます，みんな。
　　H：お父さんがなぜ日本へ来たかということは，分かりますか？
　　K：父は，朝鮮戦争の始まる前に，えっとー，戦争が起きるっていうこと

で，もうこれ以上子どもを亡くしたくないという，ハルモニの希望で，日本に行きなさいということで。
H：お父様だけ単独で？
K：そうです。父の兄２人は，もうその戦争の中でとか，いろいろともう，行方不明になってたりとかしてたので，父しかいなかったんですね，男の子が。で，ハラボヂはもう亡くなってたので，ハルモニが，たった１人の男の子なので，生きていなさいということで，朝鮮戦争が始まる前に，日本にやって来たって言ってました。
H：お父様はかなり達者に日本語話したりしました？
K：ああ，はい，かなり達者でした。
H：読み書きなんかは，どのくらいできましたか？
K：えっ？　あのー，できますよ，だって……
H：向こうで学校に？
K：はい，それに，朝鮮戦争が始まる前に二十歳ですから，日本語だけを覚えてたんじゃないですか？　逆に。だからもう全然字も，困ることなく。発音だけ違ってましたけど。

　金さんの母親は1934年生まれだが，登録上は1935年となっているという。女の子を重要視しない慣習の中で届け出が遅れ，年子で生まれた弟と「同い年」という奇妙なことになってしまった。

K：（母親は）一応，登録上は，1935年生まれです。でも実際は違いますけど。1934年です。戌年だっていうから。
H：それ，女の子だから，出すのが遅れたんでしょうかね？
K：当たりです。母から，日本で生まれて，下に，弟が生まれた時に，弟の（出生届け）を，出すために，母のを一緒に，出したので，なんと弟と母は，同い年なんです。もうむっちゃくちゃなんです。

　金さんが３歳の時，一家は仕事を求めて，母親の出身地である愛知県に移った。父親はそこで，在日コリアンが経営する印刷工場に勤め，金さんが小学校

3年生の頃から，独立して事業主となった。仕事をする上では，在日コリアンであることが顧客に知られないように，「キムチは食べて行かない」など，気を遣っていたという。

家庭での食生活は，キムチはもちろん，韓国料理が基本だった。金さんの母親はカレーライスなど数種類を除いては韓国料理だけを作っていて，日本人の家庭で一般的に食卓に上るものは，買ってきたものを除いてほとんど食べることはなかった。また，「家の中は韓国そのもの」のしつらえであったことや，父親が家庭内で大きな権限をもっているなど，朝鮮文化が維持された環境であった。

H：お父様は通称でお仕事をしていらっしゃいますよね？
K：はい，もちろん。
H：韓国人であることで，仕事がしにくいとか，そういうことはあった様子でしたか？
K：印刷工場に勤めてる時は，そこの人も確か，同じ在日だったと思うんですね。だから，勤めてるときにはなかったですけども，印刷技術を身につけたので，自分で仕事を始めたときはやっぱり，お得意さんには，朝鮮人だって分からないように，かなり苦労してましたよ。キムチは食べていかないとか，においでばれるからとか。
H：普段から食事のときに，キムチとか，韓国料理がよく出る家でしたか？
K：はい。それしかうちの母は作れないので。母が作れる，私たちが食べれるものは，カレーライスと，スパゲティが1種類，ハンバーグ，か，お惣菜屋さんで売ってるものしか，（家庭では）日本料理は食べたことなかったです。
H：どっちが好きでしたか？ 子どもの時。
K：子どもの時は，もちろん，日本料理っつうか，学校で食べるものと同じもの。（中略）家の中は韓国そのものでした。だから友達，入れたことがないです。
H：ご両親の仲はよかったですか？
K：なんとも言えません。男尊女卑の関係ですから。

H：じゃあ，お父さんが。
K：威張っといて。

　チェサは年に数回，母方の伯父の家であったが，伝統的な形式にのっとって，金さんやいとこの女の子たちはそこからは排除されており，一度もその様子を見たことがないという。この点からも，朝鮮半島の習慣の維持された生活であったことが見える。

K：本当ーに昔のチェサですから，女の子の私たちは，全然何にも縁がないんです。なんか夜中，大人が起きてなんかやってるなぐらいしか。で，台所には子どもは邪魔だから入れてくれないし，だから女の子の私たちには，別に，チェサだからとか何とか，そんな感覚は何にもないですね，大変だとか。で，大人になって，考えたら，あれがチェサだったんだなーっていうふうに，思いましたね。

小・中学校時代――「朝鮮人なんだ」
　金さんは小学校に上がる前から，自分が他の子どもとは何かが違うと感じていた。在日コリアンの集住地区ではなく，日本人の中に住んでいたので，生活習慣の違いを見出すことが何度もあったのだ。たとえば，ひな祭りの人形がないこと，七五三のお祝いをしないことなど，日本人の家庭にはあっても金さんや親戚の家ではないものがあった。
　また，小学校１年生の頃の記憶として，家庭で普段使っている言葉が，友人に通じなかったことがある。母親はコリア語が堪能で，コリア語を母語とする父と，家庭内でコリア語で会話することが「あったんだと思」うという。金さん自身は母親には日本語で育てられたが，親戚の呼称はコリア語であり，家庭の中でコリア語が単語レベルで流通していたものと思われる。友人に言葉が通じなかったとき，金さんの意識の中では，それがルーツとは結びつかなかったが，その言葉を「使っちゃいけない」言葉として認識したという。

K：「お雛祭りだから，遊びにおいでよ」とか言われて行った時に，「うちに

はない，こんなもの」とか．七五三がないとか，そういう日本の行事は一切うち，知らなかったので。だから，「なんか違うんだな，みんなとは」っていう。とまあ，多分きっと，父母が，話す言葉がみんなと違ってたんでしょうね。うん，そういうのが。

H：お父さんとお母さんが家で，韓国語で会話をしていることはよくありました？

K：あったんだと思います。うちの母，ペラペラ喋る人なんで。でもあたしの中には一切記憶がなかったです。父は韓国語喋るけど，母が韓国語を喋るっていう印象は全然なくって，大人になって，ふり返ってみたら，「あー，そういえばうちの母親，あんなにペラペラ喋るんだから，喋ってたんだろうな」って，でもきっと，私たちを育てる時には，日本語で育ててたんだろうね，って思います。

H：その違いっていうのは，いやな違いっていうか，隠したい違いっていうふうな気持ちはありました？

K：いや，「違うんだなあ」ぐらいしか，思ってなかったですねえ。ただあの，小学校１年生の時に，家で使ってる言葉が，友達に伝わらなかった時に，「あ，この言葉，使っちゃいけないんだ」って思ったことはおぼえてます。おままごとか何かやってるような時に，普通に使いますよねえ？たとえば，うちの子たちなんか，よく「ヘンジュ」，「台ふきん取って」っていうのは，「ヘンジュ取って」って言うんだけども，それが相手に伝わらなかったりっていうような次元で，小学校の時。「何でわかんないんだ，こいつ？」と思った記憶があって。でもその時に，その子が悪いんじゃなくって，「ああ，この言葉は伝わらないんだな」って思った記憶がありますねえ，うん。

H：じゃあ，その子が知らないんではなくて，他の子みんなが知らないという認識ではあったんですね。

K：うんー，そうねきっと。よくわかんないですけど。自分の喋る言葉の中に，伝わらない言葉があるっていうのはわかってましたね，なんとなく。

金さんが，自分をコリアンとして最初に認識したのは，小学校５年生の時で

ある。転校し，初日の帰り道を一緒に帰ったクラスメイトが，自分は「朝鮮人なんだ」と話し，金さんは思わず「私もそれ！」と応じた。クラスメイトの言った「朝鮮人」という言葉と，それまで説明がつかないままに感じていた他の子どもたちとの「違い」が，「ぴたっと」結びついたのだ。

金さんはそのクラスメイトと喜びに盛り上がった。この時から，金さんにはっきりと，自分が「日本人じゃない」，「朝鮮人なんだ」という認識が芽生えた。

H：ご自身が朝鮮人，あるいは韓国人だっていうことに，気がついたのはいつごろですか？
K：はっきりと自分が朝鮮人だっていうふうに思ったことっていうのは，小学校5年生です。引越しをして，転校した1日目に，行きは親と行くじゃないですか。でも帰りは，親，帰っちゃいますから，帰り道が分からないので，「あんたんちの近くの子だから，一緒に帰りなさい」って言われた子と，一緒に帰る道の中で，その子が，初めて会った私に，「いつか分かることだから言うんだけど，私は日本人じゃないんだ，朝鮮人なんだ」って，言った瞬間に，「あっ，私もそれ！」って。それが私が，自分が，「あ，日本人じゃない，そしてそれは朝鮮人なんだな」っていうのが，いちばんもう，ぴたっと認識した時です。全然忘れないですね，そん時のこと，場面とか，どこで言ったかとかも，全部おぼえてます。
H：それまでの違和感の答えが出たみたいな印象でしたか？
K：そうです。ものすごくだから，その時のことははっきりと。「ああ，それだ！」ってほんとに思った。「私もそれ！」って思ったの。で，2人で大きな声で「きゃあー」とかって言った記憶があります。

金さんとそのクラスメイトはすぐに仲の良い友人になった。彼女は金さんの住む家から「小高い山」を隔てた「朝鮮部落」に住んでいた。金さんの両親はごく近くに在日コリアンが集住していることを知って非常に喜んだという。ずっと日本人の中で生活し，仕事の上でも出身を隠していた親たちにとって，近くに同じ在日コリアンが生活していることは心強いものであっただろう。金

さんの親もまた，友人の親と親しく付き合うようになり，のちに，金さんたちが中学校に上がる頃，隣り合う場所に土地を買って家を建てて暮らすことになった。

金さんは，友人の暮らす在日コリアン集住地区へたびたび遊びに行った。そこでは子どもたちが朝鮮半島の遊びをしていたり，金さんの家で食べるものと同じ料理が家庭の食卓に上っていたりして，「気は楽」だったという。また，バラックの小屋が並び，集落の井戸から長く溝が伸びていて，そこで水仕事をする姿がある風景は，のちに金さんが他の在日コリアン集住地区の絵や写真を見ても「おんなじ風景があると思う」，典型的なものであったようだ。

友人となった少女は，「誰にでも」自分が在日コリアンであることを話していた。それが可能であったのは，彼女が在日コリアンであることを理由としたいじめや差別発言が，少なくとも表向きにはなかったためであろう。金さん自身も，小学校5，6年生の間で，「違っていることを，気を遣わなきゃいけないようなことは全然なかった」という。

H：あ，そしたらじゃあ，その子とは結構，気が，その時はかなり意気投合しますよね？
K：はい。その時まで，うちはずっと日本人の中で，暮らしてたんですね。そこで，初めてその子に出会って，うちがどこなのかっていうことで教えてもらったら，朝鮮部落だったんです。その境に小高い山があって，（山を挟んだ向こう側に）私のうちがあったんですね。うちの両親が全くそんなことを知らないで，そこに家を借りたので，両親も喜んで。あの，自分の近くに，同じ朝鮮の人たちが一緒に暮らしてるっていうことで。もうそれから，ずっと仲良くて，実はその3年後ぐらいに引っ越したんですけども，その時には，その彼女の家族と，うちの家族とで，田舎に土地を買って，隣同士で暮らして。
H：その当時の朝鮮部落の様子って，日本人の町とイメージが違いました？
K：ぜんっぜん違います。バラックの家だし，あのー，隣のうちと隣のうちがくっついているような，そういうところです。長屋でもないんです。ほんとに掘立小屋のおうちが並んでるっていう感じでしたね。でも，ほんと

に不思議なんですけど，なんか朝鮮部落の絵を見たり写真を見たりするときに，あたしが知ってるそこじゃないのに，おんなじ風景があるって思う。フフフ，すごい不思議だなあって思うんだけど。井戸があって，井戸のところがずうっと長くなっていて，そこでみんなが，洗濯したりとか，洗い物したりとか，そういう，風景がやっぱりあって。で，ノルティギもしてたし。

H：ノ？

K：ノルティギっていう遊び，があるんですけどね？ そんなのも，一緒になって，遊んだりとか。

H：その子のいる朝鮮部落へはよく遊びには行きました？

K：行きました。よーく行きました。

H：そこで同じ，韓国人の子どもたちと，遊んでて，あの，なんていうかこの，安心する気持ちっていうのはありました？

K：気は楽でしたよね。それこそ家に並んでるご飯と同じのが並んでたりするわけですから。それまでは，お友達の家に行ったら違ってたわけだから。だからよく遊びに行ったりとかも，してたと思いますね。で，どうもその子が，そうやって誰にでも，「自分は朝鮮人なんだよ」っていうことを言う子だったので，わりと，その5年生，6年生の時の，違っていることを，気を遣わなきゃいけないようなことは全然なかったです。うん。

　上述したように，金さんが中学校にあがるころ，一家は引っ越し，金さんは隣家の友人と2人で，それまでの知り合いのいない中学校に進学した。小学校の時には，自身が在日コリアンであることを隠さなかった友人だが，中学校ではそういったことを「自分からあけっぴろげに話すことはなく」なっていた。金さんはその当時なぜそうなっていったのかを細かくは覚えていないが，友人と2人で，七夕の短冊に「いつか本当のことを言いたい」と書いた記憶があることなどから，自身が在日コリアンであること，クラスメイトの知る名前の他に「本当の」名前があることを「言えないものをもっていた」と考えている。

　金さんの2歳下の弟は，引っ越しによって小学校を転校することになったが，転校先の小学校で，朝鮮人であることで「すごいいじめられてた」とい

う。当時，年の近い弟と仲が良いとはいいがたかった金さんは，弟がいじめられていることは知っていたがその理由は知らず，弟が「いつもケンカをしている」と感じていたという。

K：中学から引っ越して，全く知らない人たちのところに行ったんです，彼女と2人で。そういう中で，あえて友達に言う事もなく過ごしてましたね。やっぱり，小学校の時のように，自分からあけっぴろげに話すことはなく，2人とも，七夕に短冊の願い事を書く中に，「いつか本当のことを言いたいね」っていうふうに，書いて貼った記憶があるんですね。だからやっぱり，隠してたんだと思いますね。「朝鮮人なんだよ」とか，「もう一つ違う名前があるんだよ」とかっていうようなことを，言えないものをもってたと思いますね。で，うちの弟は，その引っ越した先の小学校で，すごいいじめられてたんです。その理由が，「あそこのうちの子は朝鮮人だから，遊ぶんじゃない」っていうふうに，同級生の親が言っていて。だからうちの弟は，田舎だから田んぼがあったんですけど，田んぼの中で取っ組み合いのケンカをしてましたね。

（中略）

H：弟さんが朝鮮人だって言っていじめられているのは，知ってたわけですよね？

K：いじめられているのは知ってました。でも，朝鮮人だからという理由だったっていうのは，後から知りました。

H：そうだったんですか。じゃあ，いつもケンカをしている弟っていう印象があった。

K：そうそう，そういう印象です。2こ違いですから，仲良くないですから，常にきょうだいも取っ組み合いのケンカをしてましたから。

金さんの，小学校卒業までについての語りからは，「違い」の存在の認識はあったものの，在日コリアンであることはネガティヴにはとらえられていなかった様子が見て取れる。中学校では，ルーツについて積極的に話すことはなくなったが，それはどうしても隠さなければならないと強く感じられていたと

いうよりは，"いつか話したい"ものだった．

高校時代――「一所懸命隠しました」
　高校入学の日から，金さんは，自分のルーツを，隠さなければならないものとして認識するようになった．
　隣家に住む友人は，金さんとは違う高校に進学し，金さんの進学した高校よりも先に入学式があった．友人はそこで，「本名」を名乗って通学し始めたと金さんに話した．彼女と一緒に，「本当のことを言いたい」と願ってきた金さんは，自分も民族名で通学しようと「心に決めて」入学式に臨んだ．
　式典が終わり，自分のクラスに行って自己紹介が始まった．その中に，「僕は朝鮮人が嫌いです」と自己紹介した男子生徒がいた．彼は祖父から，終戦後，「朝鮮人は日本人に対して，ひどい暴力を振るったり」したと聞かされていたことで朝鮮人を嫌いになったという．それまで金さんは，「朝鮮人が日本の中で嫌われてる」ということは「大人社会の中から自然とわかってた」が，それがなぜなのかという情報に触れたことがなかった．そのため，男子生徒の発言をうのみにしてしまい，「だからみんな内緒にしてるんだ」と理解してしまったのだ．すなわち，在日コリアンが嫌われるのは，過去の在日コリアンが日本人に対して悪事を働いたからだと思わされてしまったのだ．この時から，金さんが在日コリアンであることを，「一所懸命隠し」て過ごす日々が始まった．

　H：自分が在日コリアンであるっていうことをすごく意識させられて，隠さなければいけないって思った時期はありますか？
　K：高校1年生です．入学式の日です．クラスに戻って自己紹介をするじゃないですか．そのときに，ほんと忘れもしない，あいうえお順で3番目の男の子なんですけども，その子の自己紹介が，あのー，「僕は朝鮮人が嫌いです」って．で，その理由は，「戦争が終わった時に，朝鮮人は日本人に対して，ひどい暴力を振るったりとか，いろんなことをした．それを，おじいちゃんから聞いて，僕は朝鮮人が嫌いになりました」っていう自己紹介をした子がいるんです．私は，実は，高校から本名を名乗ろうと思っ

てたんです。中学の時は,「いつかほんとのことを言いたいね」っていう
ふうに,友達と言ってて,高校から私たちは別れたので,その友達は,私
よりも3日くらい前に,高校の入学式があって,で,「高校から,本名に
したよ」,ま,あの当時は本名といっても日本語読みですけど,「した
よ」って言われて,「あ,私もそうしよう」って思って,手続きも何もし
てないんだけど,そんなことなんかわからなくて。ただ,自己紹介の時
に,あの,「きんじゅんこ」っていう名前で言おうっていうふうに思って
いたんですね。それを心に決めてたんです。なのに,その発言を聞いて。
その時に先生も,「そんなのは違う」とか,何の否定もなかったので,私
は,父や母を見ていれば,朝鮮人が日本の中で嫌われてるっていうか,そ
ういうことは,大人社会の中から自然とわかってたので,でも,なぜなの
かがわからなかったから,その彼の発言を聞いて,「ああ,だからみんな
内緒にしてるんだ」って思ったのね。で,自分の番が来た時には,「村田
順子です」って言って,そのあとからはもう,一所懸命隠しました。ほん
とに一所懸命隠しましたね。

　男子生徒の差別的な発言を金さんが信じてしまった理由には,その発言を聞
いた教員が,彼の認識を否定しなかったこともあげられる。金さんの語りから
は,教員たちも在日コリアンに対して偏見をもっていたことがうかがえる。
　高校1年生の時,金さんは学校での面談から帰ってきた母親から,「朝鮮人
なのに,明るくて活発」だと教員から「ほめられた」と伝えられた。進級した
後,慕っていた教員から,「入学する前からあなたのことは知ってた」と言わ
れた。「朝鮮人なのに,明るくて活発」という表現を覚えていた金さんは,「朝
鮮人」である自分が高校入学前から「要注意人物としてマークされてた」と気
がついたという。
　「朝鮮人なのに,明るくて活発」という"ほめ言葉"は,とりもなおさず,
朝鮮人は「何か悪さをする」という悪いイメージの裏返しである。そのような
偏見から,教員たちは在日コリアンである金さんを「マークして」いたのだ。
これらの日常の発言から,金さんはますます,在日コリアンであることを隠す
べき象徴とする認識を強めていったものと思われる。

K：仲のいーい先生から，「入学する前からあなたのことは知ってた」って言われて。「入学式の時に歩いてきたのを見て，『ああ，あの子だあの子だ』っていうふうにみんなで言ってたんだよ」っていう話がぽろっと出て。それどーーいう意味なんだろう，って思ったときに，「あ，私は朝鮮人だから，要注意人物として，先生たちがみんな顔写真をもって，見て知ってたんだなー」って。それが，どうしてそういうふうに思ったかっていうと，1年生の，一学期の，三者面談の後に，母がうちに帰ってきてから，「ほめられたよ」って言うから，何がかなって思ったら，「『朝鮮人なのに，明るくて活発なお子さんですね』って言われたよ」ってうちの母は，喜んで言うんです。でも私は，「それはどういう意味なんだろう？」って。「ああ，それって，朝鮮人の子は，何か悪さをするとか，暗いイメージとか，そういうふうなんだ」と思って，そうじゃなかった私に対して，教員がそういうふうに言ったんだなと思って。その言葉が私の心に残ってて，で，その2年生の時か3年生の時かに，その「あなたが入学してくる前から知ってたよ」っていう言葉を聞いた時に，「あ，あたし，要注意人物としてマークされてたんだ」というふうに。気がついたんです。

ルーツを隠して過ごす日々には，常に，在日コリアンであることが知られたら「友達がいなくなっちゃうかもしれない」という「覚悟」があった。そして，もしも知られてしまった時に，「『朝鮮人だけど明るいですね』って言われるように」，明るく活発な生徒を演じるという緊張がついてまわる日々でもあった。隠すために無理をし，知られてしまった時のためにさらに無理をしていた。そんな金さんに，「心のどこかを全部さらけ出してはない」と指摘する友人もいた。

のちに，民族名で生きることを選んだ時，金さんは高校時代の友人たちにルーツを告げたが，その時に「ほんとに楽」になったという。すなわち，高校生の時期には，苦しい思いを抱えながら，必死になってルーツを隠していたのだ。

H：ばれたら友達に嫌われるんじゃないかとかそういう危惧は，ありましたか。

K：思ってましたよ。ずっと思ってました。だから……ばれた時に，「朝鮮人だけどいい子だね」って言ってもらえるように頑張ってました。朝鮮人であったら嫌われるだとか，けちょんけちょんに言われるって，友達がいなくなっちゃうかもしれない，っていうことはもう覚悟はしていて。で，ばれないようにっていうことも，するわけじゃないですか。それと同時に，ばれた時に，それこそ，「朝鮮人だけど明るいですね」って言われるように，自分は作ってましたね。だから，ほんとに，高校の時の私は優等生ですよ。成績がいいとか，そうじゃなくって，あのー，明るく活発な，結構，先生からも上手に利用されるような，ね？　そういうタイプの子でした。でも友達からは，心に残ってる言葉として，「笑ってるようで笑ってないよね」って。「心のどこかを全部さらけ出してはないよね」，っていうことは言われましたね。高校卒業する頃に。で，ぎくっとしましたね。どうしてばれるんだろうって。ハハハ。だから，私はやっぱり，一所懸命繕ってましたよね。だから本名名乗った時に，ほんとに楽でした。

H：隠しているっていう苦しさっていうのはあった，無理をしているようなところは。

K：うん，もうそれは，ものすごくありました。

　高校3年生になり，卒業後の進路決定をする時期が来た。教員志望であった金さんは，地域の教職課程のある大学を受験したいと両親に相談した。すると父親から，在日コリアンは日本の学校の教員にはなれないため，「そんな夢はやめちまえ」と言われてしまった。

　教員や公務員の国籍条項を知らなかったため，当初，金さんは父親の言うことを信じていなかった。在日コリアンであるために不利益を受けるのは，朝鮮半島で育って日本へやってきた父親のせいだと考えていて，「そんな父親が言うことだから嘘だろうと思って」いたのだ。後述するが，金さんの両親の関係は，「典型的な在日」のそれで，いわゆる「荒れるアボジ」と「耐えるオモニ」

を見ながら金さんは育っている。在日一世の父が，日本社会で受けるストレスを，日本生まれの妻や子に向ける家庭で，思春期の金さんが，在日コリアンであるが故の困難を父に帰責するのは，むしろ自然な流れであっただろう。

　金さんは翌日，教員に父親の言ったことを伝えた。すると教員は，朝鮮人が教員になれないことを肯定した。金さんはそれまで，当時TVのCMで流れていた「人類はみな兄弟」というキャッチコピーのように，国籍などに関わらず人はみな平等だと信じていた。朝鮮人が嫌われることを知っていて，在日コリアンであることを隠してはいても，そのために就けない職業があるなどとは思ってもみなかった。すなわち，在日コリアンに対する差別は制度的なものではなく，心の問題だと信じていたといえよう。しかしそれは，そのような人権意識を植え付けていた学校の，教員によって覆されてしまう。

　父の話を伝えた教員に，金さんは親しみをもっていた。それだけに，「人類はみな兄弟」であることを信じさせてきた学校に裏切られた思いが，「今まで言ってたのは何？」という，その教員への不信に近い感情になってしまったほど「すっごくショック」だった。

　K：あたしの通った高校から，F大学が見えるんですよ。なのでこう，なんとなく「F大学に行くぞ」っていうのが，うちの高校のスローガンみたいなものがあって。小学校の時の5年生6年生の先生がほんとに，いい人だったので，「あんな先生になりたいな」って思ってたので，なんの科目の先生になるんだろうって考えて，体育を選んだんですけども。で，進路を決めるときに，親に相談をしてこなきゃいけないっていうことで，親に，「教員になりたいから，F大学を受けたい」っていう話をしたら，父親から「なんで朝鮮人が，日本の学校の教師になんかなれるんだ，そんな夢はやめちまえ」と言われて。でもそんな，父親が言うことだし，私にとっては，母は日本生まれだから，日本語ぺらぺらしゃべるし，朝鮮人だっていうことでいやな思いを受けるのは，朝鮮から来たこの父親のせいだって思ってたので，そんな父親が言うことだから嘘だろうと思って，翌日，学校の先生に，「うちの父がこういうことを言うんです」って言って，「実は朝鮮人だから」っていう話を。そしたらその先生が，ほんとにそれ

までずっごく仲よくしてたし、いろんな相談に乗ってくれて、「嘘なんかつかないわよぉ」とかっていう先生だったんだけど、そん時に先生が、確かにウソはついてないんです、「あなたのお父さんの言う通りよ」って言ったんだからほんとのこと言ってるんですけど、でも私はすっごくショックで。ちょうどその頃、「人類はみな兄弟」とかいう、笹川良一の言葉がTVでバンバン流れてるような時代だったので、そういうような人権感覚を、学校でも習ってたと思うんですね。だから、「え、じゃあ、今まで言ってたのは何？」って。「『人間はおんなじだよ』とか、『なに人だって関係ない』とかって言ってた言葉ってなんだったんだろう」っていうふうに思って。それが私にとって初めて、朝鮮人だからなれないものがあるっていうことを知った時だったんですね。

金さんはこのできごとが「ほんとにショック」だったと繰り返す。小学生の時から抱き続けてきた夢がかなわないこと、それが、在日コリアンとして生まれたためであること、そのことを、信じていた学校がずっと隠してきたことがいかに衝撃を与えたかがうかがえるだろう。教員になれないと知った金さんは、勉強する意欲も、学校へ行く意欲も失ってしまった。

しかし、金さんの両親は、「朝鮮人が日本の中で生きていくには」、「日本人よりも立派で」なければならないという考えをもっていたので、娘が学校へ行かないなどということを許さず、父親が金さんを車に乗せて学校へ連れていった。そんな日が1週間ほど続き、さすがに金さんは、車の中で「涙が出て涙が出て止まらな」くなってしまった。それを見た父親は、「そんなにいやなら行かなくていい」と態度を軟化させた。その言葉への「反抗心」か、父親が理解をしてくれたと感じたためか、金さんは学校に行く力を取り戻した。

そんな金さんの様子を見て、親しい友人が心配して何があったのかをたずねてきた。金さんは彼女に、自分が在日コリアンであることを打ち明け、そのために教員になれず、「もう自分の夢なんか何にもないんだ」と話した。すると友人は、金さんと一緒に泣きながら、金さんが隠し続けてきたことや、その辛さを、何も知らなかったことを詫びたという。それは金さんにとっては「すごく、嬉しかった」。友人が金さんの視点に立って、その苦しみを分かち合って

一緒に涙したことは，金さんのひとつの救いとなった。

その後，金さんは，父親の話を伝えた教員から，日本国籍でなくても私立の教員になる可能性が残されているからと，諦めずに教師になることを勧められた。金さんは教職課程のある大学を受験し，見事合格した。

K：で，これは，すごく私には，ほんとにショックでした。ほんっとにショックで，もう大学を目指す意味もないし，勉強をする意味ももうなくなって，「就職しよっかなあー」とか，「勉強なんかもういいやー」とかって思って，学校もしばらく行かなかったですね。でも，父や母は，「朝鮮人が日本の中で生きていくには，ちゃんと学校教育を受けて，日本人よりも立派でなきゃあ，就職先なんかない，だから勉強しろ」，っていうふうに，言ってた人たちだったので，学校行かないなんて許されなかったし。で，1週間ぐらい学校に連れていかれて。もう，さすがに，（親に学校に連れて行かれた）最後の日は，もう，涙が出て涙が出て止まらなかったんですよ，車の中で，ほんとに。そしたら，父親が初めて，「そんなにいやなら行かなくていい」っていうふうに，言ったときに，なんかきっと，反抗心でしょうね，フフ，反抗心なのか，そこで，父がわかってくれたって思ったのか，その翌日から学校に行けるようになったんです。もう，泣いてても仕方がないみたいな。で，そういう私を心配した，ほんとに仲のいい子が，「何があったのかなあ」ということで，で，その時に初めて，「実は私は朝鮮人だから，教員にはなれないと言われた」という（告白をした）。「教員になりたかったのになれないから，もう自分の夢なんか何にもないんだ」っていう話をしたんです。で，この友達は，……一緒に泣いたんです。で，彼女が言ったことは，「何にも知らなくてごめんね」って。もうほんとに，嬉しかったですね。私が，ずっと朝鮮であることを隠してたこととか，隠さなければいけない辛さとかっていうのを，自分も何にも知らなかったって。もうほんとに，うれしかったですね。

大学時代――「いろんな考え」を「教えてもらった」

金さんは中学・高校とバスケットボール部に所属しており，大学でもバス

ケットボール部に入った。3年生の時に，マネージャーに転向した。

　同じ年にバスケットボール部に，新しくコーチが就いた。それまでその大学のバスケットボール部は「最下位のチームだった」。それはただ運動能力が高く，バスケットボールが好きというだけで，理論に基づいた特段のトレーニングをしていなかったためで，そのコーチの指導によって，翌年にはインカレに進出するほどの成長を果たした。

　金さんがそのコーチから学んだことはバスケットボールの指導だけではなかった。それまで部内では，いわゆる「体育会系」の，「4年生は天皇」，「1年生は奴隷」といわれるような上下関係があった。それを，コーチはすべて撤廃させた。上の学年になると試合の際に荷物を持たないこと，食事の際に，先輩が箸を持つまで後輩は食べられないことなど，それまで当たり前のこととして横行してきた理不尽な事柄が，すべて「打ち砕かれ」た。

　やっと「威張れる」3年生になった金さんにとって，それは当初落胆する改革であったことは十分に推測できる。しかし，結果としてチームの力は向上した。金さんは，コーチの指導によって「上下というもののあほらしさ」を知り，「そういうことに気がつくようにならなかったら，強くなれない」ということを学んだという。

K：みんな能力違うから，もう3年生になるときに，マネージャーに転向して，で，そこでまた，すごいいい経験をさせてもらったんですけど，そこで多分，私はプラス思考で生きることを教えてもらったんですけど。3年4年をマネージャーをしながら，コーチにくっついて，コーチングなんかを勉強しながらいたんですけどね。最下位のチームだったんですけど，東海地域の上位6チームの中で，上3チームだけが，インカレに行けるんですけども，最後の年は，インカレ行ったんです。ほんとにどん底の，ただ好きで集まって，運動能力がある子たちなので，ちょっと練習すれば他より勝てる。だけど，しっかり練習してる所には，勝てないチームだったのが，その3年生の時に出会ったコーチによって，一所懸命練習するっていうことを覚えましたね。

H：それまでゆるかったんですか？

K：いいえ，厳しかったですよ。でもコーチングがあるわけじゃないし，理論があるわけでもなく，経験の練習だったから。
H：なるほど。勝つためにどうしたらいいかっていうことにまでには至ってなかったんですね。
K：そうそう。今でも，よくあんなに練習ばっかりしたなって思うんだけど，それがいい経験だったのと，あとは，よく体育会系っていうふうに今でもみんな言うけれども，上下がすごく厳しい。4年生は天皇ですから，もう，そばにも近づけない，自分たちが声をかけちゃいけない，みたいなね？ そういうような世界で，1年生はもう，奴隷のようにして，部活が，2時に始まるとしたら，1年生は，1時間前には掃除が終わって，先輩たちが来るのを待ってなきゃいけない状態だったのね。で，練習が終わったら先輩たちが帰るまで帰れないっていうような世界だったんだけれども。それを3年生の時に出会ったコーチによって，ことごとくすべて打ち砕かれて。撤廃で。やっと，ウフッ，威張れるところなのに，「一緒！」とか言われて，「ええーーっ」（笑）。試合に行ったりするときも，道具なんていうのは，3年生になったら，自分の物しか持って行かないとか，それこそ4年生になると，自分の物だって持って行かないとかね，そういうようになっていく時に，「みんな一緒」とか言われて，「なんで私たちがまたボール持つの？」みたいな（笑）。でも，そこで，上下というもののあほらしさとかね，たとえば，先輩が箸を持つまで待ってなきゃいけない。それをね，「お前たちはバカか。ラーメンは熱いうちに食べなきゃおいしくないだろう」（笑）。っていうことを教わるとかね。「あ，そんなことして，いいの？」みたいなね。そういうことに気がつくようにならなかったら，強くなれないっていうことも教えられて。

　また，国籍条項の存在により，教員採用試験を受けられないと思っていた金さんに，コーチは，全国の採用試験について調べ，国籍条項のない府県があることを教えた。金さんは，そのコーチに出会わなかったら，「朝鮮人は日本人と同じことなんか望めないっていうふうに思ってた」だろうと回想する。コーチとの出会いは，在日コリアンだからすべてが閉ざされているという「一方的

な考え」ではない，「いろんな考え」があることを知るものだった。

　金さんは三重県と大阪府の教員採用試験を受験することに決め，急いで勉強に取り掛かった。結果的に，両府県とも二次試験で不採用になったが，当時，大阪府ではすでに在日コリアン採用実績があり，初めからすべての可能性が閉ざされているわけではないと知った経験だった。

　K：教員試験は，やっぱ愛知県は国籍条項があって，受けることができなかったので，大学3年の終わりぐらいまで，全く受けるつもりがなかったので，周りがみんな教員試験の勉強してる中，1人，へらへらと遊んでたんですよ。そしたら，部活のコーチが，「なんでお前，勉強しないんだ」って言うから，その人は私が韓国人だって知ってたので，「いや，国籍条項があるので受けられないんです」って言ったら，「そんなはずはない」って言うから，「そんなはずはあるんだ」とか言って。2，3日後に先生が，「お前，日本全部調べたら4つ開いてるぞ。受けてみたらどうだ」と言われて。神奈川と，静岡と，三重と，大阪かなんかで，「愛知県だけにこだわることはない」っていうふうに教えてもらえて。その人に会わなかったら，私はきっともう，朝鮮人は日本人と同じことなんか望めないっていうふうに思ってたと思いますね。そういう，一方的な考え方しか思いつかなかったのを，いろんな考え，「なんだ，調べてみりゃ載ってんじゃん」みたいなね，そういうことを教えて，もらったのかなあと思いますよね。

　コーチとの出会いによって，在日コリアンであることで，何もかもが日本人より下位に置かれるとは限らないと学んだ生活の中でも，金さんはごく親しい数名を除いては，やはり自分が在日コリアンであることを隠していた。大学時代は，"いつか日本人になる"という望みを抱き，自身のルーツを肯定することはできないでいた。

民族名で生きる──「朝鮮人でいいんだ」
　大学の卒業式の日を迎えても，金さんは就職口を見つけることはできなかっ

た。卒業式が終わって間もないある日，東京の民族学校で体育の教員を探しているという情報を受けた。その情報は大学の体育会の部長を務める教員からのもので，その教員は，バスケットボール部のマネージャーをしていた金さんとたびたび会う中で，金さんが在日コリアンであることを知っていた。

　金さんは，いったんはその勧めを断った。民族学校の教員であれば，韓国人であることは隠しようがないし，民族名を名乗って勤めなければならない。日本人になりたいと切望していた金さんにはとてもできないことに思われたのだ。しかし，他に就職口はなく，民族学校ではあっても，望んでいた教員の仕事には違いない。それに，民族学校があるのは東京で，金さんを日本人だと思っている知り合いはいないので，その人々にルーツを知られることはない。そう思い直し，民族学校の教員になることに決めた。

　教員になれることは嬉しかったが，勤め先が民族学校であることで，「複雑な気持ち」であったという。

K：どうしようかなーと思ってたら，東京の民族学校で，体育の教員をさがしているっていう情報が入って，それでそっちに行きました。大学の部活の部長が，あの，マネージャーしてたから，しょっちゅう会いに行くじゃないですか，そういうことの流れで，私が韓国人ていうことを知ってたので，「お前，まだ決まってないな」っていうことで，「民族学校の，教員の募集が入ってるから，お前行ってみろ」とかって言われて。でも一回断った。民族学校だから，本名を名乗んなきゃいけないから。私は日本の名前でずうっといたし，日本人になるぞって思ってたので，本名で教員にならなきゃいけないっていうところで，「できない！」と思って断ったんですね。でも，仕事先も決まらないし，で，愛知県じゃなくって，東京の学校だから，愛知県の，今まで自分が，日本人のふりをして付き合ってきた人たちには分からないから，というふうに思って，東京に出てきました。これが，本名を使い出した初めです。

H：そのとき，なんていうかこう，意気揚々とした気持ちでした？

K：いえ，そら，教員になるのは嬉しいですけども，民族学校だから，全然なんか複雑な気持ちで（笑）行ってました。

金さんは民族学校の教員として,「村田順子」でも「きん・じゅんこ」でもない,「キム・スンジャ」という, コリア語読みの民族名で任に就くことになった。その名前は, 必死で日本名を使ってきた身として「ものすっごく違和感」があった。当初は「振り向きませんでした」というほどである。
　それまで苦しい思いでルーツを隠してきたが, 民族学校の教員であれば, それは隠しようがないし, すくなくとも教員として出会う人の前では, そもそも隠す理由がない。その点で, 安心し, 落ち着いた気持ちになれたかと訊ねたところ, 金さんは「なりません」と即答した。日本人になりたかったのに, 民族名で民族学校に勤めることになってしまったことは満足とは言いがたかったし, 実家に戻って旧友に会うときなどは, 変わらず日本名を使い, 民族学校に勤めていることも言わなかった。「日本人のふり」が必要になる帰郷の際は,「微妙な雰囲気」だったと形容する。

H：民族学校の先生になったっていうことは, そちらでは,「きん・じゅんこ」さんではなくて「キム・スンジャ」さんとして, 先生になるんですよね。その名前は, かなり違和感がありましたか？

K：ものすっごく違和感ありました。ハハハハ, はい。振り向きませんでした, はい。

H：民族学校の先生であると, ご自身が韓国人であるということを一切隠す必要がないわけですよね？　そもそも, 隠す隠さないのレベルの話じゃないですから,

K：うん。

H：安心感とか, 落ち着いた気持ちとかにはなりましたか？

K：なりません。日本人になりたいのに, 民族学校でしか仕事ができないから, 気持ち的には。教員にはなれたんで, 教員としては（満足）でしたけども, ただその, なんだろう, うんーー, 名古屋に帰った時は日本人のふりをして, 東京にいるときには自分の知り合いがいるわけじゃないから, 韓国の名前を使いながら暮らしてたので。ま, 名古屋に帰るときだけが, うん, 微妙な雰囲気, でしたよね。

民族学校での教員生活は3年間にわたった。学校生活で児童・生徒たちと関わっていくうちに，金さんは，在日コリアンであることを必死になって隠している自分を「おかしいなーと思うようになって」いった。学校外の人ごみの中にいても，はた目からは日本人と区別のつかない金さんに，生徒たちはコリア語で話しかけてくる。そうやって声をかけられると，金さんは「ドキドキして」いた。それまでの経験で，在日コリアンが嫌悪されていることを意識してしまうからである。

　実際に，児童・生徒たちはまさに差別のただ中にいた。高校生には，民族学校に来た理由として，日本の中学校で差別を受けた話をする生徒がいた。また，生徒たちは制服を着ているために，その地域に住む人々からは，民族学校の生徒であることが一目でわかってしまう。生徒が学校のある新宿を歩いていると，警官に外国人登録証の提出を求められることが頻繁にあったという。親は基本的には登録証を子どもには持たせないために，不携帯によって補導され，長時間解放してもらえないこともたびたびあった。さらに，民族学校の生徒であるというだけで，町なかで大学生にケンカを売られることも「しょっちゅうあった」。制服という隠しようのない象徴をまとうことで，生徒たちは日常的に露骨な差別と出合わなければならなかった。

　そんな子どもたちと触れ合っていくうちに，金さんは，学校の外では日本人のふりをしている自分に違和感をおぼえるようになっていった。そして，在日コリアンが悪いから，日本社会で差別されるという受身の発想ではなく，在日コリアンを異質視する日本社会の中で，日本人が在日コリアンを差別しているのだから，日本社会が間違ったことをしているのだと気がついた。日本人になりたいと思い，差別を怖れて民族性を隠して生きることは，その日本社会の見方に与することであり，自分で自分を差別しているのだという認識に達した。

K：子どもたちはまったく屈託ないですから，新宿というあの大きな街の中で，みんな大きな声で「ソンセンニー（先生）！」とかって，朝鮮語で喋ってくるじゃないですか。で，そういう中で，ドキドキしている自分とか，そういう自分の姿とかを，たくさん経験するにしたがって，おかし

なーと思うようになっていって。あとまあ，高校生なんかはやっぱり，なんでこの学校に来たのかっていうことを話す時にね，やっぱり日本の中学で，差別を受けてきてる。そういうことを，高校生なんかは話したりもするし，実際に，新宿っていうのは，あの頃は，今もきっとそうなんでしょうけど，外国人らしい人，たとえば制服で分かるじゃないですか，どこの学校だって。そうすると，（警官が）わざと，「外登見せろ」って言うんです。で，高校生持ってないですから，あんな大事なもの，親がまず持たせませんから，で，持ってないと，連れて行かれるわけですよ。外登を家族の誰かが持って来るまで，出してくれない。一緒に（学校）生活してる子たちが，たびたびそういう目にあって，帰ってこれなかったりとかするわけですよ。両親がみんな家にいるとは限らないし，そういうところでは，親が夜いなかったから，連絡がつかなくって帰ってこれなかったとか，そういうこととかね。それからほんとに，大学生がいちゃもんつけてくるんですよ。ケンカ吹っかけてくるんです。「民族学校だろう」って。

H：ええと，その辺をうろつきまわっている日本人の大学生が。

K：うん，そうそうそう。で，ケンカしたりとか，もうしょっちゅうあったんです，そんなこと。で，そういう中で，もがいてる子どもたちとかと出会ってる中で，なんかこう，名古屋に帰れば日本の名前を使ったりだとか，そうしている自分の姿に，ものすごーく，疑問をもって。なんか，一所懸命隠している自分が，おかしいんだなって。日本人が朝鮮人を差別している，そういう社会があるから，朝鮮人がいけないんだって思ってたんだけど，朝鮮人がいけないんじゃなくて，差別する日本人がおかしいんだっていうことに気がついたことと，それから，朝鮮人を差別しているのは，朝鮮人である自分もおんなじなんだ，っていうことに，気がついたんです。自分が朝鮮人でもいいんだっていう気持ちがあれば，日本人になろうなんて思わないんですよね。日本社会と同じように，朝鮮人だから差別されるんだっていうふうに思っている自分は，イコール朝鮮人を差別していることなんだなあっていうことに気がついて。

新宿には，在日コリアンの子どもたちだけではなく，一目で外国人とわかる

欧米系の人々もたくさんいる。生徒たちが制服を着ているのと同じように，顔立ちという隠しようのない象徴をもちながら，外国人として日本社会と向き合っている人々がいるのに，外見で分からないからと，外国人であることを隠しているのは「同じ外国人としてずるい」と金さんは考えるようになった。

そして，自身の民族性を示す象徴として，学校以外の場でも，生活のすべてにおいて，民族名を使用することを決意した。

その決意をしたときの気持ちを，金さんは，「自分自身が，朝鮮人でいいんだと思った」と表現する。在日コリアンが悪いのではないと気付いたことで，在日コリアンである自己を否定的でないものとして受け容れることができるようになり，民族性をあらわす「本当の」名前で生きることができるようになった。その認識の転換には，民族学校の子どもたちとの出会いが不可欠だったと金さんはいう。

在日コリアンを否定しない認識に達した時，故郷で旧友たちに，初めて，自分が在日コリアンで，民族学校に勤めていることを話すことができた。それまでの，隠している苦しさからも，「微妙な雰囲気」からも，脱することができたのだ。

K：新宿はアメリカ人がいっぱいいたので，あの人たちっていうのは顔を隠すわけじゃないじゃないですか。隠しようがない中で，でもそれを表現しながら生きているわけだから，私は黙っていれば日本人に見えてしまうっていうところでは，同じ外国人としてずるいなって。アメリカ人がアメリカ人として，世の中で生きていくんなら，私もちゃんと朝鮮人として，自分を表現して生きていこうっていうふうに思ったんですね。じゃあどうやって朝鮮人を表現したらいいんだろうと思ったら，もう名前しかないですから，じゃあもう，キム・スンジャにしようと思って。それはほんとに，あの子どもたちに出会わなかったら絶対思わなかったです。いつか日本人になろうっていうふうに，ほんとに思っていましたから。その（民族学校に勤めた）3年間がなかったら，きっと私はキム・スンジャでいこうとは思わなかったですね。そういうふうに思えるようになった時に名古屋に帰って，初めて，「実は自分は韓国籍で，民族学校で，実は勤めてまし

た」って,「今までは,言えなかった」っていう話を,同窓会の中で話すことができて。うんー,初めて自分自身が,朝鮮人でいいんだと思った歳ですね。それが24, 5かな?

　民族名を名乗って暮らすことを選ばせた認識の転換に,学校にいる大人たちの関わりはなかったのだろうか。その点を金さんに訊ねると,「全然ないです」ということだった。
　民族学校の生徒であることを隠しようのない,制服を着ている子どもたちには,民族名や民族性を大切にするようにと教育しながら,教師たちは「一歩学校を出」ると,日本名を使っている。すなわち,自らコリアンを差別しているのだ。まだ社会人になって間もない金さんにとって,そういう「大人の汚い姿」は「すごくいやだった」。そういう大人になりたくないという思いも,民族名で生きることの力となった。

H:そういうことに気がつくのは,子どもさんたちとの交流のほかにたとえば先生たち同士で学習会とかっていうのはありませんでした?

K:全然ないです。そういう意味ではねえ,あのー,民族学校にいる先生たちが,民族心があるかっていうと,嘘ですね。これはものすごく。逆に大人の汚い姿。子どもたちには,「名前を大事に」とか,「民族を大事に」ってことを言いながらね,じゃあ自分たちは,一歩学校を出てとか,地域の中で,どうしてるかっていったら,日本の名前使ってたりするんですよ。それを,まだそれこそ,学生気分から抜け出して2, 3年ですから,自分自身が大人になりきれてないから,そういう大人たちの姿も,私にはすごくいやだった。「おかしい!」って。子どもに言っていることと,自分たちのやっていることってなんだろうって。「あの仲間にはなりたくない」っていうふうに思ったのもありますね。だから決して,そういうことを説いた先生たちは誰もいなかった。

青丘社との出合い

　金さんは,民族学校に勤めて3年目の途中で退職している。結婚が決まった

ためだ。ある日，金さんのもとに，川崎の桜本保育園から電話がかかってきた。桜本保育園は，川崎区の在日コリアン集住地域である桜本の大韓基督教会が開き，多文化共生保育を実践してきた保育園である。金さんたちの結婚が決まった頃，保育士が1名辞めることになり，その欠員を埋める人を探していた。保育園の行う，多文化共生の実践のためには，保育士なら誰でもよいというわけにはいかず，人探しは難航していた。金さんの夫は，桜本保育園の運営母体である社会福祉法人青丘社で，地域の中高生の教育実践にボランティアとしてかかわってきており，その結婚相手である金さんに白羽の矢が立ったのだ。

こうして結婚式よりも前に，新たな居住地での仕事が決まり，金さんは青丘社と出合うことになった。

K：結婚式を挙げる前に，もうここの，青丘社に勤めることが決まってたんです。保育園が，突然人が，3月の途中かなんかで，辞めることが，来年度からいないってことがあって，人を探さなきゃいけなくって。で，やっぱり，なかなか見つからないじゃないですか。桜本保育園ですから，在日のことに何かかかわりがあるとか，そういうようなことで，人探しをしている中に，あの，うちのがボランティアをずっとそこでしてましたから，結婚をするっていうのはみんな知ってて，で，突然，電話かかってきて。で，「桜本保育園ですけど，結婚してこっちに来て，4月から働きませんか？」とか言われて。まあ暇だし，「はい」とか言って，受けたのが，この青丘社との出合いです。

H：その頃，青丘社のことは，お連れ合いから聞いてちょっと知っているというぐらいでした？

K：ああー，そうですね。ちょっと知ってるっていうくらいでした。

青丘社は，桜本保育園の他に，ふれあい館や高齢者福祉事業，障害者福祉作業所などを運営している。そこでは日常的に，在日外国人，高齢者，障害者が抱える困難が問題化され，それを解決するための方策が考えられている。青丘社で仕事を続ける中で，金さんは，民族名を名乗ることを決めた時に抱いた，

在日コリアンを差別する日本社会がおかしいという認識が、正しいことを「確認」していくことになる。そして、「もうどこに行ったって本名で生きていけるだけの自信」を身につけることができた。

民族名で生きることを選んで間もない，「にわか朝鮮人」であった金さんは，長い実践の経験をもつ青丘社の職員たちの日本社会への批判に，「日本社会を悪く見すぎだ」と思ったこともあった。つまり，その頃はまだ，在日コリアンを差別する日本社会側のものの見方が，解体されてはいなかったのだ。その状態で，金さんの認識を保証する言説も支援者もないまま，「どこかで挫折するようなことがあったら，日本の名前をまた使ってたかもしれない」。それほどに，民族名を名乗って生きることは困難に出合うことだった。

金さんが，先輩職員たちの日本社会批判に違和感を表明すると，必ず「反発されて」きた。そして，多くの実例を目にするうちに，その職員たちの認識が正しいことが理解された。そのようにして実践を積み重ねることで，金さんが民族性を表現しながら生きることへの「自信」が育っていった。

H：在日韓国人であることへの，引け目とか負い目みたいなものは，こちらへお勤めになってから薄らいできたっていうところはありますか？

K：いや，それこそほんとに，本名で生きようっていうふうに思ったときから，朝鮮人が悪いんじゃなくって，朝鮮人を悪くしている社会のほうがおかしいっていうふうに思うようになってたので，青丘社に来てからの学ぶことっていうのは，「あ，やっぱりな。私が思った感覚っていうのは間違ってなかったんだな」っていうことを，確認，確信して。でー，青丘社で勤めていく中で，もうどこに行ったって本名で生きていけるだけの自信ていうのはもちましたね。だから，ただ思っているだけでだとしたら，ひょっとしたら，何か大きな出来事があったら日本の名前に戻っちゃったかもしれない，っていう，うん。自信はなかったですね。間違ってはないと，自分で，思ったけども，そういう人たちとの出会いがなかったりだとか，どこかで挫折するようなことがあったら，日本の名前をまた使ってたかもしれないですけど，青丘社との出合いの中で，たくさん学んでいく中で，いろんな人に出会って，いろんなことを教えられたりとか。あのー，

こう，ずっとね，（自分を）「にわか朝鮮人」って言ってたんですけど，朝鮮人になったばっかりだから。青丘社の人たちが，もう，実践は長いですから，その先輩たちが，日本社会を決め付けて，やっぱり喋るじゃないですか。そういう中にいて「そうじゃないんじゃないかな？」とか，「それは在日側の，勝手な言い分だ」とか，そういうふうに思う部分てすごくたくさんあったから，ことごとく私は，皆から反発されてたんですね。「それはまだ甘い」とかね。いろいろ言われながら，いたんですけれども。そういうことの中で学んでいくうちに，その，「それは考えすぎだ」とか，「日本社会を悪く見すぎだ」とかって思ってた事が，そうじゃなくってほんとにそうなんだなっていうことを，現実で体験していくことがたくさんあったので。

　金さんは夫との間に4人の子どもに恵まれた。3人目までが女の子で，4人目が男の子である。一般的に在日コリアンの，特に一世世代には，男の子を望む意識が強い[6]。金さんも，周囲から男の子を産んでほしいという期待を感じていた。夫の母親は，「男の子を産まない」ということで金さんを責めることは一切なかったが，長男が生まれた時には，三女までにはしなかったようなことをしてくれたという。それまで，「次は男の子だよね」という言葉を気にかけることもなかった金さんだが，夫の母親のその姿に，「やっぱ男女差別はあるんだな」と思い，「悔しかった」という。

　4人目が男の子であったのは，跡継ぎが必要だと思って産み続けたからではなく，偶然4人目に恵まれ，生まれてみたら男の子だっただけのことなのだそうだが，金さんは，仕事をする上で出会う在日コリアンの高齢女性に，男の子に恵まれるまで子どもを産み続けた「いい嫁だ」といって非常に「ほめられる」という。

　H：一世の，おじいちゃんおばあちゃんたちは，男の子，産んでほしいという意識が結構一般的に強いですけど，そういうことを周りから言われませんでしたか？
　K：ああ，いっぱい言われました。はい。

H：傷つきましたか？

K：いや，傷つくっていうかね。そういうのは知ってたので「そうだろうな」と。で，うちねえ，4番目が男の子なんですよ。で，男の子が生まれた時に，姑がすっごく喜んで，いろいろしてくれたんです。それを見て，悔しかったですね。そのー，男の子を産まないからいろいろ言われるとかね，そういうんじゃなくって，産んだ時のあまりの差に，「はあーっ，ここにやっぱ男女差別はあるんだな」って思いましたね。決して女の子が生まれたこととか，あ，もちろん，「次は男の子だよね」って言うのはあったけど，それは別に，あんまり気にしてなかったのね。だけど，男の子が生まれた時の，姑の，上の子にはしなかったこととか，そういうことを見て，「ああー，男女差別だな」っていうのはすごく，思いましたね。であとね，ハルモニたちからね，4番目が男の子だって言うと，まあー褒められる。ウッフフフ，「あんたは偉い」って。すごい褒められる。いまどきの時代って2人とか3人とかなのに，4人，男の子産むまで子どもを産んだって。だから，「あんたはいい嫁だ」ってハンメたちに言われて。「あああー，そういうふうに世の中は思うんだな。偶然なのにね」。

在日コリアンを可視化する実践

　金さんは子どもたちには全員，「日本読みができない名前」を付けた。金さんの「順子」という名前は，日本語読みができてしまう。民族名を名乗ることで民族性を表現しようとする金さんにとっては，日本語読みで呼ばれてしまうのは不本意なことだった。「この名前なんて読むの？」という会話から，子どもが在日コリアンであること，在日コリアンが社会にいることを示していきたいという思いから子どもの名前を考えた。

　民族名で暮らすことで，子どもがいじめにあうことは「もちろん」可能性として考えていた。しかし，「いじめる奴が悪い」という確固たる考えがあり，もしもいじめに出合っても，一緒に乗り越えようという意志もあった。

K：うちはみんな，日本読みができない名前を付けました。「この名前なんて読むの？」っていうふうに，言われる名前を選びました。いくつか候補

があった中で，すぐ読まれない名前。私の名前は，スンジャって言っても，順子じゃないですか。だから，読めちゃうから「じゅんこ」ってみんな言うので，読めないで，「これはなんて読むの？」っていうところに，いくようにと思って，うん。

H：お子さんが，名前が原因で朝鮮人っていっていじめられたりするっていう心配っていうのは，しませんでしたか？

K：もちろんしましたけど，それこそ，いじめる奴が悪いので，はい。

H：お子さんがそうやって，いじめを受けたら，一緒に闘おうとか，一緒に悩もうとか，そういう気持ちは持っていらっしゃいましたか？

K：はい，もちろん。

　金さんが，子育てのうえで実践してきた，在日コリアンの存在を気付かせるための行為は他にもあまたある。子どもたちの入学式・卒業式には必ず，チマ・チョゴリを着て出席することもそのひとつだ。

　金さんが青丘社に勤めて間もない頃，就職差別に対する糾弾会で，企業側の出席者が，「人生の中で在日に出会ったことがない」と発言した。その発言に，金さんは，自分が日本名で，日本人のふりをして暮らしていた頃に出会った人々も「おんなじことを言うんだろうな」と気がついた。隠してしまえば，日本人と見分けがつかないのだから，「いないと言わせないように」するためには，存在を表現しなければならない。そのために，儀式で民族衣装を着ることに決めた。

　儀式では必ず記念撮影がある。周囲の人々が，儀式の時に在日コリアンの存在を理解できなくても，後々になって写真を見れば，そこに「違い」をもつ人がいたことに気がつくかもしれない。そうすることで，その「違い」をもつ人々が，国籍ゆえに何かを制限されることがあることに疑問を抱く人も出てくるかもしれない。民族衣装は，子どもたちの民族名と同じように，多様性を可視化し，なぜそのような人がいるのか，その人々は社会的にどのような位置にあるのかを考えさせる「きっかけ」としての布石なのだ。

K：私，どの子もぜーんぶ入学式と卒業式はチマ・チョゴリ，私が着て行く

んですね。

H：それは，そういう節目で民族性を表現しなければ，日本人からは見えないっていう思いがあるからですか？

K：そうです。名前も，「変わった名前だね」とか「なんて読むの？」っていうところの，会話の中から，日本人じゃないことを知ってもらうとか，日本人じゃない人たちが，自分のそばにいることを知ってもらうことと，私がチマ・チョゴリを着ていくのは，必ず，入学式とか，写真撮るじゃないですか，みんな揃って。そのときに，チマ・チョゴリを着た人が写っていることで，振り返った時にね，「あ，自分の友達の中にもいたんだ」っていうことを，思い出してもらって。これはですね，あるときから心に決めたんです。それはね，在日の子が，就職差別にあって，その会社と糾弾会とかをする時に，出たときに，その，（日本企業側の）40代とか50代の部長さんたちが，「自分の人生の中で在日に出会ったことがない」，「外国人に日本生まれの人がいるなんてことを知らなかった」っていうことを平気で言うんですよ。で，それを聞きながら，「冗談じゃない」って，すごく腹立たしくって。みんなやっぱりそのことにカチンときて，突っ込むんですけども，でも，ふと考えたら，「あっ」と思ったのは，「私の友達もきっと，あのおじさんとおんなじことを言うんだろうな」って思ったんです。私は一所懸命隠してきたし，だから，「いないと思ってる子はいないと，今でも思ってるんだろうなあー」って思ったときに，「ああ，表現しなきゃ。いないと言わせないようにしなきゃ」と思って。いたのに気がついていなかったこととか，そこまで思いを寄せない自分がいたっていうことをちゃんと認識してもらいたいと思って。で，何か方法は，と思ったときに，チマ・チョゴリだと思って。「絶対写真には，チマ・チョゴリで写ろう」とか思って。そういうふうにしてきてますね。で，いるとみんな考えるじゃないですか。「あ，いたな」とか，「あの人はどうだったかな」とかっていうふうに。とか，自分がたとえば，何かをもらえたりする時に，自分の友達も，もらえるのかなとかって考える時に，その子は，外国籍だからもらえないっていったら，その時に，「何でだ？」って考えてくれるかな，というふうに。そういう，いっぱい私は，こう，きっかけというか

ね，そういうものを，たくさん残していきたいなーと思って，しています
ね。

　実際に，子どもが名前をからかわれたり，在日外国人であるためにいじめら
れたりすることは「しょっちゅう」あったという。
　長女の名前は，日本語のある植物を連想させるものだ。ある日，長女と次女
がきょうだいげんかをしていて，次女は姉にその植物の名前を言って罵った。
すると長女が，「普通じゃない泣き方」をした。異常に気づいた金さんが事情
を聞くと，長女は学校でも，同じように言われてからかわれていると打ち明け
た。長女は，自分の名前が韓国語の名前であることを理解しており，植物では
ないと言ってさらに泣いてしまった。
　金さんはその問題について，長女の担任に話をした。担任は，名前をからか
われることを問題だと理解して，「子どもたちに話をします」と請け合った。
　数日して，確かに担任教員は子どもたちに話をした。しかし，それは，長女
の韓国語の名前についてではなく，連想される植物を褒めるものだった。長女
は，「先生もみんなとおんなじだ」と，怒って帰ってきたという。担任教員は，
名前をからかうことが長女を傷つけたことまでは理解していたが，それが韓国
語の名前であることを大切にしてほしいという思いまでは理解し切れなかった
のだろう。

K：もうしょっちゅう。いちばん上の子がいちばん，やっぱりいろいろ何でも経験してくるんで，いちばん上のことがいちばんよく覚えてるんですけど，2年生の時かな。きょうだいげんかをしたんです。2個下の子がいるから。その子ときょうだいげんかをして，その時に，「○○」っていう名前だから，「××（植物の名前）！」とかって言われたんですよ。下の子にね。そしたらね，泣き出したんです。で，それが普通じゃない泣き方だったから，これはおかしいと思って，そんなきょうだいげんかごときでこんなに泣くはずはないと思って。で，泣き止むのを待って，何でそんなに泣いたのかっていろいろ聞いたら，学校でもそうだって。自分の名前は，○○という韓国の名前なのに，日本の××じゃないっていうふうに言って，

すっごく泣いたんです。で，ああ，そうなんだと思って。お友達からもそういうふうにいつも言われてて，すごく自分はいやだということが分かって，で，まあ学校に話しに行って。学校の担任が，話をよく聞いてくださる人で，それはもう，「子どもたちに話をします」ということで，話をしてくれたんですね。で，話をしてくれたんですけど，子どもが帰ってきて，怒ってるんです，やっぱり。で，何で怒ってるのかなと思ったら，給食の時か何かに，先生が近くに座ったらしくって，その，娘を励ますために，その，「○○っていい名前だよね」って，そこまではよかったんですけど，で，あのー，「××は，みんな，食べて力になる。そういういい名前なんだよ」っていうふうにして褒めたんです。先生は名前を褒めたつもりなんです。なんだけども，やっぱ帰ってきてから，「先生もみんなとおんなじだ」って。○○の名前は，日本の植物じゃないって，韓国の，○○っていう名前なんだ，というふうに泣いてて。

　それから程なくして，今度はクラスメイトから「韓国に帰れ」と言われた。在日外国人に対する，"日本から出て行け"といった類の差別発言はひじょうに一般的なものだ。しかし，日本で生まれ育った在日コリアンにとって，韓国は「帰る」国ではなく，むしろ１度も行ったことがない国である場合もある。金さんの長女にとっても，「見たこともない親戚しかいない」韓国に「帰れ」という発言は理不尽なものだった。

　金さんは長女に，「どこにいたっていいんだよね，人間は」と声をかけながら，「２人で，泣きました」という。インタビュー中では淡々と「泣きました」と語ったが，外国人を排除する紋切り型の差別発言に長女が傷ついている姿に，涙を抑えられないほど，金さん自身も傷つけられたと考えられるだろう。金さんの子ども世代になっても，日本人の子どもたちが差別発言を簡単に獲得してしまうほど，根強い外国人差別のまなざしが流通していることは変化しないという事実を前にしての涙だった。

　金さんは再び，教員に訴え，その際に，名前についての教員の慰めも，「子どもたちと同じ発想で，娘には伝わらないようです」と伝えた。

K：それからしばらく経ったら，今度は，「『韓国に帰れ』って言われた」っていうふうに言って。「韓国に帰れって言われたんだけど，私は，日本で生まれたんだよね？」って言うから，「そうだよ」。「どうして韓国に帰んなきゃいけないんだろう」って。で，「それは違うよね」とかって話しながらも，まあ，2人で，泣きました。その，韓国に帰ったって別にね，自分のうちがあるわけでもないし，それこそ長女にとってみれば，見たこともない親戚しかいないわけだから，「そんなのはおかしいよね。どこにいたっていいんだよね，人間は」とかっていうふうに話ししながら。で，もう1回先生のところにいったんです。で，その，名前の話も先生にしたんです。先生は一所懸命慰めてくれたつもりかもしれないけど，それは，子どもたちと同じ発想で，娘には伝わらないようですね，っていう話をして。

教員は，今度はクラス全員を前に，長女が差別発言を受け，「とっても傷ついた」ことを伝えた。そして，差別問題の例として，黒人差別について話をしたという。金さんは，長女が受けた差別の不当性を子どもに伝えると言う意味では，黒人差別の話は適切ではないと考えた。小学校2年生の子どもたちに，アメリカや黒人は，あまりにも遠い世界のできごとだからだ。

しかし，長女は喜んでいた。教員がクラスメイト全員に対して，長女が差別発言に傷ついたこと，差別をしてはいけないことを説明したことで，「いやな気持ちになるっていうことを，クラスの皆が知ってくれたから，今度は味方になってくれる」と感じられたからだ。

長女のこの考えに，金さんは「教えられた」という。差別発言を責め，差別者に反省を求めることばかりではなく，差別する側が悪いと言う認識を共有し，差別された時に「味方がいてくれる」こともまた重要なのだと知ったといえるだろう。それ以来，金さんは教員たちに，「1対1対応をしない」ように訴えるようになった。味方づくりを望んだのだ。

むろん，その後も訴えなければならなかったということは，それだけ差別意識を内面化している子どもがいるということである。しかし，「味方づくり」を積み重ねることは，差別の存在に気付き，被差別者に寄り添う子どもたちを

育む力となる。金さんはそこに重要性を見出してきたと考えられる。

K：先生がクラス皆にしてくれたんですね。「そういうふうに言うお友達がいる」って。で，先生は，アメリカの黒人差別の話をずっとしたそうなんですよ。フフフフ。「なんか先生が今日，話ししてくれたよ」って言うから，「何の話だったの？」って言ったら，「よくわかんないんだけどね，アメリカに肌の色の黒い人と，白い人がいて」とかって言って，「ああ，黒人差別の話を先生は用いたんだな」と思って。でも結局子どもには，アメリカという遠い国の話だし，肌の色の違いだとかね，そんなことを言われても，その人たちの差別のことは分からないわけじゃないですか，2年生じゃ。でもうちの子は，すごい嬉しかったんですね。そんな，先生，訳のわかんない話したのに，「何が嬉しいの？」って言ったら，「韓国に帰れ」とか，そういうことをね，「言っちゃいけない」っていうこと，「それは○○さんがとっても傷ついたんだ」っていう話をしてくれたんだよって。「え，でも先生がそういうふうに言っても，先生がいないところでまた，みんなが言うよ？　おんなじじゃん」って言ったら，あの，「ううん」って。「もう，そう言われたら，私がいやな気持ちになるっていうことを，クラスの皆が知ってくれたから，今度は味方になってくれる。だからいいんだ」って。いうふうに言ったんで，私は逆に子どもに教えられました。「ああ，そうかー」と思って。言った子を叱るんではなくって，そういうことを言うことでお友達が傷つくんだよ，そういう言葉なんだよってことを，みんなに伝えることが（意味がある）。子どもにとっては，それがいやな言葉なんだっていうこと，みんなが知ったことになるでしょう？　だから，「次に，もし同じことが起きても，自分に味方がいてくれる。『言う子が悪い』ってふうに思ってくれる子たちがいる」。だから，味方づくりをしてくれた言葉だったんですね。「ああ，そういうことが子どもにはすごく大切，大事なんだなあ」っていうことを，うん。すごく実感する，できごとで。それからですね，（差別的なことを）言った子だけを連れ出してきて，その子に「そんなこと言うんじゃない」って言うことじゃなくって，「1対1対応をしないでください」って（訴えるようになった）。

金さんが子育ての中で出会ってきた教員は、上述の教員のようによく話を聞き、試行錯誤しながら子どもたちの差別意識に対応する人ばかりではなかった。
　長男は小学校に入学して、1ヵ月半にわたり、クラスメイトから下校時に追いかけ回されてからかわれた。長男は入学式に民族衣装で出席し、民族の名前であることで、異質視されていたのだ。それを金さんが担任に訴えると、担任は、入学式に民族衣装を着てきたから、「子どもたちが変だと思う」のだと答えた。金さんが、子どもたちに民族性を表現させることに「こだわる」ために、クラスメイトたちが異質視を向けるのだと、差別を受けた側に責任を着せたのだ。
　上述したように、金さん自身は意図があって民族衣装を着て、入学式に出席していたが、長男は、儀式の際に民族衣装を着ることは「普通の感覚」である。それを「こだわり」と表現するところに、教員の民族差別への無理解が見えてくる。民族衣装を身に着けることを、あたかも日本社会への挑戦のように解釈した発言であるといえるだろう。民族性を隠さない者への異質視は、「韓国へ帰れ」という差別発言と質的に同じものだ。日本の文化を正統と信じ込み、その文化にまつろわぬ者は排除されてもやむをえないという認識に基づいている。
　当時は、川崎市に外国人教育基本方針が策定され、実践校では10年以上の実践があった。そこには青丘社も関わっている。担任の答えを聞いて、金さんは、「今まで川崎がしてきたことって何なんだろう」、「自分たちが今までやってきたことは、無意味だったんだ」と言う絶望感に近い思いを味わった。

K：上の子たちはみんな、保育園の卒園式の時には、私と親子でチマ・チョゴリ着ていったんですね。それをいちばん下はずっと見てて。で、入学式の時は、子どもたちはみんな、ワンピースとか着て行ったんですよ、私だけチマ・チョゴリ着て行ったんだけど。で、下の子は入学式は見ないじゃないですか、保育園っ子だから。入学式もお姉ちゃんたちはみんな、チマ・チョゴリを着てたと思ったみたいで、あの、「入学式、どうす

る？」って言ったら,「卒園式の時の服で行く」って言うから,「これは面白い！」と思って。そのまんま親は何にも言わないで, 入学式の時も, パジ・チョゴリで行ったんです。本人は全然それ, 不思議じゃなかったのね。でも周りはすごく不思議だったみたいで, そのあとこの子は, 約1ヵ月半ぐらい, 意地悪をされ続けてたんです。もう1人, 隣に本名の子がいて, ほんっとに幼馴染なんで, 帰りも一緒に帰ったりとかしてたんですね。たらその, 周りの子たちから, はやされて「きょうだいだ」とかっていうふうに言われて, 毎日追いかけられて。で, うちは, 男の子だから,「追いかけごっこをしてた」って思ってたんですよ。(一緒に下校していた)女の子の方はちゃんと繊細な子で, 名前がみんなと違うからっていうことでいじめられ続けて, もう, 1ヵ月半経って, 学校に行かれなくなった。それで初めて分かったんですね。彼女のほうの親がいろいろ聞き出したら, 実は,「毎日毎日, 7人の子どもたちが追いかけてきて, 闘ってるんだ」って。「それがもう, 辛いからいやだ」って。で, 息子に聞いたら,「うん！ 毎日みんなとね, 戦いごっこしてるんだよ」とか言うから (笑),「違うだろー」とか言って。それも学校に,「そういうことがあるの知ってますか？」とか, いろんな話をしていった時に, 教員の言葉から出たのが,「入学式の時に, あんな格好で来るから, 子どもたちが変だと思うでしょう？」って。「お母さんたちがこだわってそういうことをするから, 子どもたちがこだわるんです」って言われて, まあーあ大変でした。闘いましたけどねえー。「違うでしょう？」って。その, どんな格好であろうがいろんな服があるんだし, 私たちが朝鮮を出すことは, ま, 普段, 20何年の中でも着てきてないチマ・チョゴリを着るわけですから。朝鮮を表現するっていうことは, まあ, こだわりといえばこだわりだけど, でも子どもにとっては, それはすごく普通の感覚だし, 別に無理をしているわけでもないのに, それをそういうふうに感じること自体が「違うんじゃないですか？」っていう話を, いっぱい先生たちとして。上の子が, 1年生になった頃に, 川崎で, 外国人教育基本方針ができて, 実践校があって10年以上経っているのに, いちばん下の子がその, 1ヶ月半戦っている時のことを, 先生にいろいろ話していったときに「お母さんたちがこだわって

るから」っていう言葉が出た時には，今まで川崎がしてきたことって何なんだろうっていうのはほんっとに，つくづく思いましたねー。自分たちが今までやってきたことは，無意味だったんだねっていう，ね。「まだいるか」ってほんとに思いましたね。

　排外的な認識に基づいた発言を受けることは枚挙に暇がなく，金さんは子育てのうえで，無理解な教員たちと「しょっちゅうケンカして」こなければならなかった。
　日本人の子どもたちに，同じクラスに在日コリアンがいることを見落とされないように，民族性を表現することを「認めてほしい」，そして，そのことに「触れてほしい」と言っただけで，「日本の学校だから」できないと断られたり，「朝鮮学校に行け」と対応される。社会に多様な人がいて，その多様性をもつ自己を大切にする人が同じクラスにいることを知らせることにすら，排除する言説が向けられてしまうのだ。

K：子どもたちのことでもね。しょっちゅうケンカしてます。ケンカしないで暮らせることなんてほんと，ないですよね。
H：ケンカっていうのはそういう，よその無理解な人間と。
K：ものすごく無理解なこといっぱいありますよね。もう，まず，韓国を表現しながら，学校に対しても，韓国のこととか，自分の違いを表現していくから，それを認めてほしいし，そのことに触れてほしいっていう話をする，するだけですよ？　だけなのに，「ここは日本の学校ですからそんなことはできません」。だからね，「ここは地域の学校じゃないんですか？　地域にはいろんな人がいるでしょう？　その人たちが，行ける学校じゃないんですか？」って。「朝鮮学校に行け」とも言われましたよ，私。「はあー？」とか思って。「じゃあ，地域にいろんな人たちがいて，私も一緒に地域で暮らしてて，地域にある学校だから選んだんだけども，自分の違いとか，自分を大切にするということ，それを理解してほしいって言ったときに，『よそに行け』って言うんですね？」って。そんなんばっかりです。

子どもたちの成長にしたがって，闘う場は学校だけではなくなり，金さんではなく子どもたち自身が向き合うことも増えていく。金さんの次女は，インタビュー時点で大学４年生で，就職が決まらないことに苦しんでいた。カナダに１年間留学して英語力を身につけてきたが，なかなか就職が決まらないことで，英語力への自信も失いつつあり，金さんに，「韓国人だから，決まんないのかなあ」とこぼしたという。

　次女は，１年間の留学生活で，「私は日本人だ」という認識をもったと金さんに話している。日本で生まれ育ち，日本語を母語とし，コリア語を解さないにも拘わらず国籍だけが韓国であるという，在日コリアンの特殊性が，誰からも理解されなかったからだ。

　それでも，国籍が異なることで，「日本の中じゃ，日本人じゃ通用しな」い。次女の認識の中で，国籍は就職を阻む壁として立ちはだかっているのだ。

K：２番目がこないだ，１年ぐらい，カナダに行ってたんですけど，カナダには韓国人いっぱいいますから，その人たちとも一緒に生活をして，戻ってきて，「カナダで暮らしてみて思ったことは，私は日本人だよ」って，言ってましたよね。うん。在日の状況を，韓国国籍だけど韓国で暮らしてなくって，言葉が喋れないことは，「他の国の人たちにはまったく分からなかった」って。「日本で生まれて日本で育ってるんだから日本人でしょう？」って，「何でそれで韓国籍なの？」って。で，「何で韓国籍なのに，韓国人なのに，言葉が喋れないの？」っていう。もうすごい，みんなが自分の存在を理解できなかったみたいで。「ま，それが在日なんだよ」って言ってるんですけど。で，その経験の中から，「あたしは日本人だね」って言ってますね。でも，日本の中じゃ，日本人じゃ通用しなくって，今，就活なんですけど，ほんっとに決まらない。こないだ，６月の終わりぐらいに，「もう７月に入って決まらなかったら，もう７，８は遊ぶからね。９月になってからするよ」って言うから，「分かった」って。で，ポソっと，「ねえ，韓国人だから，決まんないのかなあ」って，初めて言ってましたねえ。だから，「うんー，そうかもねえ」って。「ただ，昔はね，韓国

人だからって言って断る理由があったけど，今はその理由で断ったら，あの，問題になるから，だから，理由を言わないからよけい分かりにくいよね」って。（中略）で，本人が，うーん，「TOEICで点数が取れても，喋りとか聞いたりとかが，やっぱり，ダメなのかなあ」とかって，自分なりにそういうふうに考えて。ただ，せっかくの英語力なのに，自信がもう，英語の方もなくなってきてて。だから，残念だなと思って。まあ，それも，本人のね，乗り越える壁だしと思ってね。

　「韓国人なのに韓国語が話せない」ことへの疑問は，在日コリアンがたびたび出会うものだ。金さんは，4人の子ども全員から，「なんでオンマたちが喋らないの？」と聞かれたという。日本で生まれ育った外国人がいるという理解も，在日コリアンにコリア語を話させなかったのは日本社会の差別が原因であるという理解もない日本人から，「韓国語が話せないの？」という疑問を投げかけられることに，子どもたちも「イライラ感」を抱えているのだ。長女は，この質問への「答え探し」として韓国に留学した。
　金さんが職場で出会ってきた中には，この質問を向けられて答えることができず，傷ついた末に道を踏み外してしまう子どもたちがいたという。現実に外国人としての不便に出会いながら，日本人の多くがイメージする，「日本語が話せない」という外国人像に合致しないことで，ひどい時には「偽者」とすら言われてしまう。そして在日コリアンの側も，日本人と同じように，在日コリアンを説明するための言葉をもたず，理解されることのなさに苛立ちを募らせていくのだ。

　K：やっぱり，「韓国人なのに，韓国語が話せないの？」っていうのは，この地域（青丘社のある地区）を出たところで出会う人たちはみんな普通に思うみたいですね。だから普通にその質問は投げかけられてて，で，それに対して答え探しをするんでしょうね。で，いちばん上は，韓国に行って，言葉を学びましたね。でも，どの子も全員に言われました。「オンマたちが言葉が喋れれば，自分たちだって言葉が喋れたのに，なんでオンマたちが喋らないの？」って。「不勉強だ」って言われるから，必ず言い返

します。「あのね，オンマ達の時は，喋ったらもう差別されるんだから，だから喋らない。日本の差別があったから喋れないんで，オンマのせいじゃありません」とか，フフフ，開き直って言ってるんですけど。うん。でも，だから逆に，彼らは本名で生きていて，みんなは韓国人だと思って，「じゃ，韓国人だったら，なんで日本語をしゃべるんだ？」っていう，日本で生まれて，日本で暮らしている，在日のことをみんなが知らないから，イライラ感とかっていうものを，もって暮してますね。この辺の子たちはもう，生まれた時から，日本語をしゃべる韓国人と一緒に遊んでるわけじゃないですか。だから，それが当たり前なんですよ。日本で生まれた韓国人がいるんだよっていうことを，理論で学んでいるわけじゃなくって，教えられているわけじゃなくって，肌で感じて生きている子たちだから，日本語しか話さない韓国人が全然不思議じゃないんですよ。だからそういう質問すらしない，でしょう？　でも，外の人たちは，もう，外国人イコール日本語が話せない人たちっていう概念があるから，日本語しか話さない在日の子たちに対しては，まず，「あれ，なんで韓国語喋んないの？」とか，「日本語しか喋らないから偽もんなんじゃないの？」とか平気で言いますよ。で，その言葉に傷ついて，返す言葉がなくって，自暴自棄になって，あのー，道をどんどん，いわゆる，まじめな高校生から，もう手のつけられない，"悪い高校生"というふうに先生たちが思う，子になっていく子たちっていうのも，何人もいますね。根本は何だろうって思ったときに，それに答えられなかった。

民族名で生きる「闘いの日々」

　金さんは，日本社会の中で民族名で生きるということは，「闘わずして生きていくことはできない」と話す。それは，あからさまな差別だけではなく，無理解な日本人の善意である場合もある。外国人登録証に日本名が書いてあれば，役所などで職員が，「それが親切だと思って」日本名で呼ぶ。そのたびに金さんは，民族名で訂正してきて，現在は登録証から日本名を消している。

　民族名で生きることを選ぶ以前の金さんは「おとなしい」，「従順」なタイプだったという。しかし，在日コリアンであることの表現として，民族名だけで

生きるうえでは，日本風に名前を呼ばれれば「違います」と言っていかなければならない。それは，「しんどいし，勇気がいる」。いつも「ぴりぴりして」いなければ，偏見や無理解に対抗していくことができない。

それを子育ての中でも，金さんは続けてきた。同じ学校なのに，担任が替わるたびに，民族の名前を名乗る意味を伝え，日本人の子どもとは違うことを理解させなければならない。しかも，相手の教員が在日コリアンの存在を認識していたり，その歴史を理解していたりするわけではない。毎回毎回そこにエネルギーを割くことには疲れを感じるという。

K：本名で生きるっていうことは，闘わずして生きていくことはできないんだなっていうのはなんとなく。私は，外登から，日本の名前を消したんですね。消さなかったら，両方書いてあると，日本人は，「むらたじゅんこさん」って呼ぶんですよ。それが親切だと思ってて，余分ですけども。それに対して，「いや，私はキム・スンジャです」っていうことを，もう毎回言っていかなきゃいけないっていう苦労は，わかんないでしょうねえって思いますけどねえ，フフフ。

H：うーーーん。

K：もう，ずうっとです。私，免許証の書き換え行くのも大っ嫌いだし，役所に行くのもいや。役所に行って気分穏やかに帰ってくることなんてほんっとにない。不愉快な思いばっかりしてくる。言わなくてもいいようなことを言わされたりとか。外登見せろなんていうのはもうあったりまえのようにして。別に，外国人登録証じゃなくても私を証明するものはあるでしょう？　なのに，「外登じゃなきゃいけない」とか，もう平気で言ってきますから，それを，「違いますよね？」って，「外国人登録証じゃなくてもいいですよね？　日本人に，住民票出せって毎回言うんですか？」とかいうようなことを，常に言わなきゃ，相手はわかんない。そういうことの不便さとかね。私はとってもおとなしい人だったので，先生に従順でなければいけないと思ってたから，制度に従順だったし，学校のことにも従順だったし，体育会系でしたから，先輩の，"天皇"の言うことは聞かないとっていう中で育ってますから，「違うじゃん」とか，自分の意見を押し

通すのって,「きん・じゅんこ」だって,読めちゃうんだから相手が言うわけでしょう？ でもそれに対して,「違います,私はキム・スンジャです」っていうことを,一つ一つ言っていくっていうのはものすごくしんどいし,勇気がいることだし,だから,常に肩を張って,ぴりぴりしてなかったらいられなかったですから。それを,子育ての中でも毎回するんです。学校の先生が替わったら学校の先生が替わるたんびに,担任が替われば担任が替わるたんびに,それをずうーーっと言い続けるんです。で,言わなかったら,日本人の子として扱われていくから,これは言い続けないとダメで。でも,言い続けることに,疲れが出ちゃう。なんで1回言ったら,そのことで,すべての先生が理解してくれて,次の年から言わなくてもいいようなかたちにならないんだろうって。

　それでも,金さんは民族名を通して民族性を表現していくことを諦めない。仕事を通じて出会う子どもたちに対しても同様だ。
　職場には,民族名を名乗りたがらない在日コリアンの了供たちに対し,「本人が通称名を使っているんだから,通称名で呼ぶしかない」という人もいる。しかし金さんは,そういう態度を「ずっこい」と思っている。
　子どもたちが民族名を名乗れないのは,日本社会が在日コリアンに無理解で,名乗りにくい雰囲気を子どもたちが感じ取るためだ。その無理解に対抗していく力をまだ獲得していない子どもたち自身に,名乗る名前を選ばせてしまえば,子どもたちは名乗らないまま,ふたつの名前がある意味を考えることもなく,民族名は忘れられてしまう。民族名で呼びかけることは,呼びかける側が「自分の問題として」,その子どもたちを「朝鮮人として認め」,民族名で生きていってほしいという思いを伝えることでもあるという。だから金さんは,「こういう名前のあなたと付き合っていきたいから」,「2人だけの時は,この名前で呼ぼっか」などの声かけをして,子どもたちに民族の名前があることへの注意を,常に喚起している。
　今,名乗れないことはしかたがないとして,民族の名前の意味を考える日がいつか来てほしい,できれば,民族の名前で生きることを選んでほしい。金さんの子どもたちの名前や,チマ・チョゴリを着ることが,周囲の日本人に考え

させる「きっかけ」であるように，名乗れない子どもたちに民族名で呼びかけることは，在日コリアンの子どもたちが考える「きっかけ」だといえる。

K：名乗れないのはその人が弱いからではなくって，名乗れない社会があるからでしょう？　だから，悪いのは，私は，社会だと思ってて，できるならば，本名で生きれる時がいいんじゃないのかなあっていうことは，ずっと思ってますね。今，名乗れなくったって，全然いい，って。でも忘れないでね，って。自分の名前とか，名乗ることってどういうことなのかっていうことを考え続けていてほしいって。「本人が通称名を使っているんだから，通称名で呼ぶしかない」と思ってる人たちがいるんだけど，それは，本人が決めることだっていうふうにして，自分の問題にしてないだけなんです。その子はどういうふうに生きてってほしいかっていうことが抜け落ちてて，その子を朝鮮人として認めていくこととかね，そういうことを，その子に任せていくの，それはずっこいと私は思っていますね。みんながそういう気の遣い方をしちゃったら，もう日本の名前でいいんだってなってっちゃうから。で，本人が日本の名前を名乗ろうが，基本的に私は，「この名前で呼んでもいい？」っていう話をしていきます。「私はこの名前がかわいいと思うし，こういう名前のあなたと付き合っていきたいから，名前を呼ばして」っていうふうに。でもそれは，言われたくない子もいますよ，1年生でも，「言われたくない」って言う子，いるんですよ。だから，「2人だけの時は，この名前で呼ぼっか」とかって。周りのお友達がいる時には，（名前で）呼ばない。日本の名前も呼ばない（笑）。まあ，それはその子にも社会があるわけだから。大人であれば，「その名前がなぜあるのかを考えてほしいし，なぜ今，名乗れないのかとかも，忘れないでいてほしいから。私までもが，日本の名前であなたを呼んじゃったら，この名前のことを忘れてっちゃうでしょう？　だから，私は呼び続けるよ」っていう話をします。「いやだなあ」と思うかもしれないし，「なんだこのおばさん？」って思うかもしれないけど，それは，その名前を呼ばれることが嫌だなあと思う自分を覚えててほしいんです。

自分の中にある差別に気付く

　金さんが，在日コリアンをめぐる問題について学んだのは，青丘社で仕事をするようになってからであった。その中で，自分の行為について省みていくことも数々あった。

　青丘社のある地域には，ニューカマーの韓国人もいる。増え続けるニューカマーに対して，在日コリアンは「白い眼」を向けてきた。日本の習慣を理解せず，ゴミの回収日でない日にゴミを出すなど，近所迷惑になる行為をするので，在日コリアンが長年，苦労して築き上げてきた"行いのいい在日"像が崩れてしまうからだ。

　金さんは，在日コリアンとニューカマーの軋轢を見続けるうちに，あるとき，ニューカマーの人々の出会う困難は，金さんの「アボジが味わってきたことなんだ」と気がついた。一世である父親が，日本社会で生きていく環境で，コリアンに対する「日本の生活を知らない，愚かな人たち」という日本社会のまなざしを内面化した日本人が「冷たくしてきた」。だから，両親は金さんたちを日本語だけで育て，日本名を名乗り，金さん自身も必死で民族性を隠して過ごしてきたのだ。

　それに気がついたことで，ニューカマーの行動を問題視する人々と同じ視点にあった自分自身が，「日本人の側にいる」ということにも気がついた。言葉が分からないから習慣がわからず問題行為をするのだから，教えればよい。理解できない行動を白眼視する人には，韓国の習慣を教えて理解を求めればよい。父親世代が「冷たく」されてきた苦労を知っているはずの「在日がそんなことしちゃいけない」と考えるようになった。ニューカマーとの出会いがなかったら，「自分たちの権利だけを要求」することしかしなかっただろうと金さんは振り返る。

　　K：ニューカマーの人たちが増えてくる中で，始めはやっぱり，在日とニューカマーの間に溝があったんですよ。それは，一所懸命，日本社会の中で，韓国朝鮮を悪く言われないように頑張ってきた在日は，その一，韓国から来て，生活習慣とかそういうことも，日本の生活の中になじまないでいる。だから，その韓国人をやっぱりみんながこう，白い眼で見る。そ

の中に,「こんなに私たち一所懸命頑張って,やっと日本社会の中で,うまくやってるのに」みたいな気持ちもあったりとかしてね。で,なんかそれが"変だなあ"って思ってて。で,あるとき,その,今,来ている韓国人の人たちの,苦痛とか苦労とかって「ああ,これがうちのアボジが味わってきたことなんだなあ」って思ったんです。「ああ,きっと私たちがいま思っているようなふうに,日本人から思われながら,その中で苦労してきたんだなあ」って。「だから,あんなに酒飲んで暴れてたんだなあ」とかね。「日本社会で受け止められないものを,外で出せないから,家族に当たったんだなあ」とか。その時に,言葉の分からない,風習の分からない朝鮮の人たちに,日本社会は何にも手を差し伸べないで,ずうっと,日本語が分からない,日本の生活を知らない,愚かな人たち,というふうに冷たくしてきたから,私は日本の名前で,日本語しか話さないような人生を送ったんだろうなあって。ほんとに,朝鮮から来たばっかりの人たちが,温かく迎え入れられてね,朝鮮語を話してても,日本の中で通用するような環境が,整っていたら,私はきっと,朝鮮人の名前のままで,親は育てただろうし,言葉もね,親が使う言葉をそのまま私は使ってたのかなあって。そう思った時から,「あ,この人たちはうちのアボジだ!」って思った時から,「あたしは日本人側にいる」と思ったんですね。で,「在日がそんなことしちゃいけない」と思って,その人たちが,風習がわからないんだから教えてあげるとか,うん。だから,逆にね,「韓国ではこうなんだよ」とか,「言葉がわからないから,ゴミの出し方を知らないからゴミを出しちゃうんだから,ゴミの出し方を伝えればいいじゃん」とかっていうような,発想に変わっていって。そりゃあもう本当にねえ,韓国の人たちが来たばっかりの頃ってのは,在日も悩んだんだと思いますね。ほんとに。一所懸命,築きあげてきた,"行いのいい,在日"像が崩れる,みたいなね。

H:「朝鮮人なのにいい子ですね」が崩れちゃう。

K:そうそうそうそう,そういうのがあったんだなあと思いますね。あの人たちとの出会いがなかったら,また違った,自分たちの権利だけを要求するようなものになってたのかなあと思いますねえ。

日本社会から「冷たく」されてきた父親がストレスを吐き出す，「普通に在日」の家庭で成長してきた金さんは，いわゆる「在日文学」を「第三者のようにして」読むことができない。それは，「プリしていない」ためだと金さんは考えている。

「プリ」とは，「ハン・プリする」という表現で用いられる，ハン（恨）を「解き放つ」ことだという。「普通に在日」の家庭で，酒を飲んで暴れる父を見続けた日々は，アルコール依存の親をもつ子どもがそうであるように，自尊心を奪われるものであっただろう。しかも，それは父が日本社会から拒まれてきたためであることが理解されると，なおさらハンのもって行き場がない。在日文学を読むと，あまりにも多くの，整理されていない，言語化できない思いが噴出してしまうのだ。

同じように「ハン・プリ」できていないということに気づかされることがあるという。金さんは，地域の学校の教員と在日コリアンの親たちとの間での「在日の想いに語る会」という交流会に長く関わってきた。教員たちと，在日コリアンの子どもが抱える問題について話していると，「親がすごくヒートアップして」，「糾弾」のようになってしまうこともあった。それを，ある親が，「自分が子どものころに受けた悔しさ」を，「今の先生たちにぶつけてるんじゃないか」と言った。親たちが子どもであった時に受けたことへの怒りや悔しさは，解消されることなく記憶に残り，今，子どもたちが体験していることと重なり合って新たな感情として湧き上がってきてしまう。今の教員に言いたいことに，長い間しまいこまれてきた思いが重なって，強い怒りになって言葉が出てきてしまうのだ。

H：お父様お酒飲んで暴れることがありましたか？

K：はいはいはい。もうしょっちゅう。

H：で，お母さん必死で我慢しているというような。

K：うん。そうですそうです。普通に在日の生活でしたよ。だから私ね，みんなが，柳美里の本とか，日本の人たちが，「あれはいい」とかいろいろ言うけど，私，一冊読んで途中でやめました。

H：苦しかったですか？

K：うん，読めなかったですよね。まだまだ私はこう，文章を第三者のようにして読めないんだなと思う。「こんなもんじゃない」とか，いろんな思いが出てきますよね。で，これってね，私たち，「在日の想いに語る会」っていうの，ずっとやってきてるんですけど，先生たちが話をしたりとか，始めのうちはもう糾弾になっちゃったりとかね。先生が，もう引いちゃったりとかしてたんですけども，その時に，在日の側が，いま目の前で子どもに起きている問題ですよねえ，でももう，親がすごくヒートアップして話すわけじゃないですか。それは，子どものことをちゃんとやってくれない先生に対しても怒ってるんだけど，ある親がね，「あれは，自分が子どもの時に受けた悔しさとか，そういうのを，今の先生たちにぶつけてるんじゃないかなと思う」って。で，「そう思ったら，今の先生に申し訳ないから，もう行かない」とか言われて，ハッハッハッハッハ。在日が減るんですよ，どんどんどんどん。「それは違うんじゃない？」とか言うの。でもほんとに，まだ，プリしてないっていうか，そのー。

H：プリ？

K：うん，あの，韓国に，「恨（ハン）」ていう言葉があるんですけど，それは，恨みとはまた違うものがあって，でも，「ハン・プリする」っていう言葉があって，自分の受けてきたこととか，恨みだとか，そういう心の中にあるものを解き放つっていう作業が，韓国の文化の中にあるんですね。やっぱそのプリをしていない。解き放たれてないんだなあって。だからもう，先生に伝えることだって，感情的になっていく。その感情は，決してその時の気持ちじゃなくって，実はその，自分の学生時代とか，小学校の時に受けた，いろいろな思いが，出てきてしまうっていう。それは，もうその時のことを思い出すような感じで，辛いっていう。

　自らもマイノリティであり，仕事の中でも，日本社会の中で弱い立場に置かれる人の困難と向き合う生活を続けるうちに，金さんは，人は「差別する側にも差別される側にも」なることに気がつくようになった。それはたとえば，在日コリアンを差別する日本社会を告発している在日コリアン男性が，自身は女

性を下位に置いていることに気がついていないということや，自分が仕事の上で出会う子どもたちに，「大人として威張っている」ということだ。さらに，自分自身が差別者になってしまうことへの気付きは，日本人側の，在日コリアンに対する差別的な意識がなかなか消えていかないことをすら，理解できるようになることでもあった。

日本人の下位に置かれる在日コリアンの立場として，社会のあらゆる場所に存在する上下関係が見えるようになってきたという経験から，金さんは，学校の教員たちがよく口にする，差別にはいろいろなものがあるから「在日のことばっかりやってられません」という言葉を批判する。「きちんとひとつのことを，最後まで掘り下げていけば，どの人権差別にもつながる」という思いがあるのだ。そして，目の前に在日コリアンの子どもがいて，困難を抱えているのだから，その問題と真剣に，深く向き合っていくことで，「違う差別にも気がついていく」と考えている。

K：私はまず先に，在日ということに気が付いて，その在日から見た社会を見続けてきて，変なことをいっぱい感じるじゃないですか。要はその，上下関係ですよね。日本人のが偉い，朝鮮人のが下だという上下がある中で，世の中が全部回っていて，ここに気が付かないからいつまでもなくならない訳じゃないですか。で，この関係を下からずっと見ていくうちに，女性という部分で，私の上に立つ男という存在があるって（気が付いた）。"これもおんなじだなあ"って。だから，在日論を語りつつもね，日本人に対して差別を言いながらも，男女の差別に対しては，男の朝鮮人は分からないんですよ。気が付かないの。でも，それを女として置き換えた時にもおかしいっていうふうに感じるから，在日の女性っていうのは強くなっていくっていうか，その辺の部分についても結構，敏感なんじゃないかなあって。「あんた，日本人に対して一所懸命，上下関係で自分たちのが下だとかいうことを言ってるけど，じゃあ，優位にいる男として，女性のことをどう考えているの？」とかっていうことも，女性の方が気が付いていく。で，その中から，私は職場がたまたま大人と子どもの職場ですから，そのうちに，「あ，私，大人として威張ってる」っていうことにも，すご

く気が付くようになって，これはもうほんとに，自分の関わってきた中から気が付いてきた事で，よく学校の先生たちがね，「差別は朝鮮人のことだけじゃない」って。「人権は，あのー，いっぱいいろんなことがあるんだから，それを全部，しなきゃいけない，在日のことばっかりやってられません」って言うんですよ。でも私は，在日の子が目の前にいるわけだから，その在日のことをちゃんと，深めてやっていけば，絶対に，違う差別にも気が付いていく。"子どもが言ってる言葉は，自分が一所懸命，日本人に言ってる言葉じゃないのかな"，とか，そういう所に気が付くし。だから私は，きちんとひとつのことを，最後まで掘り下げていけば，どの人権差別にもつながる，気持ちが分かってくると（思う）。下手に，"どれもやらなければいけない"と思ってうわべしかやらないから，どれも分からない。「それは，朝鮮人の問題でしょ？　私は子どものことやってますから」とかってね。「そうじゃないんじゃないかな？」って。ここの職場にいたから私は，在日のことをいっぱい勉強させてもらって，自分に共通することっていっぱいあるんですよ。だから，（差別問題について論じる）人の話を聞く中で，「ああ，そうなんだな」と思うことがいっぱいあって，で，子どもがいるし，たまたま女性という立場だし，障害のある人たちとの出会いもいっぱいあったので，その中で，障害がある・ないっていうことによる社会の中での優劣とか，そういうこともすごく感じて。日本人に文句言うこととか，日本人がちっとも，変わってくんないことが，あるわけじゃないですか。それが，障害のある人に対して接してる私が，結構おんなじことしてたりとかね。だから逆に，「ああ，だから日本人も，なかなかこれじゃあ分からないんだなあ」とかね。だから常に，上があり下があり，っていう，ことに，気が付くようになったかな。ほんとによかったなと思うのは，日本人と朝鮮人だけじゃない人たちがみんな，ここにいて。子どもがいて，障害のある人がいて，男がいて，日本人がいて。そういう中にいるから，今までは日本人"だけ"が悪いって，思ってたんだけど，そうじゃないんだ。立場を変えれば，差別する側にも差別される側にもなってるんだなあっていう。

最後に，近年，韓国のテレビドラマ『冬のソナタ』をきっかけに巻き起こった，いわゆる"韓流ブーム"について，どのように考えているかを訊いてみた。

金さんは最近，かつて民族運動に関わっていた知人が，友人である日本人にコリア語を教えていると聞いた。在日コリアンが何年もかけて，韓国の文化に関して学校教育の中であつかうようにと訴えてきても叶わなかったのに，「たった1人のヨン様の出現で」，日本人が一気に，韓国文化を知ろうとしたり，「キムチを食べたり」するようになってしまったことに，「在日の運動ってなんだったんだろう」という思いになるという。

もっとも，"韓流ブーム"で注目されているのは韓国と，そこで生まれ育った韓国人だけで，在日コリアンは含まれていない。「だから韓流ブームで，日本人が変わったなんていうふうには」思わない。それでも，「韓国をマイナスに喋ることは，なくなってきて」，「韓国人でいること，みんなと違う文化があるっていうことに対しては，昔ほど緊張しなくて」生きられるようになってきた。その点では，韓流ブームは「すごいなあ」と感じるという。

そのうえで金さんが望んでいることは，朝鮮半島の文化をもちながら，母語として日本語を話す在日コリアンが，「日本で生まれて」いるのに，そうでない外国人と同じように扱われているという，在日コリアンが出合う制度上の困難について，日本人と在日コリアンとが話すような関係が生まれることだ。つまり，韓流ブームもまた，「きっかけ」になりうると考えているといえるだろう。

H：たとえば，『冬のソナタ』みたいな韓流ブームが起きたりした時に，在日コリアンに対して理解してくれる人が増えたとか，あるいは逆に，「この人たちは，韓国人にはキャーキャー言うけど，私たちのことは何にも知らないんだ！」っていう憤りみたいなものを感じたりとかっていうのはありました？

K：うんーー。韓流ブームが増えて韓国のこととかをみんなが知ろうとかね，誰でもキムチを食べたりだとかっていう，韓国のことに興味があるけれども，在日のことに興味がないんだっていうのはまさしくそうだなって

思うんですね。だから韓流ブームで，日本人が変わったなんていうふうには，私は思わない。でも，韓流ブームのおかげで，韓国のことを日本人が話題にするようになったから，私たちの中にある韓国を表現しやすくはなったとは思います。このあいだも，同じ在日の人が，若い時はもう，ほんとに一所懸命，在日の問題とかを訴えてきたりとかいろんなことをしてきた人なんだけども，今は，本名で生きているけれども，そんなに運動に関わったりとかしてるわけじゃない人なんだけどね，その人がね，自分の友達に，韓国語教えてるかなんかしてて。で，その時に，「すごいじゃんあなた，なんか，変わったねえ」っていう話をしてたら，「もうね」って。「今まであんなに在日が一所懸命，韓国のことを，学校の中でやれとかいろんなことを言っても見向きもしなかった日本社会が，たった１人のヨン様の出現でね，ほんっとにみんなが韓国のことを知ろうとする」って。「在日の運動ってなんだったんだろうね？」って言った時にさ，「ほんとだね」って大笑いしたんだけど。それぐらい，韓国朝鮮のことを知ろうとするのは増えたし，だから私たちも表現しやすくなったし。その，在日の権利だとかね，置かれてる，立場だとか，そういうことの語り合いはまだできないけれども，でも，韓国人でいること，みんなと違う文化があるっていうことに対しては，昔ほど緊張しなくていい。みんなが「わあーチマ・チョゴリきれい，私も着たい」とかっていう話を聞けば，「うちにあるよ」とかってね，ちょっと優越感に浸って言ったりするわけじゃないですか(笑)。そういうような環境はできてきた。だから，韓国をマイナスに喋ることは，なくなってきてますよね。「キムチ！」って言われて，泣いた子どもたちがね，今は「キムチ」って言われたら，「うちにあんべ」とかって威張れるような環境ができてきてるから，それはすごいなあって。

小括――「味方づくり」と「きっかけ」づくりで無理解に対抗する

　ここでは金さんのライフヒストリーをもとに，若干の知見を述べたい。

　金さんの在日コリアンとしての経験は，日本社会の無理解と出合い，葛藤することの繰り返しだといえるだろう。

　幼い頃には民族名は隠すべきものとして認識されていなかったが，高校生に

なる頃には在日コリアンが「嫌われて」いることが分かっていた。それは，「なんとなく」の理解で，コリアンを差別するまなざしに満ちた日本社会の，日常のできごとの中で，いつの間にか獲得してしまったものだ。その日常の中では，在日コリアンがなぜ日本にいるのかなどの知識も，その存在を肯定する言説にも出合わなかった。そのために，高校入学時に出会った，在日コリアンが悪事をはたらいたから「嫌い」という発言を，誰も批判しなかったし，金さん自身も信じてしまった。無理解や偏見に対抗するための知識と，対抗を肯定する言説が不在であるために，被差別者側への帰責を自ら行ってしまったのだ。

青丘社で出会った，「韓国語喋れるの？」という問いに答えられずに道を踏み外してしまう子どもたちの困難も，これと同様のものであるだろう。説明できない苛立ちがあると同時に，金さんが日本名を名乗っていた頃に信じていたように，「日本人と同じことなんか望めない」のだと諦めさせられてしまい，それがたとえば，周囲から「不良」と呼ばれるような行為に走らせてしまう。実際，金さん自身も，国籍条項を知ったときには，「夢なんか何もない」という絶望から，非学校的になってしまったのだ。

部活動で出会ったコーチによって，国籍条項が撤廃された地域があると知ったこと，上下関係の「あほらしさ」に気がついたことは金さんにとって大きな収穫だったが，依然として，苦しい思いを抱えながらルーツを隠し，「いつか日本人になってやる」と思い続けた。

その思いを転換させたのは，民族学校の子どもたちと出会い，悪いのは差別をされる側ではなく，差別する日本人だという認識にたどり着いたことだった。これは世界が逆転するような見方の転換だったといえる。また，隠すことのできない子どもたちに対して，日本人の中では日本人のふりをすることができる大人たちは，「ずるい」存在であり，金さんはそれにはなりたくなかった。だから，民族名で生きることを選んだ。

とくにその思いを支える人もなく，在日コリアンについての知識ももたないままの選択は，冒険であったといえるだろう。金さん自身，その後，金さんの気づきを支える言説と出合わないまま，大きな挫折に出合ったら，日本名を名乗ることになったかもしれないと言うほど，危うい選択だったのだ。このこと

からも，差別に対抗するための言説の重要性が見出される。

　長女への差別発言への，担任教員の対応を契機に，金さんは「味方づくり」の重要性に気付く。差別発言をした人だけを責め，反省を求めるのでは，当事者同士の問題になってしまう。差別行為をした人がいて，被差別者がそれに傷ついたことを，当事者以外にも知らせることで，問題を全体で分かち合い，差別を受けた人を支える「味方」を増やすことができる。金さんの民族名で生きる実践に自信を与えた青丘社の活動がそうであるように，1人で無理解に対抗するのではなく，対抗することを肯定する言説を共有する集団が必要だといえる。

　民族名で生活する日々は，さらに無理解との闘いである。無知ではあるが善意はあって日本名で呼ぶ人々にも，訂正しなければならない。日本で生まれ育って生活しているのに，何かにつけて外国人登録証を要求される。子どもが民族性を大切にしていることを尊重してほしいと学校に要求すれば，「朝鮮学校へ行け」と排除される。それを一つ一つ，見逃さないように「ぴりぴりして」，見つければ告発して，理解を求めていく。

　そのような，疲れを覚えさせるほどの努力を金さんが続けてきたのは，在日コリアンを可視化し，なぜその人たちがいるのか，なぜふたつの名前があるのか，日本人はその人々にどのように向き合ってきたのかを，日本人にも，在日コリアンにも考えさせる「きっかけ」づくりのためだ。たとえば，自分の子どもに日本語読みのできない民族名を付けること，儀式に民族衣装で参列することは，子どもたちに出会った日本人が，在日コリアンが身近にいたことに気付くための「きっかけ」だ。職場で出会う，民族名で暮らしたがらない子どもたちに民族名で呼びかけるのは，将来的に，ふたつの名前があり，その一方を使わずに暮らしているのは何が原因なのかを考えるための「きっかけ」だ。見えにくいからといって見えないままにしてしまうことで，日本人にとって在日コリアンをめぐる問題はいつまでも，自分ではない誰かの問題であり続け，在日コリアンに対するまなざしも批判的に見直されることはなく，在日コリアンはルーツを隠し続けざるをえない。「きっかけ」づくりは，その循環を断ち切るための努力である。

事例 6　戦略としての民族文化

語り手に関する解説

　本事例の語り手は崔成美（チェ・ソンミ）さん（仮名），1968（昭和43）年生まれ，インタビュー時点で39歳。戦前，祖父母の代に渡日しており，日本生まれの父母をもつ三世である。通称は黒川成美（くろかわなるみ）さん（仮名）。インタビューは2008年5月と6月の2回，計5時間実施した。引用の「C」以下は崔さんの発話，「H」以下は筆者の発話である。また，（　）内は語りの内容を補足するもの，〔　〕内はインタビュー中に見られた仕草である。

幼少期――「韓国人」としての自認

　崔さんの父親は1927（昭和2）年生まれ，母親は1937（昭和12）年生まれ，成美さんは6人きょうだいの末っ子で，いちばん上のきょうだいは1956年生まれなので，年代的にはむしろ二世に近いだろう。両親ときょうだい6人の8人家族で暮らしてきた。

　崔さんの父方の祖父母の渡日経緯は定かではないが，出稼ぎのような典型的な理由とはやや異なるようだ。祖父はヨーロッパに留学後，朝鮮に帰らずに日本へ定住した。祖母は日本で韓国仏教の布教活動をしていたという。崔さんが物心ついた頃には父方，母方とも祖父母は他界しており，直接会った記憶は残っていない。

　父親の仕事は建築関係の勤め人で，母親は，崔さんが小学校に上がった頃から，飲食店を営んでいた。それ以前は，手作りの惣菜を屋台で売って収入を得ており，料理は和風のものも韓国風のものも上手だという。家庭の食卓にはどちらの料理も上ったが，現在の崔さんにとっては，韓国料理が「ソウルフード」として愛着がある。

　　C：食卓は，やっぱり，韓国食，キムチは常にある，そういう感じですけれ
　　　ども。和風のものも出ますけど，ごま油とか，唐辛子を使ったお料理，ナ

ムルも，バリエーションはいろいろ出てきますね。やっぱり，力付くな，と思いますね。韓国，ソウルフード。たまにね，テンジャンとかどうしても食べたくなったりするんですよね。家族とか身内が集まったりすると，お母さんがナムルを作ってくれたり，チヂミを焼いてくれたり，そういうのは，必ず。お産の時は，ワカメのスープがね，「湯気を浴びながら食べると，しみが取れるのよ」とか，「いいおっぱいが出るのよ」とか，そういうのはね，お母さんに教えてもらって。で，しょっちゅうそういうのは作ってもらったりして。私も娘にやるでしょうね，子どもができたらきっとね。

崔さんの幼い頃の記憶では，父方の伯父の家などでチェサが行われていた。その後，おそらく崔さんが10歳前後から，母親が新興宗教を信仰するようになり，その信仰に沿って先祖供養をするようになって，チェサを行わなくなったという。ただ，墓参りの際に，墓前で家族がそろって「チェサみたいにご馳走」を囲むといった，チェサの名残のような習慣が今でも残っている。

C：私の母のお母さんには，お墓参りに行くんですよね。そこでチェサみたいにご馳走食べて。うちは，母親が宗教やってるので，チェサっていうのはやらなくなったんです。私が小学校低学年ぐらいの時にはもうやらなくなって。小さい時はやった記憶があるんですね。お父さんのお兄さんが生きてた時に，お兄さんの家に行ってやったりとか，あとは自宅でやったりとか，いろいろでしたね。

H：子どもの時はじゃあ，そうやってチェサで集まるのは，楽しかったですか？

C：そうですね。子どもだから，あいさつしたらご馳走が食べれる，ハッハハハ。そのくらいの感じしか思ってない。でもこう，厳かな気持ちは伝わってきましたね。父が神妙にやってましたから，私も真似をして。(中略) いつの間にかそういえばやってないね，とかって（いう状態でやらなくなっていた）。うちの母も，自分の宗教で先祖供養のお祈りをしているので，「チェサは，しなくてもいい」っていう考えだったので，途中でし

なくなっちゃったんです。私としては，先祖を敬うっていう気持ちは大切ですし，あってもいいかなとは思うけど，女の人は（準備が）大変ですもんね。だからまあ，祈る気持ち，先祖を敬う気持ちは大切にして，形式にはこだわらないようにっていうことにはしてます。

また，"父親の前では煙草を吸わない"といった，親子間での儒教的な礼儀も守られているという。これらの事から，崔さんの育った家庭では，朝鮮半島の伝統的な文化が一定程度保持されているということができるだろう。

長姉，三姉，四姉と崔さん自身は公立の小・中学校を卒業したが，兄と次姉は初級から高級まで民族学校を卒業している。民族学校に通わなかった姉たちや崔さんも，夏休みに朝鮮総連の関連施設で開催されるハギハッキョ（夏季学校）に参加するなどして，民族をめぐる問題やコリア語を学習する事があった。

崔さんの父親は，自身も日本名を使用し，子どもたちにも日本風の名前をつけて民族性を隠す一方，「韓国人なんだから韓国語ぐらいわかんなくてどうする！」と子どもを叱る事もあるなど，民族アイデンティティをもち，子どもたちにもそれを要求していた。日本名を使うのは，常に民族性を前面に押し出して生活することに伴うわずらわしさを回避するための「便宜上」の選択であると崔さんは解釈している。日本名の便宜性は崔さんの親きょうだいの共有するところで，親きょうだいも崔さんも，日常的には日本名で生活している。

C：夏になると，ハギハッキョ，ボランティアのお兄さんお姉さんが迎えに来てくれて，すごく説得されるんです。「行きましょうよ，勉強しましょう」って。遊びたいのに，それがすごくいやだったんです。でも結局行きました。母も，「行ってくれば？」みたいな，感じだったし。

H：どういうことを勉強して，

C：あのー，金日成さんの写真がダーンとあって，総連系で。ま，語学の勉強。でやっぱりね，こう言われたんです。「たとえばね，あなたのおうちに強盗が来て，おうちをふたつに分けられて，人質にとられました。あなたはどう思いますか？」っていう話をされたんですよ。ま，北朝鮮と韓国

の，アメリカが来て，ふたつにされちゃった，って（いうことのたとえとして）。「で，きょうだいが引き離されました。どう思う？」って話をされて。「え，そんなのいやです」って，普通に。「家族なのに，どうして別れなければいけないの？」って，普通に思ったんです。そういうことをね，夏季学校行くと言われて，「あ，そういうことなんだ，北朝鮮と南朝鮮の問題」。ま，子どもに分かりやすくね，そういう話をしてて。

H：じゃあ，遊びに行きたいのに行かなきゃいけないっていう嫌さはあったけれど，学ぶところはあったんですね。

C：そうですね，それはありましたね。お父さんは，「韓国人なんだから韓国語ぐらいわかんなくてどうする！」っていつも怒ってました。いじめとかにはあったけど，自分は韓国人だっていう（自認があった）。ただ，日本で暮らすのに，便宜上，ちょっと，すれ違う人，そんなに関係が深くないのにいちいち韓国人であることを意識するっていう，そういうのがわずらわしいんでしょうね。でも，でもやっぱ韓国人だっていう，そういう気持ちはね，だって韓国人ですものね。（中略）うちは，帰化は誰もしてないんですけども，みんな通称名でやってます。いちいち，風当たりとかね，風当たりだけじゃないけれども，やっぱそういうのがあるから，まあもう分けてるっていうか。自分は韓国人だけど，いちいちそういう，名前がどうでこうでとかっていうの，そんなにそこのところにエネルギーを注いでないんですね。あえてこう，韓国人ですっていうことを，看板にやる必要も，そんなに感じてはいないっていうか。でも，ちゃんとみんな，同じ韓国人だって思ってるから，帰化は誰もしてないですね。

崔さんは，戦前生まれの両親から，在日コリアンであることで差別された体験を何度も耳にしている。父親は民族名をクラスメイトにもじられて「トラウマをもっちゃって」，崔さんたちに「人を信じるな」と言い聞かせたという。母親は，弟妹が多く，貧しさと戦争とで小学2年生までしか学校に行くことができなかった。履物がなく，雪の日でも裸足で登校したほど学校に行くことを望んでいたが，教育を受けられないことで「コンプレックスをもって」いるという。

S：母の場合は，小学校2年ぐらいから，戦争になっちゃって（学校に）行ってないと思いますね。昭和12年の生まれで，8歳ぐらいですね，終戦が。だから，そのぐらいから，行ってない。だから，コンプレックスをもってましたよね，学校に行くことに対してね。教育を受けられなかったとか。「貧乏で母子家庭で，子どもがいっぱいいたから，すごく生活が大変だったから，クレヨンも買ってもらえなかったのよ，絵の具も買ってもらえなかったわ」とか。「だから，あなたたちは幸せよ」っていう感じで。子どもの時に，靴もなくて，でも，うちの母は勉強するのがすごく好きだったみたいで，学校に行きたいから，雪の日でも，裸足で学校に行ってたんです。何キロもかかるような。それで，学校に行くと，学校の先生が，もう，ぎゅーって抱きしめてくれるんですって。それでも，まだ，小さい妹とか，弟とかもいたから，やっぱ，学校に行けるような状況じゃなかったんでしょうね。（中略）父がね，すっごくいじめられたんですよ。韓国名だったし，（名前をもじられて）すごいいじめられてた。うちの母もやっぱり石投げられたり。父がね，みんなそうじゃないと思うんだけれど，うちの父はすっごくトラウマをもっちゃってて，「人を信じるな」って言うんですよ。子どもの時に毎日毎日言われ続けたんです。父なんかはすごくトラウマをもち続けてて，なんかちょっと，そこから立ち上がれないなあ，みたいな。

少女期――「韓国人のくせに！」

崔さんはごく幼い頃から，自分を韓国人だと認識していたという。両親の呼称が「アボジ」，「オモニ」であり，日常生活の中に朝鮮半島の文化が保持され，民族学校へ通う兄と姉がいるといった家庭環境から，自然に理解してきたものと思われる。

韓国人であることは，小学校に上がる頃まではマイナスの象徴ではなかった。「自分のことを知ってもらいたくて」，誰にでも，自分から「韓国人なのよ」という子どもであったという。しかし，「空気的に」，「違和感を感じられている」と気づくような場面に出合ううちに，「違う目で見られるのがすごく

いや」だと感じるようになり，次第にそれを口にはしなくなった。

　学年が上がると，雰囲気として違和感を感じ取るばかりではなく，「いじめっ子」から，「韓国人」と言われて石を投げられる事もあった。それ以上に衝撃を受けた体験は，仲良くしている友人とケンカになった際に，「韓国人のくせに！」と罵られたことである。

　「韓国人／朝鮮人のくせに」という罵り言葉は，次節の尹安寿子さんのライフヒストリーにも出てくるが，日本人（と周囲から認識されている人）から在日コリアンに向かって放たれる，いってみれば陳腐なものである。しかし，崔さんにとって，その言葉は，いざとなったら切り札として使われるものとして，「人との付き合い方にもちょっと影響与えたかもしれない」というほどの絶大な影響があった。崔さん自身，日本社会に流通する，在日コリアンを差別する見方を内面化していたといえるだろう。

　崔さんはこの体験以来，自身のルーツについて隠し続けて過ごした。

H：ご自身が韓国人だっていうことを，知ったのはいつぐらいでした？
C：小学校上がるくらいかなあ，いや，もっと前から多分，自然に。お父さんお母さんのことを，アボジ，オモニって，言ってたんです。
H：周りの子どもと比較して，自分はその，完全な日本人というわけではないんだなっていうふうに気が付くのは小学校ぐらいだったんですね。
C：やっぱ，小学校入ってからでしょうね。ちっちゃい時は，自分で言ってました。「あたし韓国人なのよ」って。で，だんだん言わなくなりました。自分の事を知ってもらいたくて言ってたんですけど，なんとなく，「もう言いたくないな」っていう感じに，だんだんなってきたんですね。なんとなく空気的に。なんか，違う目で見られるのがすごくいやでしたね。その頃はね。そういう違いを感じることで，気にしないでくれる子もいれば，ひょっとした拍子に，なんかこう，違和感を感じられているっていうのが，子どもながらに感じましたし，「韓国人」って言われて，石を投げられたことも，私あたりの世代でも，ありましたね。
H：それは小学校の。
C：えーとね，もう，3年とか4年ぐらいになってたのかなあ。いじめっ子

がいたんですね。その子にそういうこと言われたりとか。あとは，お友達，いつも仲のいい子と，ちょっとけんかをした時に，普段，1回も言われたことがない，「韓国人のくせに！」って。やっぱそういう拍子に出たんですよ，言葉が。その時は，うち帰って泣きましたね。私のせいじゃないのに，どうして言われなければいけないの？　どうして蔑まれなければいけないの？　って。それはね，憤りを感じました。その子とはほとぼりが冷めたら，普通に遊んでましたけれども，やっぱそれはね，心のどこかに残ってましたね。「あ，いざとなったら，やっぱりそういうふうに言われちゃうんだな」って。だからね，人との付き合い方にもちょっと影響与えたかもしれない。

　中学生であった頃の崔さんは，少女漫画を愛読し，漫画家になる事を夢見て，美術部に所属して絵を描いているおとなしい生徒だったという。小学生の頃は「誰とでも合わせられる子だった」崔さんだが，中学生になると，「大勢の人と合わない」自分を見出すようになった。そのような感覚から，人前で「自分を出せない」ようになっていった。
　そのように「自分」をさらけ出せない理由を，崔さんは，他の子どもたちと自分との「違い」の認識にあると解釈している。在日コリアンであることの他に，母親の信仰する宗教の活動を一緒にしていることにも「違い」を感じていた。

C：どこかでね，周りの子と自分が合わないっていうのを感じてましたね。それが，私が韓国人だからなのかなとか，そういうので，思ったことは何回かありました。合うところに行くと，すごく合って，意気投合できるけど，大勢の人と合わないっていうか，そういうのがあって，なんというかこう，自分を出せないっていうか，そういうのがあったりとか。それはなぜかしらっていうのはね，思いましたね。「韓国人だからかしら？」とか，自分がやっている宗教のこととか，違いとかって感じたことがあるんですよね。小学校の時は誰とでも合わせられる子だったけど，だんだんやっぱ，みんな，違いが出てきますよね。だから，それによって，なんかあん

まり合わなくって。だから韓国人だからなのかな，とか，血が違うのかな，とか，そういうの，感じたことは何回かありますね。それはね，何回も繰り返し思ったりしますし，うん。最近も思ったことあります。

中学・高校生時代の崔さんの，最大の悩みは父親だった。上述したように，崔さんの母親は，崔さんが小学校に上がった頃から飲食店を営んでおり，夕方に仕事に出て行く生活をしていた。その時間には，父親は晩酌の酔いが回って，母親に言いがかりをつけ，連日，両親は怒鳴りあいを繰り返していた。崔さんにとって，素面の時の父親は「おとなしく」，「優しい」が，「晩酌になると人が変わっちゃう」というほどあった。

「ケンカ別れのように」母親が仕事に出て行くと，父親は子どもたちを相手に愚痴をこぼし始めた。その内容は，父親である自分が尊重されていないという思いの吐露である事が多かったようだ。崔さんの兄姉もその聞き手であったが，いちばん年下で，兄姉たちに比べて家にいる事が多く，また，学校卒業後も家業の手伝いをして実家で生活していた崔さんが最も頻繁に，最も長い期間聞き手になっていた。熱心に聴いているふりをしないとならないので，父親が管を巻いている間は，「頭の中で，楽しいことを再生したり」して現実逃避をするしかなかった。崔さんは，「死のうって思ったこと」が「何回もある」ほど，その家庭環境に不満を抱いていた。また，長い期間，父親のネガティヴな愚痴を聞かされていたために「根暗な性格になった」と考えている。

C：母がねえ，毎日，ケンカ別れのように出て行ってたんです。もう，みんなうちのきょうだい，それがすごいいやで，全員，母に付いてました。でも，兄は，「みんなお母さんに付くから，俺は，男だから，しょうがないから，お父さんに付く」とか言って。耐えてた。ハハハハハ。すさまじい，毎日ぐらいのケンカでしたね。ほんとに。怒鳴り合いでした，毎日毎日。ケンカしながらうちの母も仕事に行くって感じで。あの，（父親が，）晩酌になると人が変わっちゃうんですね。昼間は，すごくおとなしくって，お腹が痛いとか，擦り傷とかちょっとしたようなことでも，「ああ，どうしたんだー？」って言って，傷，手当してくれたりね，薬，「これ飲

みなさい」とか言ってくれたり．だから，昼間はすごい優しい父で，私もね，大好きな父なんですけど，夜になると，「あーあ」って感じで．すごくネガティヴな父になっちゃうんでね．

H：夕方になると気が重くなったりとか？

C：なりますよ，最大の悩みですよ．それが．逃れられないんですよ，子どもだから．行くとこないですしね．だから，受けるしかない．すごくいやだったですけど，それ母に言ったところで，母もどうしようもないことなんで．お父さんが変わらないですからね，しょうがないですね．

H：主な聞き手は成美さんで，他のごきょうだいは，あんまり？

C：みんな聞いてましたね．だけど，みんな，大きくなって，アルバイトに行ったりとか，他のところに世界を広げていけるわけですよ．で，私なんかはその，まだ，小学校，中学校で，姉とは4年ぐらい歳が離れているけど，姉も高校入ったらすぐアルバイトして，で，彼氏とかできて，エンジョイしてたんでね．残された私はもう，毎日お父さんの聞いて．ちょっと漫画とか読んでると，「聞いてんのか？」とかって言われるから，「あ，聞いてる聞いてる」って，聞いたふりしながら，またおんなじ話してるから，違うことを頭の中で，楽しいことを再生したり，そうやってね，やり過ごすしかない時間ていうかね．あれはもう，ずっと続きましたからね．私，27，8ぐらいまで家にいたので，自分は仕事して，夜いないっていうふうになるまでは，ずっともう，それを聞いていたので，長い期間でしたよね．自分に影響があると思います．父のネガティヴなのは．だから根暗な性格になったんですよ，私．死にたいって思ったこともありますよ，そういうのがいやで．家庭環境がすごくいやで，死にたいなあーって思ったことも．中学高校で，死のうって思ったこと何回もあるんですよね．逃れられないから．子どもの時ってほら，そこに集中しちゃうじゃないですか．だから，すごいそう思いましたね．

父親が悩みの種である一方で，崔さんは母親とも一緒に過ごす時間が長く，その影響も大きかった．ことに高校生になってからは，週末などは，母の宗教活動に同調して，やはり信者の子どもである同年代の少年少女たちと宗教活動

に参加して忙しいほどであった。崔さんは，自身の性格を「素直」だという。周囲の人の意見にすぐに「いいな」と影響を受けてしまうところがあるというのだ。そのため，母が信仰している宗教にも積極的に関わり，結果的に，「ネガティヴな思いに」「気が向かないでこれた」ものと思われる。

　上述したように，宗教活動をしていることは，他の子どもたちとの「違い」を認識させるものであったが，同時に，「ネガティヴな思い」にとらわれずに済む拠り所でもあった。

　C：家庭内では，母がすごくポジティヴで，父がネガティヴで分かれてたんですけど，まあ，母のほうに，私はついていくぞって感じだったから。私はたぶん，すごく気が紛れてというか，ネガティヴな思いにグウーーッとエネルギーが向かないでこれたのは，宗教で忙しかったから，ハハハハ。素直なんですよ，私，すごく。何か言われると，「いいな」ってね，すぐ思っちゃうんですよね。だから，そっちで，どんどん一所懸命やったりしてましたからね。そっちの活動がすごく楽しかったんですよ。

　崔さんは，「普段は」，在日コリアンであることを意識する「機会」があまりなかったという。外国人登録をする事についても，「『あ，外国人だからそうなんですね』っていう感じで，割り切って」いた[7]。上に語りを抜粋したが，家族と一緒にいるときには「同じ韓国人」という自認があるが，日本人の中ではそれを示すことで出合うわずらわしさを回避するために日本名で生活しており，それは「分けて」いるだけで，とくに隠しているという思いはない。

　また，母親が参加している，韓国人と日本人との交流を目的とした文化財の見学会についていったり，母親から韓国文化を肯定する話を聞いたりして，韓国や韓国文化を肯定する認識を受け入れていた。

　10代の頃の崔さんにとって，在日コリアンであることは，どちらかといえば隠したいものではあるが，そのルーツにまつわる文化については興味があったと考えられるだろう。

　C：違いを感じる時って，何か機会があると感じるんですけど，普段は，名

前も通称名ですし，母も，なんかこう，韓国の文化を積極的にやりなさいっていうのが，全然なかったんですね。日本で生まれてるから，ここに適応していけばいいじゃないか的なところもあるし。ただ，母からね，韓国の文化のこととか，いろいろ聞かされてたんです。要するに，今の日本の文化とかあるじゃないですか。それも，中国から来てることから話をして，「日本からすると，中国が親で，韓国がお兄さんだよ，そういうふうに流れてきているんだよ」みたいな。だから，韓国の文化も，すごいんだから，ま，「誇りを持ちなさい」みたいな，そういう話はね，よくしてくれてたし。母も，なんかそういうの，勉強するのが好きというか，新聞に記事が出てたら切り取ったりとか，韓国文化の本を読んだりとかしてたので，いろいろね。あの，日本と韓国で，"Aの会"っていうのがあったんです，昔。それで，バス旅行みたいなのね，そういうのがあって，いろいろな，古墳を見に行ったりとか。今，なくなっちゃったんですね，日本と韓国の人の，交流みたいな感じで，文化を見に行くんです。日本の文化と韓国の文化と，共通するところがあったりとか，そういうの見に行く会が，すごい，母が楽しみで，私もそこに，ちょっと行ったりとかして，古墳を見に行ったりとか，ちょっと渋かったんでね，私は。仏像とか，なんか好きだったんですよ。

チャンゴの演奏に出合う

　崔さんは高校卒業後，アートの専門学校に進学した。油絵を専攻して研究科まで学んだ後，兄が経営していた内装設計・施工の会社で働くようになった。家族の営む事業所に就職したのは，特に就職差別などがあったからというわけではなく，積極的に働く先を探そうという思いがあまりなかったためであるようだ。

　兄の会社で働くうちに，崔さんはいくつかの理由から，転職したいという思いを募らせるようになった。兄は婚出していたが，会社は崔さんの実家にあり，崔さんは，仕事とプライベートの区別がつきにくい日々を送っていた。また，同年輩の友人が「みんなきれいにお化粧して，やってる」ところにも羨ましさを感じた。さらに，身内の会社であるということで，「甘やかされては」

いないものの，自分の力で何かをしているという思いになれなかった。

それらは「わがままだったのかもしれないけれども」，当時の崔さんにとっては切実な理由だった。一種，"自分探し"のような思いから，仕事を辞めると兄に切り出した。

C：なんかねえ，わがままだったのかもしれないけども，あんまりこう，男の現場で，なんかこう，自分の特性が生かせないという思いをもってて。仕事はいろいろやったんですよね。事務と，留守を守るというか，そういう仕事もしたし，プレゼンテーションの絵を描いたりとか，図面のトレースしたりとか，なんかそういう仕事はあったんですけど，あんまりやりがいを感じなかったんですね，やっぱりね。収入面はね，まあ，こんなもんだろうなとは思ってましたけど。やっぱ兄だからね，甘やかされては別に，なかったと思いますけど，なんかねえ，もっと自分の力でいろいろやりたいなっていうのがあったんでしょうね。

H：やめるっていうふうに言った時に，お兄さんやご両親の反応とかってどうでした？

C：ま，兄は，「なんでだよ？」って感じでしたね。ハハハハ，やめる時はすっごいやめづらかった。お母さんは，「もうしょうがないんじゃないの？ じゃあ」っていう感じだったけど，兄貴はなんかねえ，「いればいいじゃないか」みたいな感じで。うん。でも私は家族の中でずっといるのが嫌で，あの，気持ちも切り替わらないし。私の部屋が，事務所の上だったんですよ。すごい嫌だった，だから。「あー，事務所で電話が鳴ってるな」って，夜，事務員だから。「でも夜だからもう，出ないぞ」みたいな，結構ね，気持ちが切り替わらなかったですね，オンとオフが。あと，ほら，24, 5（歳）でしょう？ そうするとほら，ねえ，みんなきれいにお化粧して，やってるじゃないですか，会社に就職してるお友達とかは。で，あたしの場合は，化粧しても誰も見る人がいないしなー，みたいな，ハハハハ，感じもあったし，なんか，気分を変えたかったんでしょうね，やっぱり。

兄の会社で働いている時期，崔さんには，朝鮮文化に触れる機会が何度かあった。まず，在日大韓民国民団（以下，「民団」と略記）の青年会が主催するキャンプに参加した。兄の会社で出会う人は限定されていて，崔さんの友人になるような人もなかったので，「友達づくりっていうのはしたい」という思いが常にあった。幼いころに夏季学校に参加していたこともあり，民族団体の主催するキャンプも，特殊な誘いではなく，「お友達づくり」の機会と感じられ，参加することにしたという。そこで，同年代の在日コリアンと出会い，彼らを通じて，朝鮮文化に親しんだ。

また，別の機会に，在日コリアンの青年たちによる，プンムルノリ（農楽）にも，その発表の司会を頼まれたことで出合い，そこで，チャンゴの調べに「はまった」という。

C：兄の会社にいた間に，民団がやってる，青年会っていうところから，ハガキかなんか来たんですね。でその，キャンプがあるっていうので。なんか，兄の会社にいてね，やっぱ，身内でしょう？　人のつながりとかがあんまり。で，お友達も，みんな職場とかでお友達作ったりするけど，私のほうはそういうお友達関係ってなかったんですよ。だから，なんかちょっと，お友達作りっていうのはしたいなって，そういうのは思ってて，で，その青年会のキャンプっていうのにはなんか，行ってみようかなって気が向いて，それを申し込んで，で，行ってみたら，韓国の文化に触れる機会があったんですね。……（別の機会に）在日の青年たちが集まって，プンムルノリとかも，サークルでやってたんです。あと，私が司会を頼まれたんです，そこで。チョゴリを着て，司会をして。で，「（チャンゴを）やってみたいな」って言ったら，「あ，どうぞ，いいですよ」って気持ちよく受け入れてくれたので，そこでちょっと体験してみて。それで，はまったっていうか。

キャンプの後ほどなくして，崔さんは次の仕事を見つける。次の勤め先は，香粧品会社だった。もともと香りに関することに興味があり，それを仕事にしたいという思いがあった。

そして，転職と同時に，日本語読みの民族名「さい・なるみ」の名で仕事をするようになった。

その背景には，やはり民団の青年たちとの出会いが関係していた。民団のイベントに参加する青年たちは基本的に民族名で参加しており，日常生活も民族名を名乗っている人が少なくなかった。彼らの影響を受け，転職して環境が変わることを機に，民族名で仕事をしてみようという思いになった。上述した，「素直」な性格から，民団の青年たちの本名で生きる姿に影響を受け，崔さん自身も民族名を名乗ることにしたのだ。

しかし，香粧品会社の仕事がひじょうに多忙であったために，民団青年部の催し物などに出かける時間をつくることができなくなり，同じ在日コリアン青年たちとのつながりもほとんどなくなってしまった。

C：ふたつ目のお仕事が，香水やコスメのほうのお仕事だったんですね。「さい・なるみ」でいったんですね。それはやっぱり，こちらの，キャンプに行ったのがきっかけで，やっぱり，「カミングアウトしてる？」とか，いろいろそういう話になったりとかして。

H：そこでは，本名，っていうか，民族名で呼ばれていました？

C：うん。もう一，全然民族名ですね。呼び合ってましたね。だからなんかねえ，覚えられなかったの，人の名前（笑）。名前と，つながらないんですよ。覚えやすい人は覚えられるんだけど，「えーと，なんだっけ，なんだっけ」みたいな感じで。そっちでね，語学を覚えようかなっていう意欲も，出ましたけど，今度の仕事が忙しかったんです，すごく。うん，だから，そういう時間が取れなくて。

H：ええと，そうか，民団の青年会では，かなりご友人できましたか？

C：えーとねーー，そう，いろいろ催しに行ったりとかすると，そこではお友達できて。今はね，つながってる人がね，残念ながら近所に１人とか，それぐらいになっちゃったですけど。

結婚——互いに「いっぱいいっぱい」の生活

転職先の香粧品会社に勤めている間に，崔さんは会社の社長であった黒川さ

んと交際するようになった。後に彼と結婚することになるが，それから最近までの状態を崔さんはしきりに「心神耗弱状態」と説明する。仕事があまりにも多忙であったために，周囲に男性が，「気付いたら社長さんしかいなかった」のだと語るが，当時まだ珍しかった香水の量り売りをいち早く取り入れたり，自分で香水を調合するなど，「ウマが合った」ところもある。

崔さんは退職後2年ほど，療養しながらハーブについて学ぶなどしたが，やがて妊娠に気付き，黒川さんと結婚した。1997年，崔さんが29歳の時だった。崔さんが現在，普段名乗っている日本名は，夫の黒川さんの苗字である。

C：香水の仕事も，でもね，2年でやめたんです。もう，体壊しちゃった。
H：忙しすぎて。
C：うん。店舗の管理と，その，グループ店っていうか，そういうのの管理と，あと，店舗の人事から，ちょっといろいろな仕事を任されていたんですけど，お休みが月にいっぺんぐらい？　で，残業とかですね，そういうのが多かったり，うん。で，体がそんなに丈夫じゃなかったんですね，私ね。それでもう，疲労がピークに達しまして。(中略) 仕事が忙しすぎて，周りに男の人が誰もいなかったんです。なんかもう，精神状態がおかしくなるぐらい忙しかったんです。気付いたら社長さんしかいなかった，ハハハハハ。(中略) 耗弱状態だったんですよ，私。アハハハハハ。今振り返って思ったらね，精神耗弱状態，何回も言って。ほんとそうとしか思えないー。でもね，ウマが合ったんですね。私，香りがすごく好きで，その，彼も，香りを，いろいろね，面白いことをしてたんですね。調香してたんで。独学でやってた人間だったんですよね，香水のほうはね。それでもなんか，いい香りをいろいろ作ってたんで，まあ，それでねえー。そういう面でウマが合ったんでしょうね。私も結局そこの，フレグランスのほうはやめても，やっぱし，アロマとか，ハーブとか，そっちのほうのね，仕事について，今も，続けているっていうのは，香りが好きだったから。やっぱり香りつながりですね。お友達でもよかったのかも，ほんとは。ま，そういうわけにいかなかったんでしょうけどね。周りに，いなかったんですよね，男の人が。

黒川さんとの結婚に際して，双方の家族から反対などはなかったかと訊ねたところ，そのようなことは一切なかったという。崔さんの兄姉も全員日本人と結婚しており，夫は，崔さんが会社に入った当時から，崔さんが在日コリアンであることを「いいじゃん」と肯定的に受け止めていた。
　また，夫は，結婚式の衣装も崔さんに合わせて民族衣装を着るなど，「普通やんない」と崔さんが思うほど，韓国文化を良いものとしてとらえていた。そのような夫の反応は，「家庭での教育」の賜物だと崔さんは考えている。
　ただ，結婚後，崔さんは民族の名前ではなく，夫の苗字を名乗るようになった。

C：私のところも，旦那さん，「さい・なるみ」で仕事に行ってた時の，会社の社長さんだったんですけど，全然「いいじゃん」っていう感じでしたね。「ええ，そうなの？　いいね」って。「子どもはじゃあ，朝鮮の学校に入れたら？」って，言ってたんですよ。(中略) 黒ちゃん (夫) のほうがね，ハハハハハ，結婚式，韓国服着たんですよ。ユニークでしょう？　普通やんないよね，会社もってる社長さんで，取引先の人とかもいろいろ来てて，それなのによく，ハハハハハ。まあ，面白いですね。

H：でも，チョゴリを着て結婚式っていったらご両親は，どっちかっていうと嬉しかったんじゃないでしょうかね？

C：それは嬉しかったと思いますね。だって，うちみんなチョゴリ着ちゃったもん。うちの，お姉さんとか。ハハハハハ。甥っ子とか姪っ子とかもみんなチョゴリ着て。だから向こうの，会社関係とか親戚さんは，ぎょっとしたかもしれないですねー，ハハハハ。でも，黒ちゃんが，「いいじゃん，そうしなよ」って言うから，「そう？　じゃあ，そうするね」って感じ。たぶん，家庭での教育ですね。そういうふうに。物の考え方っていうかね。こう，幅の狭いっていうかね，そういうのじゃなかったんでしょうね，親の教育がね。

　結婚して，崔さん夫婦は最初に男の子，2年後に女の子，さらに3年後に男

の子に恵まれた。崔さんは子育てに専念し，夫は香粧品会社の経営を精力的に続けていたが，不況が長引いたことや，同種の商品をあつかう大資本の業者が増えたことで，少しずつ経営が悪化していった。やがて経営の継続が困難となり，会社をたたむことになったが，その頃には住んでいる家の賃料も滞納するほどで，崔さんや子どもたちの生活も成り立たなくなっていた。

C：なんかねえ，家賃滞納とかだったんですよ。結婚した当初は会社のほうも，うまくいってたんですけど，結婚して，商品が値崩れを起こしたりとか，いろいろなことがドンドンドンと起こってきて，売り上げが下がったりとかして，でね，従業員がいたり，いろんな施設，事務所とか，倉庫とかいっぱい借りてたんです。そういういろいろ，負担，人件費とか，設備費とか，そういう負担が増えたり，そういうのがすごい大変な時期で，家の家賃も滞納しているような状態だったんですね。だから，すごい，大変でした，この期間は。ノイローゼになりそうだった，ほんとに。旦那さんも，なんかわけわかんないし。ッハハハハハ。

さらに，同時期に，長女が交通事故に遭い，生死の境をさまようほどの重体になった。その時期，崔さんは，「子育てで，精神的にすごくきつかった」状態にあった。次男が喘息持ちで，生まれて間もなくから入退院を繰り返し，また，長男と長女がなかなか言うことを聞かないことにも悩まされていた。あとから判明することだが，長男と長女には自閉症がみられ，崔さんの指示などが伝わりにくい子どもだった。

夫が会社のために奔走している一方で，崔さんは「ほんとにいっぱいいっぱい」で子どものために奔走していた。夫の会社の経営についても，「自分で何とかしなさいよ」と思ってしまうほどの状態だった。最終的に，夫は事業をたたむことになった。しかし，すでに経済的に，崔さんと子どもたちを支えていける状態になく，生活を立て直すために，離婚することにした。

C：ちょうど同時期にして，娘も，交通事故に遭っちゃったんですよ。ちょうどそんなすったもんだしてる時に。次男が生まれたのが1月で，その年

の5月ぐらいにね。私の不注意から交通事故にあってしまって。車に飛び出して，それで，生きるか死ぬかっていう，もうすごい重症だったんですよね。だから，娘のことのほうが心配で，そういう経済的なことも同時にグワーッとのしかかってきたりしてね。夫の会社がもう，ほんとやばいっていうときに，娘が事故に遭っちゃって，私も子育てで，精神的にすごくきつかったんですよね。あとから分かったんだけどうちのお兄ちゃん（長男）も自閉症があったんですよ。で，この真ん中の子も，結局ね，自閉症だったんです。で，次男も喘息だったんですよ。入退院の繰り返しだったんです。それで，まあ疲れてたんでしょうね。それで，娘を事故に遭わせちゃったんでしょうね，きっと。そういうのもあったり，うーーん，いろいろで大変，自分の中でもいっぱいいっぱい，毎日をこなすのが必死っていう状況だったんでしょうね。

H：後から分かれば，それなりの対処があると思うんですけど，自閉症気味の子どもって，ちょっと，お母さんとしては育てにくいですよね。話しかけても答えてくれなかったりとか，「危ないよ」って言っても分かってくれなかったりとか。

C：分からない。赤信号で突っ走っちゃう子だったから。それ（自閉症）が分かってればよかったんでしょうけど，「何でこの子は理解ができないのかしら？ まだ小さいからかしら？」そういう，微妙な時期だったですね。まあ，「聞かん坊？」って思ってたのかなあ。で，お兄ちゃんがしょっちゅう行方不明になってたんですよ。私，（長女を）おんぶして捜したりとか，そういう感じだったんですよ。この時期はね，私ほんっとに，もういっぱいいっぱいでした。ほんとにいっぱいいっぱいでした。下の子がまた喘息があったから，もう入退院でしょう。母に，上の子2人を預けて，母乳も搾って，朝6時から授乳に病院に通ったりとか，そういうのけっこう。だから，夫の会社がとか，まったくそんな。「もう，自分で何とかしなさいよ，私はこっちで忙しいのよ」みたいな。ああ，けっこうね，そういう感じだったですね。あとで聞いたら，夫も鬱になってたらしいんですよね，あとから聞くとね。うん，めっちゃくちゃですね，みたいな，ハハハハハハ。ほんとねえ，あの頃と比べたら，今，幸せです，ハハ

ハハハ。(中略) それで，会社のほうはたたむっていうことになりまして，で，その時に，まあ，離婚をしましょうっていうことに。

子どもの障害と向き合う

　離婚後，崔さんは子ども 3 人と一緒に，実家に近い公営住宅で暮らし始めた。長女は交通事故の後遺症が落ち着いてから，地域の療育センターの通園コースに通うようになり，そこで検査を受け，自閉症があることが判明した。その翌年，当時小学校 1 年生だった長男にも自閉症があることが分かった。

　長女の自閉症が判明した時は，「ショック」が大きかったが，長男のそれが判明した時には，発達障害について崔さん自身の知識が増えていたこともあり，また，それまでにすでに育てにくさを感じていたこともあって，「すとんと腑に落ちました」という。

　子どもの障害などについて，他人に話すことは心理的な抵抗が大きいのではないかと思い，筆者はつい謝った。それに対し，崔さんは，むしろ子どもの障害と向かい合うことで，「違い」を理由に他者を排除する「差別」を「いろいろな側面から考えるようになった」と語った。

C：(長女に自閉症があることが) 分かったのはねえ，4 歳になる前だから，まだ療育センターに通ってる時分だなあー。療育センターっていう，発達が気になる子どもが，親と一緒に通う場所なんですけれども，あの，交通事故で，首がむち打ち症になってたんですけど，それが少し落ち着いてから，通園コースっていうのがあって，週に 2 回，療育センターのほうに行ってたんですね。

H：そのときには，どんな風に感じました？

C：うんーーー，まあ，やっぱり，ショックですねえ。

H：で，そのあとお兄ちゃんも，そうらしいということが？

C：そうですねー。その次の年に分かったんです。おにいちゃんが 1 年生の時ですね。きっかけは登校拒否だったんです。いじめ問題から発覚したんですね。まあやっぱりね，本人も，周りから見ると，いじめやすいタイプというかねー。1 年生の 10 月ぐらいに行けなくなったのかなあ。それで，

教育相談所に，相談をして，いろいろ話をして，妹は自閉症なんですとか，療育センターのほうにも相談して，そしたら，「じゃあ，診断受けてみましょうか」と。そしたら，診断名が出ちゃったんですよ。自閉症とADHDの合併だったんですね。でも逆に，「ああ，そうだったんだ」って思って，「あ，だからちょっと育てにくかったのね」って感じで，すとんと腑に落ちましたから。育てにくさはもう，充分感じてましたから。

H：はあー，なるほどねえ。すみません，なんか，答えにくいことを聞いちゃってますよね。

C：ああ，いいですよ，全然。私ね，差別とかそういうことも，障害っていう問題もリンクして，いろいろな側面から考えるようになったんですね。人との違い，まあ，大きく言っちゃえばね。違いだから。

　差別について「いろんな側面から考える」ことで，小学生の時に出合った，「韓国人のくせに！」という発言についても，再考するようになった。「違い」を排除する心理は，「危険」だが，同時に「誰でもある」ものだ。もし「自分にそういう心があったら排除したい」。そのように考えるようになったのは，友人から差別発言を受けたゆえのことで，「気付かせてくれてありがとう」とすら考えるという。

C：今はね，かえって，そういう発言をする人がいたらね，軽蔑するんですよ。「私が韓国人で何が悪い，だから何？」って。韓国人だけのことじゃなくって，障害者とかね，自分と違うことで排除したいっていう心理は，やっぱりとても危険ですし，自分自身も，もしそういう，誰でもあるじゃないですか，そういうの。だから，そういうのはいやだなって。自分にそういう心があったら排除したいなって，自分がされたから，今思うのかなって思うから，よかったなって思ってます。そう気付かせてくれてありがとうって，私は思ってるんですよ。

「便宜上」の日本名

　崔さんは自閉症をもつ長女を受け入れる幼稚園・保育園を探して，療育セン

ターから青丘社の運営する桜本保育園を紹介された。桜本保育園では，外国に
ルーツをもつ子どもたちについて，民族名を呼び名乗る実践が続けられてお
り，その親たちについても，民族名で呼び名乗ることが勧められてきた。
　崔さんも，保育園の職員たちから，民族名を名乗ることを打診され，保育園
に来ている間は民族名を名乗っている。また，この頃から，桜本保育園と同じ
青丘社の関連施設であるふれあい館で実施されているチャンゴのサークルに
入ったが，そこでも勧められて，民族名を名乗っている。
　崔さんは，「韓国人である」という自認があるので，民族名については，勧
められて名乗ることには抵抗がない。とはいえ，日本社会の日常生活の中で
は，やはり「便宜上」日本名を名乗る生活を続けている。

　C：障害があると，なかなか受け入れ先が，やっぱりいろいろ捜さないとい
　　けないので，お兄ちゃんのほうの幼稚園にも，面接受けたりはしたんで
　　すけど，「ちょっと厳しいでしょうね」っていう反応で。で，この療育セン
　　ターで桜本保育園を，すごく，勧められて，それでそちらに。保育園が
　　ね，そういう自分のアイデンティティを大切にしてくださいっていうこと
　　で，言われて，保育園のほうは，「チェ・ソンミ」っていう形になってる
　　んですよ。便宜上やってるだけで，私は韓国人であるって，日本人ではな
　　いって思ってるので，じゃあ，そうであればそうします，って，そういう
　　感覚ですね。あとふれあい館のほうも，今，韓国の，太鼓を（チャンゴ
　　サークルで）やらしてもらってるんです。まあそういう流れで，「チェ・
　　ソンミさんでやってみませんか？」って言われて，私は「いいです，じゃ
　　あそうしますね」って感じ。

　崔さんが民族性を隠して暮らしていた少女期に比べ，韓国人や韓国文化を肯
定的に受け入れる人が増えたと感じる一方，根強い拒否を感じることもある。
　崔さんの兄は，日本人の女性と結婚しているが，女性側の両親は，在日コリ
アンとの結婚を快くは思っていないらしいことを感じることがよくあるとい
う。たとえば，兄の子どもたちは全員，妻の苗字で戸籍に入っている。また，
住居の表札も，兄の日本名ではなく，妻の苗字の物がかかっている。それらは

「夫婦間の問題」だが，兄の妻がそのような選択をする背景には，その親の「教育」の中に，在日コリアンである兄を，夫として，子どもたちの父親として「立てる」ことをしないような何かがあったと考えている。

> C：兄の家を，新築した時に，すごく，うちの母が行ってショックだったのが，えーとねえ，あのーー，兄の表札を出してなかったんです。奥さんの名前なんですよ。それで，通常だったら，兄の，ね？ 倉田っていう，通称名ですけど，通称名だから出したっていいじゃないですか。それを出さない。で，子どもたちが，戸籍，日本人の方に入るんですよね。だから，みんなお嫁さんの名前を名乗って学校に行ってるんですよ。そこも，ちょっとショックでしたね。通常だったらね，お父さんの名前，名乗るのがほんとなのに。表札に兄の名前がないっていうのは，ちょっと兄を立ててないなっていう，夫婦間の問題だと思うんですけど，私の母はすごく，そのことを怒ってましたね。やっぱそれも，お嫁さんのお母さんの教育だと思いますね。子どもたちのお父さんだし，自分の夫なんだから，やっぱ立てないと，ね？ 民族の問題を越えて，うまくいかなくなりますよね。お嫁さんのお母さんも，嫌いになる理由があるから，やっぱ，いろんな人，いますからね，いやな思いしちゃったんだと思うんですよ。でも，どうぞ，全部がそうではないっていうことをね，気付いてほしいですね。

また，兄の子どもの1人から，就職のために戸籍謄本を提出する際に，父親が在日コリアンであることについて「すごく負い目に感じて」いることを知った。崔さんたちは，通称使用などもあり，日常で自分たちが民族性を意識させられることはないだけに，「すごくショックを感じ」た。また，「半分，入ってる血を，負い目に感じ」ている兄の子どもに対して「気の毒」に思ったという。

兄の子どもが民族性をマイナスに感じていることは，兄の妻や，その親から，韓国を肯定する教育を受けていないからだと崔さんは考えている。彼らがコリアンを「嫌いになったには，それなりの理由がおありだと思う」という理解を寄せつつも，それをストレートに伝えることで，兄の子どもが自身のルー

ツを肯定できなくなる結果を生んだことについて，残念な思いを抱いている。

　C：兄のお嫁さんの親御さんがあんまりやっぱ，いい印象はもってなかったんですねえ，これは。だからけっこう，よく思わないことを，お嫁さんに言ったりとか。兄の子どもにもやっぱそういうのを，言ってたんじゃないかな？　だから，兄の子どもが就職をする際に，国籍とか証明を出すじゃないですか。その時に，お父さんが韓国人だっていうのを，すごく負い目に感じてたっていうのが，就職をしたっていう話をした時にわかって。私たちも，普段そういうこと感じないくせに，そういう，恥ずかしいって思ってることに関して，負い目に感じてるってことに関して，すごくショックを受けましたね。なんか気の毒に思いましたね，自分の半分，入ってる血をね，負い目に感じなければいけないっていうのがね。だから，その，負い目に感じる子もいるし，逆に，やっぱり自分の民族だからって，誇りを感じてるような子もいますよね。だから，教育だなって思いましたね。だから，お兄さんのお嫁さんのお母さん，どういう思いをもっててもいいけど，自分に入ってる半分の血を子どもが卑下するような思いを，植えつけてほしくないって思いました。可哀想だと思ったんですよ。嫌いになったには，それなりの理由がおありだと思うんですよね。だからそれはそれで，思いがあるから，それを素直に言ってたのかどうか分からないけど，子どもは，韓国の文化とかそういうものに関して，あまり興味をもってないとか，いいものとして感じているっていう感じでは，ちょっとなかったので，それがね，なんか，可哀想だなーって思いましたね。

子どもたちには伝統芸能を受け継いでほしい

　崔さんの3人の子どもたちは，今のところ，ルーツを否定するような思いは抱いていないようだ。長男も，小学生向けのチャンゴ教室に通っており，次男も「僕もやりたい」と興味を示している。それは，自分のルーツのある国である韓国の文化としてチャンゴを愛する崔さんにとって，「すごい嬉しかった」できごとだ。

ダブルのルーツをもつ子どもたちの民族性については，「便宜的には，もう日本でいい」と思っている。それでも，子どもたちが韓国の伝統芸能に触れ親しむことは，「スピリットの部分で」ルーツを受け容れることとして，喜びを感じているのである。

C：ハハハ，伝統芸能。子どもが喜んでやってて，なんか嬉しいなあって。こないだ発表会があってね，息子がチャンゴ，やっぱ叩いてたんですけど，もう，すごい嬉しかった。ニタニタしちゃって，親ばか丸出しだったと思いますね。すごい嬉しかったです，そういうの，息子がやってくれて。いちばん下の，今4歳の子が，「僕も行く，僕もやりたい。僕はプクをやる」とか言って。プクっていうね，太鼓があるんですよ。家族でね，サムルノリが出来たらいいな，なんて。ハハハハハ。まあちょっと，夢です。便宜的には，もう日本でいいと思っています。でも，スピリットの部分ではね，文化的な面では触れて，親しんだらいいんじゃないかな，って。やってくれたらいいなって思ってますね。

小括——戦略的アイデンティティとしての民族文化

　崔さんは，民団の青年に影響を受けたり，民族性を大切にする桜本保育園やふれあい館などに出入りしていたりするときには，自身の民族アイデンティティに合致する民族の名前を名乗って過ごしている。しかし，ふだん日本名を使用することについては，何度も「便宜上」という表現を用いた。

　民族団体などは，そのイデオロギー性はどうあれ，在日コリアンの歴史性などについて了解があり，在日コリアンが民族性の表現として民族名を名乗ることに対して受容，もしくは推奨する空間であるといえるだろう。また，そこにいる人の多くが民族の名前を名乗っていて，崔さんにとって，それが自然な行動だと思わせるものがあったと思われる。

　それに対して，そこを一歩離れてしまった日本社会は，単一民族幻想が支配的に流通しており，民族の名前を名乗ることが自然なこととしては受け入れられにくい。だから，幼少時には自ら「韓国人なのよ」と話していたものが，言いにくい「空気」を読み取って，だんだんと言えなくなってしまったのだ。

現在も，兄の妻との関係など，在日コリアンであることを肯定して生きることが難しい場面に出合うことがある。すなわち，民族を表に出しにくい「空気」は至る所に見出されている。その一方で，長男の学校で朝鮮半島の伝統文化に触れるためのイベントが開催されるなど，食や音楽，踊りといった文化が親しむべき異文化として一般化していることも認知している。民族衣装や民族楽器は，日本人の間でステレオタイプとして流通する「朝鮮人」イメージだが[8]，その分，その表現は，民族名を名乗って日本社会で暮らすことよりも不自然さを抱かれずに民族性を表明できる行為となる。

崔さんは，他民族の存在を理解したり受容したりしない日本社会の「空気」を敏感に読み取り，その中で自身の「韓国人」という自認を守るために，通称を用いている。そのうえで，「異文化」として日本社会で一般化され，承認されている文化を習得し，披露することで，「韓国人」であることをよりポジティヴに意味付けしているといえるだろう。その意味において，民族文化は，自身の民族としてのアイデンティティを守るための用具だといえる。

日本人の父と在日コリアンの母をもつ子どもたちに対しても，一方のルーツである韓国を肯定できる用具として伝統文化を受け継いでもらいたいと考え，それを子どもたちが楽しんでいることに大きな喜びを覚えているといえるだろう。

事例7　同じ痛みを共有する仲間の重要性

語り手についての解説

　本事例の語り手は尹安寿子（ユン・アンスジャ）さん，通称は河合安寿子（かわい・やすこ）さん（民族名，通称名とも仮名），聞き取り時点で34歳である。インタビューは2008年の5月から6月にかけて，計3回，6時間程度にわたり，尹さんの職場で実施した。語り手は尹さん，聞き手は筆者のみである。引用されているインタビューの「Y」以下は尹さんの発話，「H」以下は筆者の発話である。また，（　）内は，語りの内容を補足するもので，〔　〕内は，インタビュー中の仕草である。

　尹さんは1973年，川崎市の在日コリアン集住地区で生まれた。両親と，3歳上の姉・3歳下の弟との5人暮らしで，母方の祖母も一時期，同居していた。尹さんの父親は1940年ごろに朝鮮半島で生まれ，1959年に日本に入国している。母親は戦中に入国した両親をもつ在日二世である。尹さん自身は，「三世だと思って」おり，世代から考えても三世といってよいだろう。

幼少期——韓国文化の色濃い家庭で育つ

　尹さんのもっとも幼い記憶の中では，両親は焼肉店で働いて生計を立てていた。母方の祖母が，横浜市内と川崎市内に，あわせて3店舗の焼肉店を営んでおり，それを手伝っていた。尹さんの両親の結婚は，その母方の祖母が決めたものだった。尹さんの母親は，「すごい真面目な人」で，「親は絶対だ」という価値観を内面化しており，尹さんの祖母の決定に従って，民族学校の初中級を卒業し，当然のように親の家業を手伝い，親の決めた人と結婚することになったという。

　「親は絶対だ」という価値観は，尹さんたちきょうだいの世代にもあるもので，象徴的には，子どもたちが成人して独立しても，親の前では煙草を吸わないなどの礼儀に現れている。

Y：母方の祖母が，焼肉屋さんを，川崎・横浜で手広く経営していて。で，子どもの頃は，親が，その，幼かったから，今みたいにはつかめていないんだけど，3店舗を，うちの祖母と父親と母親で，従業員さん雇って切り盛りしてたから，忙しく働いてた。だから，そこのお店で遊んでた記憶が。こう，あります。写真なんかも残ってるし。

H：じゃあ，お父さんもお母さんも，そのお店，みんなで分けて。

Y：分けてっていうか，ハルモニが握ってて，で，うちの母親っていうのは，すごい真面目な人で，性格も真面目で，「親が一所懸命仕事してるから手伝わなきゃいけない」っていうふうに思いこんでいたから，だからその，自分の人生設計を，選んでいったっていうよりは，もう当然のように，親の手伝いをした。結婚も，母親の決めた人。だからうちの父親を，どこかで，「真面目な人がいる」みたいに評判を聞いて，在日のネットワークでね。だから，2回会っただけで結婚させられて，ほんとは嫌で，家出して大阪まで逃げたの，私の母親，すっごく真面目な人で，小学校・中学校って民族学校に通ってて，親に逆らっちゃいけない，っていうか，もう，親は絶対だ。

H：服従。

Y：服従っていうか，「親は絶対だ」っていう（感覚をもっている）。私，三世ですけど，私たちの世代にもやっぱ，あるんですよね，親に乱暴に口をきくとかっていうの，あんまり考えにくいですよね。だから，親の前で煙草を吸うとかってことはないですよね，うち。私は喫煙者ではないですけど，きょうだいは喫煙者ですけど，今でも母親の前では，もう40近い姉でも，30過ぎた弟も，親の前では吸わないです。それはなんか，礼儀？　フフフ。ともかく，母親は，親の決めた人と，結局は結婚して，仲のいい夫婦だったと思いますよ。最初は嫌だったけれど，暮らしていくうちに，父親がすごく情のある人だったし，母親もまあ，大好きな人と結婚できたわけじゃないだろうけど，でも，暮らしながら家族を作ったんじゃないかなって，思ってます。

祖母は「無尽」(契)が原因で，尹さんが小学校1年生になるかならないか

の頃に焼肉店を手放したが，その後，茨城県土浦市でポーカーゲーム店を始めた。尹さんの記憶では，祖母は"情のある人"であると同時に「気性が荒い人」であり，「焼肉屋さん取られて，それで黙ってるような人じゃなかった」という。ポーカーゲーム店もまた繁盛し，尹さんの両親は今度はそれを手伝うことになった。

　尹さんの祖母の生業は，安定的な勤め人となることが困難な状況にあった在日コリアンの典型的な職業だったといえるだろう。しかも，尹さんの祖母は，夫の縁が薄く，早くして女手だけで生計を支えてきた。尹さんは祖母を「ヌンチ」のある人だと評する。「ヌンチ」は，あとに付く動詞によって多少意味が異なるが，才覚や機転をさす言葉であり，尹さんの育った家庭では「ヌンチがある」という表現が日常の言葉として使われていたという。尹さんの祖母は，「ヌンチ」で生活を築いていった女性だったといえるだろう。

H：いつぐらいまで焼肉屋さんやってました？
Y：私がねえ，小学校1年生ぐらいまで。ハルモニが，無尽ていう組織でねえ，だまされちゃって，で，お金をたくさん損失して，焼肉屋を手放さなきゃいけなくなっちゃった。その焼肉屋さんがちょっと川崎市では有名な，おいしい焼肉屋さんだったんだ。でも手放さなきゃいけなくなっちゃって，だから，小学校1年まで。そのあとは今度，ポーカーゲーム屋さんを経営するの。それも，うちのその祖母が，焼肉屋さん取られて，それで黙ってるような人じゃなかった，気性が荒い人だったんだよね。で，ポーカーゲーム屋さん，流行ったんだよね。ヌンチだよね，それも。で，母親と父親にも声をかけて，それぞれ1店舗ずつやって。

　尹さんは幼稚園に通っていた頃にはすでに，自分が他の子どもたちとは「違う」という感覚を抱いていた。それは象徴的には，「ハンメ」「イモ（母方の伯母・叔母）」などの親戚の呼称であった。また，幼稚園の運動会を見に来た祖母が，コースの中に入ってきて応援をしたことがあり，「独特のものがあった」と記憶している。しかし，それは「蓋をしたい恥ずかしさ」ではなく，「くすぐったいような」恥かしさだったという。幼い頃の記憶では，「違い」はネガ

ティヴなものとして感じられてはいなかったと言えるだろう。

H：尹さんご自身が，自分のことを，韓国人だって気がついたのはいつだったですか？

Y：もう幼稚園のころにはね，なんか人と違うなっていうのは，多分，家族の呼び方。「おばあちゃん」って呼ばないで，「ハンメ」って呼んでたし，親戚とかがこう，「おばさん」じゃなくて，「イモ」だったり，「アジェ」[9]だったり，でーー，そうねえ，父親が，わけの分かんない言葉を，時々，電話で喋ったりとか，それで，何となく，「違うんじゃないかなあーー」。それが韓国と結びついたのは小学生になってからだと思うんだけど，違うっていうのは明らかに。（中略）あと，覚えてるのは，運動会の時に，祖母が，こうー，出てきちゃうんだよね。徒競走で走ってる時に，「頑張れー」ってみんなこうやって〔拍手〕するでしょう？　そうじゃなくて，出てきちゃうんだよね。

H：あ，コースの中に。

Y：そう。それはー，やっぱ独特のものがあったなあと。「ハンメが来た」っていうのが，こう，くすぐったいような恥ずかしいの記憶にあるの。もう，ほんと，蓋をしたい恥ずかしいじゃなくて。その時もそう思ったと思う。いやな恥ずかしいじゃなくて，嬉しい恥ずかしいだと思う。その時の気持ちも。

尹さんの育った家庭は，「親は絶対」といった儒教的な価値観だけでなく，チェサを執り行うことや[10]，食生活，住居内の装飾品など，韓国の文化が色濃く反映されていた。尹さんの母親は，料理上手だと「みんなに言われる」腕前であるが，それらのほとんどは韓国料理であった。日本の一般的な家庭で子どもたちが食べるようなメニューは，それを父親があまり口にしなかったこともあり，「父親に合わせて」料理が出されるため，ほとんど食卓に上らなかった。

家の中には韓国の人形，セットン柄の敷物，螺鈿のテーブルなど，韓国風の装飾品や民族衣装などが「ありまくり」で，自分のルーツを否定的にとらえるようになってからは，友人が来るときなどにそれを隠そうとしたり，よそから

の「お土産」だと「嘘ついた」りしたという。

H：普段お食事なんかは，今考えてみると日本風のご飯だったか，韓国風だったとか……。
Y：うん，完全に韓国風。だから，普通のものが，唐揚げとか，食べたいじゃん，子どもの頃って。でも，そういうのあんまり，父親が食べなかったからね。ま，やっぱ父親に合わせて，子どもたちはそん中から食べられる物を食べなさいっていう感じだったのかな。だから，うちの母親は，韓国料理，今も韓国料理のお店をやっているの。で，上手だって，みんなに言われるんだけど，実はエビフライが作れなかったりとか。焼肉屋さんの時も，自分の親を助けたい一心で，こう，料理を覚えた人だから。
H：家に例えば，民族衣装があったとか？
Y：あったよ。あったあった。ありまくり。飾りも。テーブルも。
H：あの，なんていうんでしたっけ，虹色のしましま……。
Y：セットン。なんか敷物とか敷いてあったし，人形も。だから，小学生になって「いやだなあ」と思った時に隠すのが大変だった。友達が遊びに来るっていうと，その，においとか，色を消すのが大変なんだ。でも，消しきれない大きな敷物とかは，「あー，なんか，お店のお客さんが，韓国に行って，買ってきたんだー」とか。嘘をいっぱいついちゃったから，もう，どんな嘘ついたか分かんないよね。隠す時は，嘘いっぱいつくじゃん。嘘を守るために嘘の上塗りするから。

小学校時代――マイナスイメージの強化

　尹さんの父は長男で，朝鮮半島に親と弟妹を置いて単身で渡日した。尹さんが物心ついた頃には，父はチェサなどのために，家族を連れて韓国へ何度も行っていた。尹さんはそのたびに，「ドーンと気が重くなった」という。韓国の入管で，父が「知らない言葉で」「ケンカをガンガン」する姿が怖かったためだ。
　家庭内でも，民族学校を卒業した母親と，渡日一世である父親は，子どもに聞かせたくない話などをコリア語ですることがあり，小学生の頃には，「知ら

ない言葉で話されていやだなあ」と感じていたという。入管で尹さんの父が言い争いをするのは，当時の入管では日韓両国とも，在日コリアンへの対応が気持ちのよいものではなかったためだが，幼い尹さんにはそこまではわからない。「知らない言葉」で言い争いをする父親の姿は，旅行の楽しみを台無しにしてしまうほど怖く感じられたのだろう。

　Y：で，昔ね，違う場所に行くって子どもの時，楽しみじゃないですか。でも，韓国に行くっていうと，ドーンと気が重くなったのは，空港で絶対父親がもめるんですよ，ケンカを。その当時1980年代だから，韓国でも入管の職員が，荷物からこう，在日が来ると，荷物から取ったりとか，因縁つけてきて，なんていうのか，意地悪されたりするから。そこで父親は，一世だし，「日本に行って楽しやがって」みたいに言われるのも癪だし，「楽じゃないし，こっちだって大変なんだ」って言いたいし，「俺のふるさとに来て，なんだこの扱いは」みたいな，そういう，アウトロー的な人だったので，ケンカをガンガンしてて。それが怖くて怖くて，知らない言葉で怒ってる父親が。で，「いやだなあ」って思ってて。

　尹さんが自分のルーツをはっきりと否定的に感じるようになったのは小学校4年生の時である。尹さんの母親が，知人の結婚式に出席するために民族衣装を着ている姿を，2学年上の姉のクラスメイトが見かけ，翌日，尹さんと一緒に登校した姉を「チョーセンジン」とからかった。言われた姉は黙ってしまい，尹さんは居心地の悪さを感じた。そこには，からかわれている姿を自分のクラスメイトに見られたくないという思いがあったという。
　尹さんはこの頃には，自分の育った家庭にある「違い」が，在日コリアンであることによるものだと認識していた。そして，韓国を「アメリカみたいにかっこ良く」はないものと感じていた。さらに，「みんなと違うのがいやだった」。それらはおそらく姉も同様で，「チョーセン」に触れられることは，痛みを伴うものだった。

　H：いつぐらいから，その，「いやだな」っていう気持ちが出てきました？

Y：多分ね，3，4年，4年生ぐらいかなあ，まずね，うちの姉が，具体的に，「チョーセンジン」っていじめられてるの見たのね。うちの母親が，誰か友達か知りあいの結婚式に行くのに，チョゴリで行ったんだ。チョゴリを着て，駐車場までだか歩いてんのを，見られたんだよね，姉の同級生に。で，私は姉が大好きでね，ともかく。姉と学校行くのに，学校が大好きだから，門が開くのを校門の前で待ってる子たちだったの。で，いつものメンバーがいるじゃん，だいたい，門の前に。で，姉といたら，姉と同級生の男の子が，からかいなんだよね，たぶん姉のこと好きだったのかもしれない。「お前の母ちゃん昨日チョーセンの服着てただろう，お前チョーセンだろうー」ってからかったの。でも，からかってるほうはただのからかいかもしれないけど，言われた2人はさ，そんなこと話し合ったことないけどさ，どっかで自分のさ，「あいたたた」って部分だったのよね。みんなと違うってことが，負のイメージだったから。こう，みんなと違うっていうのがいやだったから。で，そん時に，姉は，なんか黙っちゃったの。あたしも黙ってて，ちょっと姉といっしょにいるのが，居心地が悪かったの。それは，男の子にからかわれてへこんでる姉を見るのがいやだったっていうのがあるし，からかわれてる姉と一緒にいて，私までそうやって自分のクラスの子に，聞かれたらいやだなっていうのがほんっとにあったの。

　その朝のできごとは，「その日のネタ」として学校内に広まった。尹さんのクラスメイトの耳にも入っており，掃除の時間に，クラスメイトが担任の教員に，尹さんが「チョーセンなの」かと尋ねた。尹さんは，自分で韓国について説明する力はないが，「先生が言ってくれれば，いいこととして伝わるんじゃないか」という期待を抱いていた。しかし，担任の反応は，尹さんが「チョーセン」であることを否定するものだった。そのため，尹さんは「チョーセン」であることは，「隠さなきゃいけないこと」として理解することになった。

Y：で，狭い学校でしょう？　一日過ごしていく中で，だから，聞いてくんじゃん，どっかから。その日のネタだよね。で，掃除の時間に，先生に，

他の子が何気なく,「先生, 河合ってチョーセンなの？」って聞いたのよ。やっぱり朝, 聞いてたのか, その子はどういうトーンで聞いたのかわかんないんだけど, その場面はほんっと覚えてるの, 先生の着てる服の色まで覚えてるの, 私。で, 自分が, 韓国とか朝鮮って, 説明できないじゃん, 今みたいによく分かってないし。でもアメリカみたいにかっこ良くないっていうのはあるわけじゃん, だからいやだったんだから。で, あたし説明できないけど, 先生が言ってくれれば, いいこととして伝わるんじゃないかと思うじゃん。先生のこと, すごく好きだったから。そしたら先生が,「えー？　違うよ」って言ったの。だからその時に, もうね, それはほんっとに覚えてる。その時の, なんか空気の色までわかる気がするの, においとか。「ああ, これは隠さなきゃいけないことなんだろうな, やっぱり」って。

韓国について,「先生が言ってくれれば, いいこととして伝わるんじゃないか」と感じたのには, 前年の担任教員の思い出が影響していた。前年, 韓国へ行った尹さんは, 担任に韓国の人形をお土産に渡した。すると担任は, クラスの生徒を前に, 黒板に朝鮮半島と日本の地図を書き, 韓国のことを「お隣の」「素敵な人形がある」国として説明した。尹さんの記憶の中で, おそらく初めての, よいものとして韓国の言説であった。そのため,「河合ってチョーセンなの？」という児童の発言への対応に,「淡い期待があった」のだという。

Y：小学校3年生のときね, ちょうど祖母が亡くなったか, 祖父母のチェサだったのか, 韓国に行って。で, 先生にお人形のお土産を買ってきたの。韓国のお人形で, ちょっと針金が中に入ってるから手とか動くんだけど, チマ・チョゴリの女性がちょこんと座ってる。そしたら, その時に, 先生がね, 授業の時だったか, 帰りの会の時だったか, 黒板に韓国と日本の地図を書いてくれて,「お隣の国の韓国にはね, こーんなに素敵な人形があるんだよ」とか,「こんなに近いんだよー」とか,「このクラスにも実は3人いるんだよ」って, 話してくれたことがあるの。で, それはね, すーごく覚えてる。初めてなんじゃない？　良く言ってくれたことが。だからこ

そ，あの，4年生の時の先生にも，そういう，淡い期待があったんだろうね。

クラスメイトからからかわれたできごとのあった夜，尹さんの姉は，その日のできごとを両親に話さないように口止めした。それは，両親を悲しませないようにという配慮だった。「チョーセン」であることは，両親にすら話せないこととして，姉妹の間で認識されることとなった。

移動教室のために，保険証のコピーを提出する際に，名前の部分だけ日本名に書き換えるアイディアを出してくれたのも姉だった。過去に尹さんは，民族名の記載された保険証をクラスメイトに見られないように，「忘れちゃった」と嘘をついて，あとから教員のところへ「こっそり」持って行ったことがあった。すると教員は，すばやく他の児童の保険証の間に隠すようにしたという。それは教員の配慮であったが，尹さんにとっては，「ああ，やっぱり違う」と感じさせるものであった。それらの「些細なこと」の積み重ねによって，小学校高学年の間に，尹さんの在日コリアンである自己へのネガティヴなイメージが強化されていった。

Y：で，その日の夜お風呂で，姉がね，「今日のこと絶対に，お父さんとお母さんに言っちゃダメだからね」って言ったから，先生もそうやって言ってたし，で，姉もやっぱり，触れられたくない，同じ感覚なんだなっていうのが。そのあとからは，同盟だよね，ほんと同志だよ。修学旅行とか行く時に，保険証のコピー出すでしょう？　紙だったのよ，国民健康保険の保険証って。そんで，その頃って，国保の集金のおばちゃんが，手書きで書いてたじゃん。だからさ，コピーして，紙貼って，（通称を）書いて，コピーして。姉が教えてくれたの。

H：ええ，河合さんになるように。

Y：そう。最初はちゃんと持ってったの，コピーして。だけど，「後ろから集めて」って先生が言って，集めてくるじゃん，で，その子が，「河合さんは？」って言うんだけど，あるんだけど出せないから，「忘れちゃったんだ」って言って。後からこっそり先生のところに出しに行ったら先生

が,「ああ,はいはいはい,はい」〔急いで他の保険証の中に隠す仕草〕っていう感じだったの。だから,配慮してるつもりなんだろうけどね。そういう,些細なことかもしれないけど,何となく,「ああ,やっぱり違う」っていうことは,自分の中で確立されてったんだろうね。今みたいな言葉は知らなかっただろうけど,いやだなって。だから隠しまくるようになったんだろうね。

中学校時代――「かっこわるい」

　小学生の時期は,日本人児童たちの「チョーセンジン」への態度は「からかい」程度であったが,中学校では苛烈で露骨な差別として現れた。

　尹さんの同学年には,民族名で通学する女子生徒がいた。彼女は名前をもじるからかいを受けたほか,「チョン」と罵られることがたびたびあった。尹さんの記憶では,その様子は「からかい」というより「いじめ」であったという。

　その女生徒と尹さんは,親同士が知り合いであった。尹さんの両親は,ポーカーゲーム店をたたんだ後に韓国居酒屋を営んでおり,近隣に住まう在日コリアンの知り合いも多かったものと思われる。親同士が知り合いであるので,女生徒もまた,日本名で通学している尹さんが在日コリアンであることを知っていた。そのため尹さんは,彼女の口から出自が知られてしまうことを危惧していたという。

Y：でねえ……（集住）地域だから,皆無ではないじゃん,本名で来てる子も。その子がからかわれてたりするとさ,やっぱり自分はばれないように,ばれないように,ってなっていくよね。なっていったのね,私も。あのね,中学校の時にね,パク○○っていう,本名で来てる子がいたの。そん時にね,パックマンていうゲームが流行りだして,パックンチョっていうチョコレートが発売されたの。"森永パックンチョ"ってコマーシャルもいっぱいやってて,だから「パックンチョ,パックンチョ」って言われてたし,「パックマン,パックマン」て言われてたし,それこそ,あのー,「チョン」って言われて,で,もう,いじめの対象だった。からかいだけ

じゃなくって．で，彼女の親とね，うちの親が知り合いだったんだよね，またね．だからあたし，彼女が言うんじゃないかっていう（緊張感があった）．

　ある日，体育の授業で，尹さんの属するグループとパクさんの属するグループが，些細な原因で対立した．その対立は，尹さんたちのグループに「負い目がある」ものであったが，言い争いに負けそうになった尹さんのグループのメンバーの一人が，パクさんに「朝鮮人のくせに，威張るなよ」と言い放った．
　尹さんは「どうしようと思った」という．それはどう対応するべきか，という「どうしよう」でもあり，パクさんが，「『何だよ，あんただってチョーセンジンじゃん』と言ったらどうしよう」，という意味の「どうしよう」でもあった．
　結局，同じグループの女生徒たちから「外れたくなかった」尹さんは，「チョンのくせに生意気なんだよ」と同調してしまった．それは，ひた隠しにしている自分のルーツを，自ら差別する行為でもあったといえる．発言行為自体は，パクさんを傷つけるものであったが，尹さん自身，「傷ついたって言っていいことだと思う」「痛い」できごとだった．

Y：体育の時間に，こう，1組と2組の女子が一緒にやるじゃん．女子同士で一緒に．3年だかの時に，彼女と隣のクラスになったの．だから体育を一緒にやるようになっちゃったのよ．いやだったの，とっても．接点もちたくなかったから．で，ほんっとに些細なこと，ハンドボールの勝ち負けとかそんな些細なことで，彼女の属するグループと，私の属するグループがケンカになったのね．で，どう見たって，うちのグループが悪いっていうか，負い目があるっていうか，負ける感じの，些細な口げんかをやってて．勝ち目のない口げんかをしてる時に，すごく劣勢になった時に，うちのグループの子たちが言った言葉が，「なんだよ，チョーセンジンのくせに，威張るなよ」って．で，「どーうしようかな」と思ったの．ほんとに「どうしよう」と思ったんだ．彼女，私のこと知ってるし，「なんだよ，あんただってチョーセンジンじゃん」とか言われたらどうしようかと思った

んだけど，言わなかったね，彼女は。でも私は，大きな声で一緒になってて，「ほんとだよ，チョンのくせに生意気なんだよ」って言った。だからそれはね，大人になってね，たまたま町で再会したときにね，傲慢かもしれないけど謝った。でも笑ってたけどね，あの子は。

H：「チョンのくせに生意気だよ」ってご自身が言ってしまった時の気持ちっていうのは，自分が朝鮮人だっていうふうに，言われるのを防ぐためにっていうような，意味がありました？

Y：あった，それと，きっと，その仲間でいたかったんだよね，そこのグループから外れたくなかった。

H：はい。でも，言ったご自身としては，かなり傷ついた。

Y：傷ついたよー。うん，その，あたしはその時に，とっても傷ついたって言っていいことだと思う。人を傷つけてるくせに，そういうこと言う人ってすごい傲慢だなと思うんだけど，それはそうだった。それはねえ，思い出してもねえ，すごい自分の人生の中で痛いできごと。自分のどうしようもなさを突きつけられるようなできごとだから。でもそれだけ弱かったんだろうね。

中学生時代の尹さんにとって，在日コリアンであることは「かっこ悪い」ことだった。ほとんど知識がなかったために，韓国に対して，「劣っている」，「ダサい，弱い，臭い，暗い」という感覚的な認識で「嫌悪感」を抱いていた。英語の「かっこいい」感覚に比べ，韓国語は「田舎の言葉」だと感じており，日本語が母語でない父親の訛りも「いやだった」。「絶対」の存在である父に，食ってかかったこともあったという。

Y：うん。だってさあ，かっこ悪かったもん。印象的に，韓国・朝鮮って。自分たちの国でもこう，分かれてたとかさあ，文化的にも，日本より劣ってる印象があったし，何かこう，憧れるような報道のされかたなんかなかったし。なんていうのかな，英語がかっこいいと思うじゃん。そういうふうに，思わされる部分もあったし。大阪弁と一緒なんだよね。英語と大阪弁。かっこいいし，テレビで聞こえてきても違和感ないし，拒否感ない

し，憧れてまねっこするし，だから，(韓国語を) 田舎の言葉だと思ってた。ただ嫌悪感。かっこ悪い，ダサい，弱い，臭い，暗い。よく知らないから，そう思ってた。だから，父親が電話を取るのもいやだったの。友達からかかってくるじゃん，ちょっと訛ってるじゃん。「もしもし」って言ってよ，って思うんだよ。でも，「はい，モヒモヒ」とかって言ってるし，「ぞうきん」とか言えないんだ，「ジョウキン」って言うし。いちいち食ってかかりたくなるの，思春期だから。「ジョウキン取れ」って言うから，「ジョウキンなんかないよ，ぞうきんだよ！」って。

H：お父さん，そういう時どういう反応なさいました？
Y：「いやぁコワイなぁーー」とかって。あの，すごい子煩悩の人だったから，で，そうやって，ちょっと口ごたえとかしたけど，大筋のところでは，親を敬ってたから。

　尹さんは，在日コリアンであることを隠そうとして必死になっていたので，朝鮮半島の文化や歴史について知ろう，接触しようという思いは一切なく，学校での授業で韓国・朝鮮の話題に及んでも，ひたすら「早く終われ」としか思っていなかった。
　中学3年生の社会科の授業中には，指紋押捺の話題が出たことがあったという。指紋押捺拒否運動の隆盛を受けて，尹さんが中学校1年生であった1986年に，指紋押捺は外国人登録時の1回，一指のみになっていたが，その後も押捺制度の廃止を求める運動が展開されていた。当時の中学社会科の授業の話題としては無難なものであるが，教師の「おれだったら絶対捺さない」という発言に，尹さんは怒りをおぼえた。
　15歳の尹さんにとって，外国人登録と指紋押捺は，翌年にはいやでも向き合わなければならないものだった。どんなに在日コリアンであることを隠していても，指紋押捺を，どこかの他人のできごととして考えるわけにはいかない。教員の発言は，尹さんにはあまりにも「無責任」なものとして映った。
　実際に登録窓口で指紋押捺を求められた時も，尹さんは，「窓口でごたごたして」誰かに見かけられたら，「外国人ってわかって」しまうという恐れから，「さっさと捺した」という。

Y：先生こっち見ただけで，自意識過剰だよね，言うんじゃないかとか，なんか言われたらいやだとか。「早く終われ」しか思ってなかった。韓国・朝鮮の授業なんて。で，中学校になったら，社会とかで，指紋押捺の話なんかするわけよ。

H：いつごろの話ですか？

Y：中学校3年生のとき。で，社会科の先生なんか，「悪いことしてない人から，指紋採るな。おれだったら絶対捺さないね」って言ったの。で，私，「無責任なこと言いやがってこの野郎。あんたは捺さなくっていいからそう思うんだよ」って，心の中で思ってた。その時は。

H：えーと，まだ中学生だと，ご自身は指紋捺さなければならない時にはまだなってないですよね。

Y：うん。で，私，捺したよ，指紋。私の時はまだ押捺があったから。だって，役所で，外国人登録っていう窓口でごたごたしてて，もし友達とか，友達の親とかに見られたらいやじゃん，外国人ってわかって。さっさと捺した。外国人登録の窓口にいる自分が嫌だから。もう，「何でもいい，どんどん捺しますから，早くしてください」って。

　中学生時代の途中から，尹さんは「やんちゃ」をするようになっていった。在日コリアンである自分が「かっこ悪いから，かっこいいことに憧れ」，「悪いこと」をするようになっていった。自由や解放のメッセージの込められた，THE BLUE HEARTSの歌を愛し，卒業後の進路を決める段階でも，何の希望も出さなかった。それは尾崎豊の歌『卒業』のように，「自由」になることであり，「みんなとは違う」「かっこいい」ことだと感じていたという。学がないことで苦労した父に説得されても，「かっこいい」ことへの憧れは変わらなかった。

　教員は，何の進路も決めないまま勉強から離れてしまうことを案じ，尹さんに定時制高校へ通うことを勧めた。尹さんにとって，在日コリアンという違いは，「かっこ悪い」ものだが，「夜の学校」に通うという違いは「かっこいい」ものに感じられ，受験することにした。尹さんは「やんちゃ」ではあったが，

成績は悪くなかったので,トップで合格し,入学式に参列した母親は,新入生代表で挨拶をする尹さんを「あんたは両極端ね」と評したという。学校に正面から向き合うこともできず,就職することも積極的には決められず,尹さん自身,「どうやって自分が」これから先を生きていくか,「ジレンマ」の中にあった。

　Y：私ね,中学生の時にね,ちょっと,やんちゃだったのね。で,高校に行かないことイコールかっこいいっていうふうに思いこんで,「私は高校には行かない」って。で,母親はちょっともう,諦めてたところがあるのね。父親は,自分が学がなくて困ってたから,最後まで(進学するようにと)言ってた。でも「いいよ,行かないよ」って。で,卒業式の時点では,進路が決まってなかったのね。「あたしは自由だ,かっこいいだろう」って。だから,尾崎だよ,もうほんと。もう,何にも縛られない,みたいな。で,THE BLUE HEARTSっていうバンドがさあ,自由の歌とか歌ってたんだよね,解放の歌とか。「青空」っていう歌とかね,すごい好きだったんだけど,なんか,そういう頃だったね。ただ,中学校の先生たちが,私ね,勉強がね,ちょっとできたんだよね。変な言い方だけど,勉強ができなくて高校に行かないとかじゃなくって,勉強ができていた時期もあったんだけど,やんちゃになっちゃって,悪いことするのがかっこいいと思ったんだよね。自分,(在日コリアンであることが)かっこ悪いから,かっこいいことに憧れるじゃん。でも,「勉強から完全に離れるのはもったいない」って言って,中学校の先生が,定時制高校に入学を勧めたの。で,定時制,夜の学校って,その,暗いイメージじゃなくて,みんなと違うじゃん。そういう意味で違うのって,かっこいいって思ってたの。私の中で。で,定時制高校の試験を受けたら,一番で合格しちゃったのね。だから,うちの母親が言った,「あんたは両極端ね」って。入学式に来てくれたの。一番だったから,新入生代表で挨拶するから。で,その挨拶聞いて,「あんたは両極端ね」って。それはそうだよね。(勉強が)できないわけでもなかったし,だからジレンマが。私も,もがいてたんだよね。

高校時代――「韓国人なんかで」

　定時制高校への進学とあわせて，中学の教員は，花を愛する尹さんに園芸店への就職を世話した。昼間はフルタイムで園芸店で働き，夜は定時制高校に通う生活は，15歳の少女には厳しいものだった。そして何よりも，店にやってくるもと級友たちの制服姿と，昼間，学校で座っていられることが羨ましかったという。

　一方，定時制高校での学校生活は「学ぶことが多」く，「楽しかった」。幅広い年代の人が通学するので，「いろんな人と知り合って」，「いろんな生き方があるんだな」，「いくらでもやり直しができる」ということを知ったという。

　定時制高校で過ごした1年間，尹さんは「自分探し」をしていた。在日コリアンとしての悩みよりもむしろ，「自分がどう生きて行くのかっていうことを，考えていた」という。そして，年度が終わる頃までには，「やっぱり高校生になろう」という意志を固めた。

Y：楽しかったよ，定時制。いろんな人と知り合って，いろんな人生，いろんな生き方があるんだな，と思って。いくらでもやり直しができるし，っていうこともわかったし。でもそこでは，自分が在日だってことは，だれひとりにも言えなかった。自分の，在日を隠す・隠さないっていうことを考えてる1年っていうよりは，自分がどう生きていくのかっていうことを，考えてた。いろんな人に会って。（出席番号がひとつ前の人が）おばあちゃんだったの。準看護師さんなのね。家の事情で学びの機会がなくて，高校卒業の資格がないからずっと準看護師さんだったんだって。で，高校行きたくって，準看護師さんしながら来てる人で。もうその頃けっこう，おばあちゃんだったんだ。でね，体育とかで，テストやんじゃん，バレーボールのラリー，卓球のラリー，「行きまーす」ってやると，1回も続かないの（笑）。

H：そうでしょうね，体がついてこないですもんね。

Y：そう。で，「ごめんなさいね」って言って，育てた筍とかくれるんだ。だけど，そういうところで，最初はさ，「おばさん，かっこ悪い」と思ってたけど，でもやっぱ，学ぶことは多かったねえー。花屋さんのほうは長

続きしないで，3ヶ月くらいでやめちゃって，そのあとに，無職だったり，バイトで花屋さん行ったりとか，自分探しもしながら，「やっぱり高校生になろう」って，昼間の高校にあこがれて。やっぱりその，座りたかったんだよね。

　尹さんは再度，高校受験をし，神奈川県立のH高校に合格した。1年遅れの高校1年生として入学することになったが，中学生時代の「やんちゃ」仲間でもあった友人が留年して同級になったこともあり，憧れの「座っていられる」高校生活のスタートとなった。
　高校生活は友人と楽しく過ごすことに費やし，高校卒業後の進路などについては，「ぜーんぜん考えてなかった」という。そんな日々で，当然のように，在日コリアンであることは隠し続けた。
　高校2年生の夏，尹さんは恋人に，ルーツを打ち明けたいと考えた。「すごい好きだったから」，「自分のすべてを知ってほしい」という思いからだった。デート中に，「大事な話がある」と切り出したものの，どう話したらよいかと悩み，やっと出てきた言葉は「ごめんね」だった。
　言いながら尹さんは，「『ごめんね，嘘ついてて』じゃなくって『ごめんね，韓国人なんかで』」の「ごめんね」だったと感じていたという。尹さんにとって在日コリアンであることは，謝らなければならないほどネガティヴなことであったのだ。打ち明けられた恋人の反応は，そのネガティヴな感覚を変容させうるものではなく，尹さんは，韓国人であるのは「父親だけ」だと，また嘘をつくことになってしまった。

　Y：だけど，その時はすごい好きだったからね。だから言ったけどね，言うときね，……本当は，自分のすべてを知ってほしい人だから言ったはずなんだけど……。車の中でずっと一緒に話してる時に，「大事な話があるんだ。もっと前に言わなきゃいけなかったんだけど」，もう，付き合って1年以上経ってから言ったから。相手，年上の人だったのね，もう社会人だったしね。「なに，何？」って，向こうは言うわけ。「そのーー」って言って。なっかなか切りだせなくって，「あのこと？　このこと？」とか

言われるんだけど，全然，見当違いのこと言ってて。で，最初に「ごめんね」って言ったんだよね，私。自分は韓国人なんだって表現する前に。その「ごめんね」っていうのはね，「ごめんね，嘘ついてて」じゃなくって「ごめんね，韓国人なんかで」だと思うんだ。それはね，すごくそう思う。……で，そん時に，「親が韓国人なんだ」って言ったときに，彼が，「えっ，2人とも？」って言ったの。そん時に，「やばいっ」って思ったから，「ううん，お父さんだけ」って，結局嘘ついたのよ。

H：その，「ごめんね韓国人で」っていう気持ちっていうのは，後から，「あの『ごめんね』はそうだったんだな」っていう。

Y：言ってる時も思ってた。なんか，これが，全然違うことだったらさ，嘘ついてることに対しての「ごめんね」じゃん。だけどあたしの「ごめんね」ってやっぱり韓国人であることに対しての「ごめんね」なんだよなあって。で，彼は，そこまで深く考えられてないんだよね。隠し事をしていたことに対して，「ごめんね」だと思ってる。「いいんだよ，僕は，許してるよ。正直に，何でも言ってくれていいんだよ」みたいな，「君が，僕への隠し事を，そうやって打ち明けてくれてうれしいよ」みたいな，そういうトーン。で，こっちはやっぱり，まだ，すっきりできないんだよね。言ったはいいけど，「父親だけ」ってまた嘘ついちゃったから。

必死の思いでルーツを打ち明けた恋人とは，結局，しばらく後に別れてしまった。原因は尹さんの出身ではないが，上の打ち明け話のときに感じた温度差は，恋人との別れに至る気持ちの齟齬の最初のものだったという。

高校時代──「緊張がほぐれて」いく「出会い」

上述の打ち明け話からしばらく後，尹さんはH高校で，ある教諭に出会う。川崎市で1986年に制定された「川崎市外国人教育基本方針」の策定に携わるなど，外国人の子どもの教育に力を注いだ三浦泰一教諭である。三浦教諭との出会いの契機は，尹さんが，母親の営む韓国居酒屋を手伝っていたことだった。尹さんの母親の居酒屋は，青丘社ふれあい館の近くにあり，民族運動のためにふれあい館に集う人々はその店の常連客であった。

尹さんが在日韓国人であることを知った三浦教諭らは，たびたび校内で「オモニ元気？」などと声をかけてくるようになった。ルーツに触れる事柄に「蓋をして」，注意深く隠しながら，女子高生としての楽しい日々を謳歌していた尹さんにとって，それは耐え難いことだった。

Y：うちの母親，韓国居酒屋さん始めたわけね。で，母親のところ手伝ってて。そうすると，この界隈，青丘社，ふれあい館関連の人たちがさ，飲みに来てるんだよね，韓国料理屋さんだから。で，高校２年生の時に，中間テストかなんかに，ちょっと遅れて行ったんだ。その日，また夜，お店手伝ってたら，先生だったの，うちの高校の社会科の先生。「あ，今日，試験，遅刻したでしょう」とか言われて，「なんだこいつ」とか思ってたら，ふれあい館に，ボランティアとかで出入りしている先生で，その帰りで。朝鮮問題研究会（以下，「朝問研」と略記）活動とか，人権の意識の高い先生で，その先生のボスみたいな，三浦泰一さんていう人がいて，その人がこの，神奈川県の，外国人生徒教育指針みたいなのを作る時に，こう，すごく活躍した先生なのね。で，県立高校の，その本名実践とかを，一所懸命やった先生で，その人がたまたまＨ高校に転勤して来てて，まあ，捕まっちゃったんだよね。ばれちゃって，うちのお店にはよく来てた人だったみたい。で，そこと，私とつながって，「あの子は在日じゃないか」っつって，きっとターゲットにされたんだよね。で，学校で会うじゃん。で，こっちはもう，キャッキャキャッキャ学校ではしゃいで会ったときに，その一，先生と廊下ですれ違うと，「よう，オモニ元気？」とか言ってくるの。もう「ぶっとばすよ？」と思って。こっちはずうーっとね，蓋をしてきてることなのにね，「なんなの？」とか思って。で，授業のあとにさ，前から出ていけばいいのにさ，その先生とその先生の一味がさ，こう，すーっと後ろのほうの席，わざわざ通ってって，声かけて行くんだよね。

尹さんは母親に，学校でのできごとを訴えたが，母親の三浦教諭らに対する見方は肯定的なものだった。常連客であるふれあい館関係者の会話などから，

その活動を知っていた尹さんの母親にとって，三浦教諭らは「"朝鮮人なんかのことを"，一所懸命やってくれてる」，「いい人」であり，教師という敬うべき職業の人々であった。

H：あの，「そんなことがあったのよ」って，ご家族に話したりなさいました？
Y：言った，母親に。でも，うちの母親，この地域でお店をやってたから，その，三浦先生とか，その周辺の人とか，ふれあい館の人はよく知ってたみたいだし，お客さんとしてね。あと，ふれあい館の活動も，みんな打ち上げとかで，行ったりしてたから見聞きしてるし。だから肯定してるよね。その，私に「本名を名乗りなさい」とか，「民族的なアイデンティティを確立して生きなさい」とか，そういうんではなくって，「あの人たちは，いい人だ。一所懸命やってくれてる」と。それも，その，「いい人だ」っていうところのスタートには，「"朝鮮人なんかのことを"，一所懸命やってくれてるんだから，あの人たちは，ともかくいい人なんだ」って。それに，先生を敬わなきゃいけないから，「そんなあんた，そんな，先生に生意気な態度とっちゃだめよ」っていうことと。

尹さんは，居酒屋の手伝いで会うたびに，三浦教諭に，学校で話しかけるのをやめてほしいと抗議した。そんなある日，三浦教諭は，尹さんをふれあい館に誘った。「1回だけ，自分に付き合ってくれたら，もうやめるから」と言われ，尹さんは，これで縁が切れるという思いが「99％。残り1％ぐらいは，ほのかな好奇心」で，ついて行くことを承知した。

そのときの感覚は，「電源が入った」ようなものだと尹さんは表現する。在日コリアンであることは，「意識しないように一所懸命意識して」暮らしてきたことで，そこに，差別意識ではなく，表出させようとする積極的な働きかけを向けられたことで，「ほのかな好奇心」が刺激されたのだ。

尹さんにとって，ふれあい館は未知の場所であったが，館の職員らにとって尹さんは，よく利用する居酒屋にいる少女であり「よく知ってる」存在だった。"やすこ"さんではなく，"アンスジャ"さんとして紹介され，コリア語で

挨拶をされ，「そんなふうに，直球で言われたこととかない」尹さんは戸惑ったが，尹さんが在日コリアンであることを誰もが当然の事実として知っている場所に，在日コリアンとして迎え入れられたことで，「いまさら隠しても，って感じ」があった。

また，ふれあい館の職員で在日外国人である人は民族名を名乗っているが，尹さんは，それを見て，「韓国から来たのかな」と思ったという。尹さん自身や家族・親族がそうであるように，在日コリアンは基本的に日本名を使用しているという認識があったためだ。民族名で仕事をしている在日コリアンの職員を見て，「この人たちおかしい」と感じたという。それほどに，尹さんの経験してきた日本社会は，民族名を名乗ることが不利益につながるものであったといえるだろう。

Y：で，もう，店にいる時に「ほんと勘弁してください，やめてください，学校で話しかけんの。学校行かないからね」っていうやり取りを，けっこう長くしてたら，「じゃあ1回だけ，自分に付き合ってくれたら，もうやめるから」って言われて，三浦先生に連れてこられたのがふれあい館。

H：そのときは，何かの会の時？

Y：ううん。なんでもない時。で，「アンスジャだよ，うちの高校にいる子なんだよ，紹介する。みんなもよく知ってるけどね」みたいな感じで，あちこちの部屋で，事業展開してる職員にこう，紹介されたわけ。そしたらみんな「おおーー，知ってるよー」とか，「アンニョンハシムニカ」とかって言われてるんだろうけど，そんなふうに，こう，直球で言われたこととかないからさ，なんて返事していいかも分からないしさ。ただなんていうの，いまさら隠しても，って感じだよね。みんな知ってんだから。だから，そういう意味では，「居心地がいい」までは，言ったら嘘だよね。まだ初めて。まあでもなんか，うん，「変わったとこだな」と思った。大人の人たちが韓国語で名前とか言ってて，「韓国から来たのかな」と思ってたの，最初。「韓国から来た人ぐらいしか韓国の名前なんかで生きてないでしょう，子どもじゃないのに」って。子どもはほら，学校行かすのに，親が本名で行かしてるからだけど，でも，そうじゃないってこう，わ

かって。ふれあい館案内されながら。「バッカじゃないの？」って最初，思ったの。……ほんとに。「バッカじゃないの？」って思って。ほんとなんか，「この人たちおかしい」って。

H：(ふれあい館に行こうと) 言われて，もうそん時は，「ついて行ったらこれで，縁が切れるんだ」みたいな？

Y：のもあったよね。それが99％。残り1％ぐらいは，ほのかな好奇心だよね。やっぱりさ，ずうっと隠してきて，ずうっと蓋をしてきたことっていうのは，意識しないようにするために，自分の暮らしの中でも意識しないようにしてるんだけど，その，意識しないように一所懸命意識してるわけじゃん。だからさ，そこに触れられるのって，いやなんだけどさ，いやだけど，なんていうのかなあ……こうー，スイッチが入ったっていうか，そこに電源が入ったんだよね。

H：ご自分の中で電源が入った気持ちっていうのがあったんですか？

Y：そこまでその瞬間は認識してないけど，ふり返って考えたらそうだね。でもそのときに，ほんとにいやだったら，来ないじゃん。

ふれあい館を初めて訪れてから程なくして，尹さんの姪が通う桜本保育園[11]で運動会があり，尹さんはその応援に行った。そこで尹さんは，三浦教諭を介して，在日コリアンであるひとつ年下の少女，ペク・ユナさん（仮名）と知り合った。

ペクさんは民族運動家を両親に持ち，日本名をもたない。彼女は三浦教諭の前任校であったI高校で，朝問研に所属しており，外国人登録の指紋押捺を拒否するなど，高校1年生にしてすでに運動家であった。尹さんはそれは知らなかったので，民族名で紹介された彼女を，「この子も韓国から来たのかな」と思ったという。それと同時に，自分自身も民族名で出会い，年の近い者どうしであることで嬉しさを感じ，「なんか，共通点があるんじゃないか」と，「チェサってやってる？」と話しかけた。ペクさんは，アボジ，オモニといった家族の呼称を始め，在日コリアンであることを一切隠すことなく尹さんと話した。民族性に蓋をし，嘘を重ねてきた尹さんにとって，「最初から嘘はゼロ」の気持ちよさがあったという。

Y：その直後に，桜本保育園の運動会があって，そこに，私の姉の子どもがいて，それを見に行ったの。とっても可愛がってたから。で，なんとなく，ふれあい館と近しい保育園っていう印象はあったんだけどよく，詳しく知らなくって行ったら，あのー，……そう，行ったら，そこに，三浦先生とかいて。で，その時にユナに初めて会った。彼女はもう，指紋押捺拒否して，I高校で朝問研なんかで活動バリバリ，バリバリしてる子で。運動会で，チャンゴかなんか叩きに来てて，で，三浦先生も来てて，で，「同じ在日のペク・ユナさんだよ」って紹介されて。「この子も韓国から来たのかな」とか思ったんだけど，すっごい元気のいい，はつらつと，生き生きとしてて。挨拶したでしょう？ 隠さない状態で会ったでしょう？ 向こうではほら，「アンスジャだよ」とか勝手に紹介されてるから。だからなんか嬉しかったんだろうね，私，あの子に向かって，「チェ，チェサってやってる？」って聞いたの。なんか，共通点があるんじゃないか，同じ世代だしさ。で，そしたら，あの子んちはクリスチャンだから，「うちはチェサはやらないんだけど」，「アボジが，オモニが」とか言って，その，全然（在日コリアンであることを）隠さないで，バアーッとかって喋るから，嬉しかったのを覚えてるね。最初から嘘はゼロじゃん。で，それはそれで終わったの。「また今度会いましょうね，交流会やりましょうね」なんていって，「はあどうも」なんて言って，終わったんだけど，それを多分，三浦先生が見てたんだよね。

それからさらに数週後，三浦教諭は「学校で，また」尹さんに声をかけた。ペクさんとの出会いを見ていた三浦教諭は，I高校の文化祭で，ペクさんの所属する朝問研の生徒が文化発表をするから見に行こうという誘いであった。在日コリアンであることの象徴をひた隠しに隠し，民族にまつわるすべてを拒否していた状態から，「電源が入っ」ていた尹さんは，I高校ならば顔を出しても自分のルーツが知れることはないという安心感と，ペクさんへの興味から，文化発表を見に行くことにした。そして，文化発表に「ジーンとした」。「血が騒ぐ」と言いうるほどの感動があったのだ。

また，文化発表の場では，尹さんと同じ年頃の，同じルーツをもつ生徒たちによる自己紹介もあった。「聞き流してほしいぐらいに」口ごもりがちに民族名を名乗る生徒もおり，その姿には，自身を重ねて容易にその体験を想像できた。この経験は，「電源が入った」所に「ログインした」状態だという。
　同じ年頃で，おそらくは自分と類似する経験をもつであろう在日コリアンの生徒たちを目の当たりにしたことは，尹さんが抱える，民族性に触れられることへの「緊張」が，尹さんだけの経験ではないことを知ることであったといえるだろう。

Y：で，今度，学校で，また声かけられて，で，「何!?」って言ったら，今度そのユナが，学校，自分の高校で，朝鮮問題研究会かなんか，サークルをやってて，そのサークルで，文化祭で，発表するから，それを一緒に見に行こうって言われて，で，「俺と一緒でいやだったら，自分で」って。で，ユナのことはやっぱりさ，気になるじゃん。で，I高校，私の高校じゃないし，違う高校だからと思って，見に行ったの。そしたら，朝鮮文化とか太鼓とか踊りとかに，興味も関心も何にもなかったんだけどさあ，ま，あのー，見たらさあ，ジーンとしたんだよね。血が騒ぐって言っても，大げさではないと思うんだけど，その，技量的にはさ，ユナはもちろんうまいけど，高校生がやることだからすばらしい文化発表とかではないんだけどさ，一所懸命さと，自分たちが，何で（朝問研活動を）やるのかっていう事も語られてし。そしたらその子たちの背景ってさ，簡単に想像がいく訳じゃん，私だって。その中で，「ペク・ユナです」ってはつらつとマイクを持って言える人と，かろうじて，民族名をこう，みんなの後押しの中で，聞き流してほしいぐらいに，たとえば，「新井です」みたいに言った後で，「お前，違うだろ？　もう一個あんだろ？」みたいに言われて，（口ごもるように）「ああ……ああ……キム○○です」みたいな，言う場面とかを見てね，なんかこう，なんていうのかなあ，家族親戚じゃない在日の人の，いろんな背景がある暮らしとか何とか，見て，そうだねえー，ちょっと，熱くなるものがあったんだよね，胸が。ほんとに。で，その，名前を言ったりとか，そういう取り組み全体を見てさあ，なんていうのか

なあー,感化されてはないんだけどさあ,要するに電源が一回入ってるところに,そうだね,言うなら,ログインした感じかな。うーん,そうだねえ……ずうーーっと隠してたことなのに,チョンと触れられたら,水たまりと同じね,ビョーーンてこう,響いちゃったんだろうね,その,まあ,全面的に拒否はしなくなって。なんかこう,緊張が解けていきつつ,朝鮮とか韓国ってとこに触れられたり,自分が触れることの緊張が,ほぐれていったんじゃない? 出会いとか,そういう体験で。

高校時代――「隠さないで,仲良く」

部落の子どもたちにある時期推奨された部落民宣言のように,民族教育においては,民族アイデンティティを示すものとして,民族名を名乗ることが推奨されてきた。在日外国人生徒の教育に関心をもつ教員たちの再三のはたらきかけの過程で,尹さんは,自分の名前として「ユン・アンスジャ」という民族名があることを認識させられ,考えさせられた。学校にいる時間は教員を避けて通ることができたとしても,母親の店を手伝っていれば教員らやふれあい館の関係者と話さないわけにはいかない。しかし,依然として韓国は「かっこ悪い」「隠したい」もので,韓国人であることがわかってしまうその名前は,「変」で「かっこ悪い」と感じられた。

Y:呼び名として,「アンスジャ」っていうのが私の,この人間についてる名前として,こう,考えさせるみたいに示されたのは,その高校の先生たちとの出会いだよね。うん,その時だよね。勝手には呼ばせてないよ。呼びたがって,「これ"アンスジャ"って言うんだよね」とかって言ってくるけれども,それに対しては拒否っていうか,拒絶をしてたから。でも,ふれあい館に連れてこられた時はそうやって民族名で紹介されたね,勝手にね。

H:「"アンスジャ"って呼ばないでください!」とか言ってたりとかしたんですか?

Y:あ,「そんな変なふうに言わないでください」って言ったと思う。そんな,「アンスジャ」っていう言葉を口から出さなかったと思う。「変」って

形容したり。いやだった。かっこ悪いじゃん。かっこ悪いと思ったのね。その，たとえばそれがさ，キャサリンだったら，分かる？　それ，ごく一般的な感覚だったと思う。その当時の高校生で。キャサリンだったら，「実は私の本名は，キャサリンって言うのよ，ハハーン」みたいな感じだったかもしれないけど。でも，その名前イコール韓国ってわかっちゃうじゃん，みんなに。だからいやだった。韓国を隠したいから，韓国がいやだから，韓国の名前がいやだったの。

　この頃，ふれあい館には，在日コリアンの戦後補償請求裁判の支援団体の事務局がおかれ，運動家たちがたびたび学習会などのために集まっていた。運動家たちは「ちょっと憧れの」，尹さんよりやや上の世代の人々であり，そこに在日コリアンだけではなく日本人もいたことも，尹さんの関心を惹いた。彼ら／彼女らは，民族にかかわることについて「知りたいなって少し思ってきた」尹さんに，戦後補償問題についてよく話をしてくれた。尹さんは彼らの活動に共鳴し，学習会などに「誘われるがままに」，「入りびたり」になっていった。
　運動へのかかわりの中で，尹さんと同じように，民族名を名乗れずに生活していた過去をもつ在日コリアンの人々から話を聞くことも多かった。日本名での生活から，民族名で生きるに至るまでの経験を「リアリティをもって」話す人々の「話を聞くのはすごく好きだった」という。

Y：大きな出会いがね，その頃91年に，在日の戦後補償を求める裁判が始まったのね。で，その裁判を支援する市民運動の事務局がふれあい館にあったのよ。だからこのふれあい館へ集う，ちょっとあこがれの上の世代の人たち，在日もそうだけど，日本人が，一所懸命市民運動をやってる姿ってさ，隠してたんだけどちょっと関心が出てきてー，知りたいなって少し思ってきた時にちょうどいい，先生っていうか，教材だったんだよね。で，「在日の戦後補償を求める運動っていうのがあって」ってこう，話聞いてたらさ，どう考えても理不尽じゃん。戦争の時は日本人として連れてかれたのに，戦争が終わったら「あんた外国人だから何の補償もないよ」って，それはおかしいっていうふうにさ，私はもう，生きている時に

会ったことのない，祖父母の世代が裁判をやってる。それを支援している人たちが身近にいる，で，その人たちからこの，「こんなにおかしいことなんだよ」って聞かされたら，激しく同意，すごくこう，共鳴，共感。で，だから自分は隠れコリアンの，学校ではそういう生活をしながらも，そういう市民運動の学習会だとかに，誘われるがままに，もうほんっとに，それこそ入りびたりで。その中で，やっぱりいろんな，いい出会いがあるんだよね。職員の人もそうだし，在日の，「高校生まで隠してたけれども高校生の時から本名を使ったんだよ」っていう，ちょっと上の世代の人たちに。それはもう，三浦先生が，裏でこう，あれしてるんだけども，とか，いろんな青年の先輩たちがこう，声をかけてくれて話を聞くんだよね。その人たちの話を聞くのはすごく好きだった。だから，今まではそういう人が身近にいないじゃん。"自分もこういう気持ちで隠してたんだ，だけど，こうで，こうで，今本名で，こうやって働いてて，こうなんだよ"とかっていう話をリアリティをもって，身近な人で話してくれる人なんていないじゃん。家族なんてそんな話，しないしさ。

一方で，尹さん自身が民族名を名乗ることへの抵抗はなお強くあった。学習会などの場で自己紹介を求められても，「日本名言ったら怒られる」と思いながら，なかなか自分からは民族名で自己紹介ができず，誰かに代わりに民族名で紹介されることが続いた。

また，運動で出会う人々の前では「日本人ではないっていうことを，隠さないでいれ」たが，学校の友人たちに在日コリアンであると知られることへの怖れは依然強く（尹さんはその状態を「緊張」と表現する），運動家の人々と一緒にいる姿を見かけた友人に「誰？」と訪ねられても，「バイト先の人」などとごまかしてしまっていた。

Y：民族名で呼ばれたり，自己紹介を迫られたりする場面っていっぱいあるじゃん。講座とかさ，いろんな人に出会ったときとか，「名前はっ？」とか，それこそ職員の人とかからさ。で，私が，「あのー」とかって，"ここで日本名言ったら怒られる"と思うし，とかっていると，勝手に私に代

わって，自己紹介してくれたりとか。だから，日本人ではないっていうことを，隠さないでいれる場所が，居心地がいい場所が増えたんだよね。ただね，緊張はしてたよね。そういう，市民集会に参加したりしつつ，その界隈の人たちと一緒にいる時に同級生とかに，ほら，地域だから，会うじゃん？と，「昨日なに，誰ー？」とか言って。「あ，バイト先の人」とかって。だから，やっぱりこの，使い分けじゃないけど。

尹さんにとって，民族名で生きることは，「強い」人のできることで，「私にはできない」ことだった。ある学習会で，尹さんは，民族名で花屋を営む女性の話を聞いた。発言を求められた尹さんは，花屋を経営するその女性に，「キムさんは，強いと思います」と感想を述べた。すると，尹さんをすでに知っていたキムさんからは，「強いから民族名が名乗れて」，「弱いから名乗れてないんじゃない」と指摘され，「ガアーンと」きたという。市民運動の現場でも，民族名を自ら名乗ることができず，まして学校では民族性が露見することに対して緊張して過ごしていることを「弱さ」のせいにしていることに，気付かされてしまったのだ。

Y：すごく覚えてるのが，"在日と職業"とかいう人権尊重学級に出て，花屋さんが，ゲストスピーカーだったの。自営業で店舗持ってる，はつらつとしている女性で。自分が花屋さんやっていく中で，キムっていう名前で，女性で，市場で，いろんな男性から，からかいとか励ましとかあって，って。「店をやる時も，『客商売だから，キムじゃないほうがいいんだ』ってアドバイスしてくれる，親切な，大きな勘違いの人もいて」なんて話を，すっごく楽しく聞いたの。いろんな職業聞いたんだよ，弁護士さんとか。でも，花屋さんて自分にすごくこう，近づけて考えられるし。で，そん時に，その人権尊重学級担当してた職員さんが司会やってて，「質問，ありますか」とかって。みんな質問してんじゃん，あたし質問とかできなかったの。そんな，言葉ももってなかったし，ただ，「すごいなあ，すごいなあ」って思って。でも，指されちゃったの，その時に。それも，韓国語の名前で。「なんかなあい？」って言われて。なんか言わな

きゃいけないじゃん，指されたら。だから率直に，「うーん，キムさんは，強いと思います」ってふうに言ったんだ。その時に，きっぱり言われたの，「『強い』じゃない」って。「強いから本名が名乗れてて，その反対に，弱いから名乗れてないんじゃない」って。で，(キムさんは) あたしのことよく知ってるのね。(尹さんの母親の) お店のお客さんでもあった人みたいで。聞いてたんじゃない？　だから，「あなたが，今学校とかで，名乗れてないことが，弱いことじゃないんだ」っていうふうに言われたの。みんなほら，ここで会う人はみんなかっこいいじゃん。「強いなあ」って思ってたんだけど，「強いから民族名，弱いから日本名ではないんだよ」ってことを，そん時にズバッと言われてもうそれがガアーンときて。(それまでは) 私は弱いから名乗れてないんだって，弱さに逃げてたのもあるし。

H：どうして自分は名乗れないのかなあっていうふうには考えました？

Y：考えた。でも，それっていうのはさ，18年間，ずうっとウジュウジュ，思ってたことだからさ，急に，いろんな人に会ったからってさ，ポンポンポンとは答えが出ないんだよね。グジュグジュ，グジュグジュ悩んでさ。本もたくさん読んだよ。

H：その頃は，自分の名前を民族名で言えるということは，すごいこと，強いこと，かっこいいことっていうイメージはありましたか？

Y：言えることっていうか，それで生きることね。うーん，かっこいいとは思ってなかったね。やっぱり強い。すごい。でも私にはできない。

尹さんが市民運動に「入りびたり」になっていた頃，三浦教諭は，休止状態になっていたH高校の朝問研活動を再開させようと，たびたび尹さんを誘っていた。在日コリアンと日本人とを「使い分け」ていた「隠れコリアン」の尹さんは，当然，逃げ回っていたが，尹さんの友人たちが事情を知り，「一緒にやってあげるよ」という態度を示し，定期的に朝問研の集まりがもたれるようになった。H高校の朝問研は，在日コリアンをめぐる問題に関心をもつ生徒の集まりというよりも，尹さんを大切に思い，支えようとする友人たちと一緒に，尹さんが民族性を隠すことなく過ごせる場としてスタートしたといってよ

いだろう。
　尹さんにとっては，民族性を隠し続け，緊張して過ごしていた学校の中に，隠さずに過ごす場所が生まれたことになる。日本名と民族名のふたつの名前の間で悩み続けた日々に，「悩む場所があった」「支えてもらった」と尹さんは回想する。

Y：（H高校の朝問研は）実体なかったの，なんにも。名前はあったけど。それで，それを，「やろうよ」って誘われてたんだよね。

H：ええと，あ，先生にですか？

Y：そう。「いやだ」って逃げてて。だけど先生が賢いのは，私の友達から固めて，私の居心地のよさを追及したんだろうね。あたしの友達で，すごくいちばん仲良かった子たちで，なんで一緒に朝問研やってくれるようになったんだっけなあ。先生が多分口説いたんだと思う。私を支えるようにっていう形で。（友人は）「なんか困ってるみたいだから，ちょっと一緒にやってあげるよ」みたいな。あたしが困ってるの多分，分かってたの。先生にちょこちょこ，「社会科準備室まで来てください」とか放送とかで呼ばれてたから。日本名でね。「本名で放送で呼んだら絶対学校辞めてやる」っつってたから。

H：じゃあ，困ったなーっていう気持ちが，かなり長い間ありましたか？その，三浦先生に，取り付かれちゃって。

Y：だってばれたくないじゃん。限定的な，ふれあい館とか，I高校のそういう人たちとの場所ではさあ（隠す必要がなかったけれど）。（中略）悩んでる時に，こう，悩ませてくれたし，悩みを支えてもらったし，悩む場所があったんだよね。今，私は悩んでていいんだっていう場が保障されたようなもんじゃん。なんか保障されたような，うまく言えないな。……要するにだ。フフ，あの，そん時思ってたのは，悩む時って一人で悩むじゃん，だいたい。だけど私には，こんなにも悩める場所があるんだなって。あの，考えられる場所，考えてもいいんだよって言ってくれる人とか，考える場所を提供してくれる人とか。場所っていうのはその，空間じゃなくって，なんていうのかな，心をね。

尹さんが初めて自分の口から民族名で自己紹介ができたのは，高校3年生の夏ごろ，市民運動の学習会の場であった。そこは，民族名を名乗れない悩みを抱えてきた尹さんを受容しうる「あったかい場」だった。その後の夏休み，朝問研の合宿の中で，尹さんは，学校で本名宣言をすることを提案された。朝問研にはその頃，日本人の友人だけでなく，他の在日コリアン生徒もいて，民族名を名乗って生きていくことを支える人々がいるという認識が，尹さんに形成されていた。

　しかし，それをクラスメイトの前で説明することについては，「夏休みいっぱい悩んだ」。民族名で生きるといっても，その決意は，「韓国人のユン・アンスジャ」として「完成」されているのではなく，「これから，隠さないで生きていきたい」という，まだ弱々しいものだった。朝問研の友人がいること，級友や教員が「あたたかい」人々で，受け入れられることを信じられたからできたことだった。

H：例えば市民運動の場所で，初めてご自身で民族名で自己紹介をした頃っていうのはいつごろですか？

Y：学校で，本名宣言する前だから，高校3年生の9月に多分，本名で生きますって話をしたと思うから，なんか学習会で，順番にこう言って，私の隣がね，ユナだったのかな？「ペク・ユナです」って話してるの見て，で，私もね，そこで初めて言ったと思う。でもそれってさ，あったかい場じゃん。私にとって，いちばん居心地がいい。だから，緊張したけど，笑顔で，自分の名前を言えただろうね。肩に力を入れないで。

H：本名宣言は，どなたの発案だったんですか？

Y：いや，だから，隠さないで学校とかでもこうやって，この名前を遣って生きていく，生活しますよっていうときにね，ただ「名前が変わります」じゃあ，私が，せっかく考えたりしたことの意味がないから，卒業に向けて，せめて同じクラスの人たちに，なんで，韓国の名前で生きていこうと思ったかっていうのを，「話したほうがいいんじゃない？」って言われて。合宿でそういう話になったのかな。夏休み中の。で，それにはすごく悩ん

だの。夏休みいっぱい。なんて話そうか，とかね。で，英語の先生が「ああ，ぜひ私の授業使ってちょうだい」みたいに言ってくれて。そのクラスがあたたかかったんだよね，先生もね。だから。

　宣言の中で尹さんは，外国人である自分の経験の中で，「いやなこともいっぱいあった」「だから本名を名乗るのも怖い」と語り，それでも，「差別はんたーい！」と，"日本社会からの差別と闘う外国人"のような対立図式を立ち上げるための宣言ではなく，ただ「隠さないで，仲良くしたい」のだという思いを説明した。嘘のない尹さんの状態で，それまでのように友人として，クラスメイトとして付き合っていきたいという思いの表明だった。

　この頃の尹さんにとって，在日コリアンであることは，マイナスではなかったが，肯定的にもとらえられない「ゼロ」，あるいは「ゼロになろうと思ってた」状態だった。「ユン・アンスジャ」という民族名も，自分の名前として充分にしっくりきているものではなかった。本名宣言は，在日コリアンであることを隠さずに生きるための，「はじめの一歩」だった。

　宣言を受けたクラスメイトたちは，民族名を「頑張って呼んでくれ」るようになった。事情を知らない他クラスの人が，尹さんを日本名で呼んだ場に居合わせて，「違うんだよ，在日で」と，民族名で暮らそうとする尹さんの思いを伝えてくれることもあった。尹さんはその経験を「財産だと思う」と語る。

H：本名宣言をすることになって，その時はまだ，自分の名前としてすごくしっくりくるという印象ではなかったですか？

Y：しっくりきたいなっていう願望だよね，あれっていうのは。私は，韓国人のユン・アンスジャです，っていうふうに，完成されたから，「さあ今日から，韓国の名前で生きます」っていうよりは，これから，隠さないで生きていきたいんだ，っていうはじめの一歩だっていうふうに，あのとき思ってた。一人でガンガン行進するんじゃなくって，歩み寄れたらいいなあって思ってたの。そのさ，私，「日本の中でいやなこともいっぱいあった」って言ったの。いやなこともいっぱいあるし，外国人だからって制限されることもいっぱいあるし，だから本名を名乗るのも怖いんだけど，本

当に隠さないで，仲良くしたいから，そのためのはじめの一歩だと思ってるし，日本人と韓国人って言ってさ，独立するんじゃなくて，「はんたーい！ 差別はんたーい‼」って言うよりは，「一緒に歩きましょうっていうつもりだ」って，話をしたと思う，そん時．

H：その時には，韓国人の自分ていうものを，ある程度プラスに感じるようなところもありましたか？

Y：プラスまではいってないね．ただ，ゼロじゃない？ うん，ゼロになろうと思ってた．プラスまでは思ってなかったね．

H：もう翌日から，友達から名前を呼ばれた時も「河合さん」って言われたら「尹だよ」って言い直したりとかっていうふうにはしました？

Y：そーれはね，すんごく大変で……．だから，言えたり言えなかったり．うちのクラスの人たちはさ，みんな頑張って呼んでくれてるんだけど，（事情を知らない）隣のクラスの友達とか，そうするとね．でも嬉しかったのが，隣にいる日本人の友達が，朝問研じゃない子とかが，私の代わりに，「あ，違うんだよー，在日で」とか，言ってくれたりして．それって，そん時に嬉しいなと思ったけど，今こう，十何年とか経ってもすごく財産だと思う．

　本名を名乗って生きることに対し，家族の反応はさまざまだった．両親は喜び，ことに，渡日一世で，尹さんに訛りをたびたび嫌がられていた父親は，「うちの娘はさすがだ」と周囲に「自慢してた」という．姉は，尹さんが社会に出てから，民族名で生きることで苦労するのではないかと心配しながらも，尹さんの思いを否定はしなかった．思春期の只中にある弟は，あまり口には出さなかったが，姉が民族名で生活することで，人から人を通じて自身のルーツが学友などに知られてしまうことを怖れ，「いやだったみたい」だという．

　家での呼び名は習慣であるので変えにくく，家族たちには，民族名で呼ぶことに照れがあったようで，最初は「アンスジャさま」など，ややおどけた表現で呼びながら，尹さんの民族名の実践を支えてくれたという．

H：本名を名乗るっていうことを，ご家族には相談なさいましたか？

Y：相談っていうか，「そうなったよ」って。流れがタイムリーでさ，地域だから。先生たちも親に言ってるし。でも，まあ，嬉しかったんじゃない？　結局。

H：「そんなことやめなさい」とかは言われなくて，ナチュラルな対応でしたか？

Y：ナチュラルはない，うちの家族はナチュラルっていう言葉がいちばん遠いんじゃないの？　フフ，そんな，激しい家族だから（笑）。母親は，その，照れ屋さんだから「変われば変わるわね」とか，そういう言い方するし，父親はなんか，「うちの娘はさすがだ」とか言ってなんか，すごい自慢してたみたい。

H：その頃，ご家族の中でも呼び名は変わりました？　やすこさんから，アンスジャって呼ばれるようになりましたか？

Y：ああ，じゃなく，「アンスジャさま」とか，こう，"立派ねー"みたいな。ハッハッハ。習慣はなかなか，修正するのにさ，そうじゃん？　けど，尊重してくれてたよ。あ，弟はね，いやだったみたい。あの，私が本名宣言するの。で，3コ（年）下だからさ，私がすっごく一所懸命隠してた時の感覚だから。「あー，勘弁してくれよ」とかって。だけどそのあと，私が留学中に，彼もふれあい館の若い子たちと出会ってサッカーチームとかに誘われたりして，で彼も結局本名宣言したんだけど。私も最初，弟にストレートに民族名で呼ぶのくすぐったくて，「○○，君」，って，呼んでて。で，姉は反対だったのよ。要するにさ，「そんなに甘くないんじゃない？　あんたは学生だけど。社会に出て，苦労するんじゃない？」っていう心配からの反対。

H：それを言われた時には，どう感じました？

Y：反発の気持ちはなかった。当然そう思うだろうと思ったし。きょうだいの幸せっつうのは願うわけじゃん。私の幸せをいつも願ってくれたから。それは今でも感じる。だからそういう意味で，心配の意味で，「大変なんじゃない？」っていうの（は当然だろうという思い）と，まあでも，姉はすごく優しい人で，姉の意見と全然違っても，頭ごなしに否定とかする人ではないから，そういうふうにされたことはなかった。もう，絶対的な信

頼が私はあるのね，姉に対して。

　尹さんは，高校卒業後の進路として，大学を受験するか，韓国に留学するかの間で迷っていた。本名宣言の後はとくに，在日コリアンをめぐる問題に知識のない人々にも，自分が在日コリアンであること，在日コリアンがどのような存在であるかということをいちいち説明しなければならない。日本で生まれ，日本で育ち，日本語だけしか解さない「外国人」という立場で，今後をどう生きていくか，またもや「自分探し」をせずにはいられなくなっていったのだ。

H：その頃ってちょうど高校3年生で，進路を決める時期ですよね？　どうしようって思ってらっしゃいました？
Y：うんーとね，迷ったんだよね。大学受験をするか，韓国に行くかで。でも，「韓国人だ」って言って，「えっ，韓国語喋れんの？」とか言われると，在日としての現状は理解してほしいから，「日本で生まれたから，喋れないんだ。在日はほとんど喋れないんだよ」って言いつつも，なんていうのかなあ，「日本で生まれた韓国人なんです」って，これからきっと生きていくであろう中で，その，故郷とか，母国って言われる韓国で，自分は何者なのかみたいなのを，探したいなっていう気持ちが。
H：尹さんにとって，日本というのは尹さんを受け入れない国だというイメージはありました？　本名宣言をした，間もなくぐらいの頃。
Y：その頃は，社会的にも，国籍条項とかあったりして，こうー，差別される側，差別する側みたいな見方ができちゃってた時も，あった。それでその，日本が受け入れない，云々っていうよりは，こう，自分がどう生きるかっていうことの方を考えてた。逆に，自分が韓国で，外国人じゃなくて，"内国人"なのか，何なのかを，確かめてみたかったの。それを確かめた後に，自分が，どこでどうやって生きていくのかっていうのを考えたいな，と思ったの。だから韓国に留学したの。

　民族名を名乗るようになった頃から，尹さんは，それまでは「うるっさいな」と遠ざけてきた，父親の身世打鈴（身の上話）をよく聞くようになった。

酔うと身世打鈴を始める父の姿は，ルーツを必死になって隠していた頃には恥ずかしく感じていたというが，民族名を名乗って生きることを選んでからはむしろ，「自分のルーツに，跡付けしていきたくって」積極的に訊ねたという。

その後，尹さんが留学を決めて韓国に降り立った時，「涙が出た」という。それは説明のつかない涙だったが，父から聞いた，父やその先祖たちの物語の末に自分があることを受容し，「行き永らえてくれたから，自分がいるんだなあ」という思いが強かったと思われる。

 Y：あたしが本名名乗った後は，父親の身世打鈴はよく聞いたよ，その，どうやって来たの？　とか。酔うと身世打鈴が始まってさ，隠してる頃はさ，「うるっさいな」とか思ってたけどさ，そうやって，留学前の頃なんて，逆にさ，自分のルーツをこう，跡付けしていきたくって，聞いた。ポンポン船に乗ってきたこととかね，

 H：お父さんの話を改めて聞いてみて，なんかこう，本当に，こういう人たちの歴史の後に，私がいるんだな，っていうような気持ちっていうのは？

 Y：なったねえーー，なった。だから，ほんっとに嘘じゃなくってねえ，その前も旅行とか，チェサとか，夏季学校とかで韓国に行ってたでしょう？　いざ留学で飛行機に乗って，韓国に着いて，降りた時に涙が出た。ほんっとに涙が出た。それはね，んーー，何って言ったらいいんだろうなあーー，血が騒ぐでもないし，なんで涙が出たのか，今でも説明つかないね。そん時はもっと説明つかなかったけど，……やっぱり，命のもとじゃないけどさあ，「生き永らえてきてくれたから，私がいるんだなあ」とかさ。あと緊張もしてたから，「留学生活はじまるんだって，今までの旅行とは違うんだ！」とか。

韓国を「かっこ悪い」と感じ，民族名を「変」としか表現できなかった状態から，民族名を名乗って生きる人々と出会い，その物語に触れるうちに，尹さんが目をそむけ，ひた隠しにしてきた民族名は，「隠さずに」暮らしていきたいものとして変化していた。同時代に生きる青年たちがその補償を求めて闘う，独特の歴史をもつ祖父母の世代の子孫であり，父がそうであるように，今

も外国人であることでいくつもの困難に出合いながら生きる人々と同じ困難をもつ集団の一人として自己を同定し、ユン・アンスジャという名をもつ在日コリアンとしての自己を受容していったといえるだろう。

そこでは常に、友人や運動家の青年たち、大人たちが、「あたたかい」関係で尹さんを支えてきた。名乗れないことを「弱さ」のせいにしている時間も、悩み続ける時間も、一人ではなく誰かがいることが、尹さんの心を支えてきたのだ。だからこそ、尹さんの本名宣言は、被差別の存在として日本人を告発するのではなく、「隠さないで、仲良く」、「一緒に歩きましょう」というものになったのだろう。

留学生活——「竹島に住むか」

尹さんは留学した段階では、コリア語はあいさつ程度しかできなかった。しかし、留学先では日本語を一切話さないと決意し、留学先の語学学校も、いくつかの選択肢の中から、日本からの留学生が少ないところを選んだという。

1年間の学校生活の後、語学学校の研究班に進み、年明けに語学学校が附属している大学を受験する予定で、大学の授業を聴講するなどしながら勉強を続けていたある日、知り合いの講師から、大学の授業で、ゲストとして在日コリアンとしての体験を学生たちに話してほしいと依頼を受けた。

尹さんには、「母国」といわれる国で、自分がどう生きるかを見定めたいという希望と同時に、「あたしが在日なのよ」という「気負い」があった。植民地時代あるいは戦後に、他国からの介入によって翻弄された朝鮮半島から、強制的に移動をさせられたり、あるいは移動を余儀なくされたりして日本に定住し、制度的あるいは非制度的不利益を被り、尹さんがそうであったように、現在なお、差別を怖れてルーツを明らかにできない人も多い、特別な歴史をもつ集団を代表する一人としての「気負い」であったといえるだろう。

しかし、尹さんの話を聞いた韓国人学生のほとんどは、アメリカやオーストラリアに自発的に移動した人々と、在日コリアンとの区別がついていなかった。また、日本で生まれ、日本で育ち、日本語を第一言語として、日本文化を内面化して育った在日コリアンが、日本人と異なる扱いを受け、「苦労がある」ことを知らない学生も多かった。韓国人の学生が「悲しくなったぐらい」何も

知らないことに，尹さんは「愕然とした」。

H：在日の現状についてというようなことや，ご自身の経験を話されたんですね？

Y：そうそうそう。一流大学の子たち，在日のこと，ぜんっぜん分かってなかった。悲しくなったぐらい。「日本人と変わんないのかと思ってました」とか，「そんな苦労があると思ってませんでした」とかがほとんど。「卒論書くのにインタビュー今，始めてるところです」みたいな子なんかもいたけど，ほとんど分かってなかったよ。……だからそこもね，愕然とした理由だよね。その，日本の友達のほうがよく分かってくれてるじゃんとか，フフフ。一部なのかもしれないけど，だけど……なんか，なんていうの，気負いもあったしさあ，「あたしが在日なのよ」みたいな。でも「在日」って言ったところで伝わらない。移民とかさ，結構あるんだ，韓国って。ロスとかオーストラリアに行って，新しく暮らし始めたりとか，コリアンタウンとかに。その移民二世とかの人たちと，私たちみたいな在日とのさ，区別がつきようがないんだよね，どこでも習う場所なんかないし。学習する場面なんかないし。だから，在外同胞への参政権のことなんかに関心があったりとかして研究してて，だったら知ってるけど。今はどうだか知らないけど，私が学生時代のときに，在日問題よく知ってる子なんかいなかった。先生たちは，在日が留学生で来るじゃん，その子たちから聞いてるから，なんとなく知ってるけど，そこまで問題意識はもってなかった。

尹さんは韓国でできた友人たちにも，在日コリアンの抱える問題を知ってほしくて話をした。尹さんの思いを理解して，仲の良い友人になった韓国人も何人もいたが，彼ら／彼女らとの会話の中で，韓国人の多くが在日コリアンの問題を知らないように，尹さん自身も朝鮮半島の問題に精通しているわけではないことを指摘され，「もっと関心をもってくれ」と言われたこともある。それは尹さん自身，指摘されるまで日常とは遠い出来事であり，「印象深い」指摘であった。

また，韓国人側から必ず出てきたのは，徴兵制の問題だった。男子学生たちは兵役に服する年頃であり，尹さんと同年代の学生たちにとって，「自分たちは，有事の時に国を守るために闘いに行かなきゃいけない」ということは，在外の同胞とは明らかに異なる義務ととらえられていたものと思われる。
　韓国では"内国人"なのかどうかを見定めたいという思いからの留学だったが，韓国人にとって尹さんは兵役もなく，北との対立が身近なものでもない在外同胞であって，韓国で生まれ育った韓国人，"内国人"ではなかった。

H：向こうでも，韓国人の友人ていうのもたくさんできたわけですよね？　彼らや彼女たちは，安寿子さんに会って初めて，在日コリアンの経験ていうのを知るわけですよね？　それについて，お互いに自分の身の上について話し合うような時間ていうのは，ありました？

Y：うん，あったよー。あったあった。だけどね，……彼らは大学の，学生運動なんかもしてたからさ，「だけどお前は日本でそういう，対日本っていうのを背負っているかもしれないけれども，自分たちは，自分たちの国が二つに分かれているところに住んでいるんだ」って。「自分たちのことを，お前は，在日のことを知らない，知らないって言うけれども，お前はじゃあ，自分たちの何を知ってるんだ？　知らないだろう」って。押し付けるよりは，「お前ももっと関心をもってくれ」っていうふうに，言われたのは印象深いね。大勢が言ったんじゃなくって，何人かと話しててね。あとほら，徴兵制があるでしょう？　ね，「そんなこと言ったって，お前の弟は，戦争が起こっても軍隊に行かなくっていいじゃないか」って。それでも，「在日も，じゃあ徴兵制で，軍隊に行ったらあんたたちは本当の韓国人だって認めるのか」って言ったら，「そういう物理的なことじゃない，心の問題だ」って言われたんだよね。でも，それは韓国人と話してて必ず出てきたね。その，「韓国人だっていうふうに，認めてくれだとか，韓国人だって言うんだったら，いざ，自分たちは，有事の時に国を守るために闘いに行かなきゃいけない」と。

H：その，国が分断していることとかについて，それまではあまり深く考えたことはなかったですか？

Y：うん。日常と遠かったよね，確かに。率直に言って。だからって一所懸命考えてたわけでもないけど。

「有事の時に国を守るために戦いに」行くという話を聞きながら，尹さんは，「私は，誰からも守られない」と思っていた。これはどちらの国からも"内国人"として扱われていない思いを端的に表したものだといってよいだろう。日韓間を頻繁に移動しながら，尹さんは，「飛行機が落ちたら，どっちで報道してくれるんだろう？」とよく考えた。どちらの国でも，乗客や犠牲者に自国民がいたかいないかを報道する。万が一のことがあっても，韓国のパスポートを持つ尹さんは，家族や友人のいる日本ではなく，「全然知らない人ばっかのところで報道され」るのだろうと思っていたのだ。

Y：でも私は，誰からも守られないと思った。飛行機に乗って移動するでしょう？「飛行機が落ちたら，どっちで報道してくれるんだろう？」っていつも思ってた。「日本人の犠牲者はいませんでした」とか，「日本人の犠牲者は誰々さん，誰々さん」ってなるでしょう？ 日本のニュース番組ではきっと，私が日本と韓国の間，飛行機で行ったり来たり行ったり来たりしてたじゃん，事故で私が，なんか，死んだりしても，きっと日本では私は報道されなくって，で，韓国でなんか，全然知らない人ばっかのところで報道されて，とか，それはね，よく考えた。だから結局，なんていうのかな，じゃ，あの，「竹島に住むか」って思ってみたり。

民族性を隠さない生き方を選んだ後の尹さんは，「所属感がほしく」なっていた。どちらからでもよいから，「あなたはここに属するんだよ」，「安心して」と言ってほしかったという。ある国で生まれ育ち，その国の人間として何の疑問もなく生活している人々のように，誰かわからない何者かから，自分のいる場所を保証してほしかったのだ。

尹さんは，どちらかから呼びかけられたいという「ないものねだり」の気持ちを「竹島に住む」と例えた。竹島は，韓国からも日本からも「好かれて」，「取り合われて」いる。尹さん自身も，上述のメッセージをよこすはずの何者

かから"自国の人"として必要とされたいという思いがあった。
　しかし，そのメッセージはどちらの国からも聞こえず，結果的として尹さんは，自分が「暮らしていくのは，やっぱり日本だな」と感じるようになった。

H：竹島に住むかって，もう少しその，気持ちを教えてもらいたいんですけど。
Y：隠してない生き方を選択した後は，今度は所属感がほしくなったりするんだよね。で，必ずしもいつもどこかに属してたいっていうことがあるわけじゃないんだけれども，そのー，なんていうのかな，都合がいいときには韓国人だし，都合がいいときには日本人だし，その逆もあるわけでしょう？　ちょうどほら，竹島は，領土問題でなんだけど，そのひとつの土地を日本もほしいし，韓国もほしくて取り合ってるから，竹島は，嫌われてない。どっちからも好かれている。ないものねだりの気持ちもあるんだよね。だからなんとなく，そこに，空想じゃないけど，そうやって言ってみたかったし，思いたかったし。でも，たまにちょっと思うときあるよ，今でも。竹島問題とかが，思い出されたかのように報道されたりするじゃない，そこで自衛隊がなんかやったとか，韓国の軍隊が訓練したとかって報道が出ると，心の中で，「フッ，本当は私のなのに」とか（笑）。
H：どっちも，尹さんを同じ国の人っていうふうに，とらえてくれないんじゃないかなっていうような思い？
Y：どっちか一方でいいから，例えば日本がA，韓国がB，（どんな国であるかは）どっちでもいいよ，どっちかが，「あなたはここに属するんだよ」ってはっきり言ってくれるのを待ってたかもしれないね。誰かにそれを言ってほしかったんだよ，ずうーっと。「あなたはこういう理由だからAです，間違いないです，安心して」って，それがどっちであっても良かったんだよ。でもさ，どっちとも明確にそれは，言ってくれなかった。うん，おかしいな，言ってくれる機関なんかないんだけれども，どちらからもそういって呼びかけられてるって感じられなかったし，じゃあ，だから自分が，じゃあそういう中でどう生きていくか，自分がどう生きて，じゃあ自分の，子どもとかに，どう伝えていくかだなっていうふうに，

思った。
H：じゃあ，結局，韓国も，自分の国ではないっていうふうなことを感じたのは，留学の経験の結果なんですか？
Y：自分の国じゃないって言うか，「あ，私が，暮らしていくのは，やっぱり日本だな」って思った。「韓国じゃない」って思ったんじゃなくって，「日本だ」って思ったの。

ところで，「尹安寿子」という名前は，韓国人にとっては奇妙なものである。韓国人の名前は1文字ないしは2文字の姓と，2文字ないしは1文字の名によってなる。3文字の名は，韓国で生まれ育った韓国人にとってはあり得ないものだ。[12]しかも，「安」は韓国人の姓として一般的なもので，尹さんは韓国人に自己紹介をして「1回もちゃんと通じたこと」がないという。あまりの不便さに，「韓国名だけ新しくつけようかな」と思うこともあったほどだが，韓国人としては奇妙なこの名前を，現在では「体を表す」名前だと感じている。日本で生まれた韓国人としての自認をもち，今後も日本で暮らしていくことを選んでいる，自己の立ち位置をよく表しているというのである。

H：名前が変だっていうのは，どういう言い方を？
Y：「はいっ？」とかって言って。だから，1回もちゃんと通じたことないってば。今でもそう，韓国人に対して自己紹介すると，……そん時は「はあ」って言われても，後からぜんぜん違う，「アンさん」とか「スジャさん」って呼ばれるの。韓国名だけ新しくつけようかなって思う時ある（笑）。便宜的に。……でもね，最近は，よーくあらわしてるなと思う，自分の立場を。「韓国人だ」とかって言うけど，韓国人なんだけど，日本で生まれて日本で今，暮らしてて，自分もこれから日本で暮らすことを，今は選んでて，その私の名前としては，韓国人から見たらヘンだし，在日の中でも変わってるけれども，それがその，つまり，パロ，私なんだよね。表してるなと，ほんと，「名は体を表す」ってよく言った。フッフフフ。

在日コリアンとしての自認を強くもち，日本で「外国人」とされる立場にあ

る自分が,「母国」といわれる韓国では"内国人"なのかどうかを見定めに行った留学先で,結局,尹さんは誰かから"内国人"として呼び掛けられることはなかった。「母国」でも,在日コリアンは"在外"同胞であった。「尹安寿子」という名前のように,韓国と日本のどちらにいてもどこか慣れた感じにならず,竹島のように取り合われる身にはならなかった。

　最終的には,自分の暮らしていく場所を「日本だ」と感じたが,それは日本という国の内実の問題ではなく,家族や友人がいて,尹さんが生まれ育ち,文化を内面化して育った場所であるという理由によるものだろう。

父との別れ,帰国
　留学生活の2年目の夏,尹さんは父親が癌にかかっていることを知った。母親はそれまで,父親の病気を誰にも知らせてこなかったが,ふるさとを見に行く最後になるだろう韓国旅行で,尹さんを伴って観光をしている最中に父の容体が悪くなり,親子3人で戻った日本で,尹さんは病気を知らされた。尹さんは留学を切り上げて戻ってくると母親に言ったが,母親は,尹さんが帰ってきても病気は治らないし,尹さんの留学は父親にとっても喜ばしいことで,それをやめ帰ってきたら,告知を受けていない父親がいぶかしく思うことなどから,韓国へ戻るよう説得した。尹さんは心配を抱えたまま名残惜しく留学先へ戻っていった。

　Y：癌ってわかって,本当にもう,お腹を開けてみたけれど手の施しようがないから閉めたっていう感じ。父親には,告知はしてないんですけど,ヌンチがあるから,気づいてたんじゃないかって今では家族で言ってるんだけど。春ぐらいにわかって,夏に母親が,父親と旅行に来たんです。私が留学中。で,それはでも,きちんと具体的な予定もなくて,何をしに来たっていうのもなくって,私,留学中だったから,一緒に韓国一周みたいな感じで。（父親の）田舎に帰って墓参りに行ったりだとか,釜山に降りて,またソウルに上がって観光したりだとか,しながら,「どーうも,様子がおかしいなあ」と思ってたし,父親もその,アカスリに行った後にすごく具合が悪くなっちゃって。母親がおろおろしてて,「早く帰ろう」っ

て言って，ソウルで緊急にチケットを取って，「あんたも一緒に帰りましょう」って母親が言って。「まあいいけどね」なんて言って。で，成田までの間，母親がすごく，飛行機の中でも心配そうにしてて，「成田からタクシーで帰る」なんて言い出したから，どうしたのかなんて思ったけど，とにかく「家に帰ったら話すから，家に帰ったら話すから」って言うんで，川崎帰ってきて，緊急で入院先に行って，父親が診察受けてる時に，待合室みたいなところで，実は3か月前に，病院に行ったら，こうこうだったって言って。もたないから最後に，父親，一世なんで，ふるさとに行きたかったからって言って。で，母親は，強い人ですからとっても。芯の強い女性だと思うから，子供たちに，まだ，話さなかったんですよね，うちの弟が，まだ18ぐらいだった，その時。

H：お父様のご病気が分かってすぐに，もう留学切り上げて帰ろうっていうような気持ちにはなりましたか？

Y：あ，なったよ。母親に言ったし。韓国旅行行って，帰ってきて，そういって告白されて，「私帰ってくるよ」って。「帰ってきたからって治らない」って。だから，（父親が）「喜ぶんだからそっちに行きなさい。今は日常生活を一所懸命しなさい」って言われた。

19歳までを朝鮮半島で過ごした父は，病床で，朝鮮半島独特の食べ物を食べたいとよく訴えた。尹さんはたびたび求めに応じて魚などを手に入れて日本へお見舞いに来た。ある時，日本の税関を通ろうとすると，パスポートを見た職員が，荷物を「開けてみましょうか」と言うので「カチーンときた」。他の日本人は何の問題もなく通っているのに，尹さんのパスポートを見たとたんに対応が変わるのはおかしいことだと思ったのである。尹さんは職員に，「私のカバン開けるんだったら，前の日本人全部呼んできて全部開けなさいよ」と食って掛かった。あたかも，尹さんが幼い頃，韓国の空港で職員と「知らない言葉」でケンカをしていた父のように。

尹さんの幼い頃と留学中とで，日本側の税関職員の対応が全く改善されていないということはないだろうが，在日コリアンである尹さんの視点からはまったくもって理不尽なことだった。

Y：でもやっぱり，一世だからか，「あれが食べたい，これが食べたい」って言うのが，韓国の独特の魚だったりするんで，それを持って，週末，毎週は帰れなかったですけどね，持ってきたりして。で，成田の入管の職員の対応っていうのがすごく悪いんですよ。早く川崎に着いて早く荷物を解いて早くアボジの病院に持ってってあげたいっていう気持ちのほうが強いから，こう，黙って持って行くんですね，まあ，悪いことだけど。そうすると，「はい，何も，申告ないですねー，免税の範囲ですねー」ってこう，通ってるじゃないですか，税関。で，私もこう通って，「何にもないですね」「はーい」とか言いながら，通ろうとしたら，前の日本人たちは言われなかったのに，私のパスポートを見た瞬間に，若い職員さん，「じゃあちょっと開けてみましょうか」って言われて，でもう，カチーンときて。で，「私のカバン開けるんだったら，前の日本人全部呼んできて全部開けなさいよ」って言って。で，あんまり私がギャンギャン，ギャンギャン言ってたら，隣から年配の職員さんが来て，「どうしたの？」って言うから，「前の人たちみんな開けないで通したのに，同じやり取りしてるのに，パスポートが違うからって開けろっていうのはひどいんじゃないか」って，「私，開けられるのはいいけれど，前の人もみんな呼んできてみんな開けろ」って言ったら，「ああ，違反はないんですね，じゃあ，どうぞ」って。だから，若い職員が，なんかこう，柔軟性がないっていうか。一所懸命，彼は仕事してただけだけど，やっぱりそこの差に，カチーンときたのと，パスポートが違うからって荷物を開けるっていうのは，やっぱり，私は違うと思ったから。私がやってることも違うんだけど。で，これでみんな開けられて，取られるんなら，もうそれまでだと思ったんで。そんなやり取りも，ありました。フフフ。こっちは，やっぱりムカつくじゃん，そういうことは。

　その年の秋，父親は他界した。心残りはいくつもあったが，尹さんの姉は，尹さんが留学してコリア語を話せるようになり，コリア語で会話することで父を喜ばせることができたことを羨んだという。

H：お父さんやお母さんと，韓国語で会話を？
Y：したよ，した。で，「まだまだだ」とか言われたけどね（笑）。
H：できるようになって嬉しかったですか？
Y：嬉しかったよ。嬉しかった。だから言った，姉が。あの，「あんたはそういう喜ばせ方ができたから，すごい羨ましかった」って。

結婚——「朝鮮人の嫁」

帰国した尹さんは，川崎市の社会福祉法人の関連団体に就職した。尹さんの父の葬儀などにも同席した友人やふれあい館の職員は，送り出した時と同様に温かく尹さんを迎え，職員たちの勧めで就職先も決まった。

それから2年後，尹さんは結婚する。結果的に，この結婚は2年足らずで終わってしまう。その間のことを，尹さんは可能な限り包み隠さず筆者に話してくださった。プライバシーの関係などもあり，また，非常に繊細な問題を抱えたできごとが数多く，ここには書けないことが多いが，20代半ばの女性が，2, 3年の間に経験するにはあまりにも過酷なものであったことは言っておきたい。尹さん自身，「いちばん死に近かった」と感じるできごともあった。「辛すぎて，詳しく話せない」できごともあった。それをほとんど面識のない筆者に話してくださった事には深く感謝している。ここでは，現在，尹さんの周囲にいる方々の事情を配慮しながら，可能な限り，尹さんの当時の思いを描いていきたい。

尹さんの結婚相手は三世の在日コリアンで，留学中にふれあい館で知り合い，尹さんが就職後も，地域の子どもたちの実践に関わっていた。在日コリアン同士の結婚であったことは偶然で，とにかく尹さんが彼を「すーごく好きだった」。しかし，結婚する前から，夫の母親のことは「ほんとに嫌いだった」。「典型的な二世」で，尹さんが傷つくようなことをはっきりと言ってしまう。息子（尹さんの夫）への苦情も尹さんにぶつけられた。結婚生活が破綻して，尹さんがいちばん苦しんでいた時期に，「とどめを刺すかのような言葉の攻撃があった」。それらは尹さんにとって思い出したくもないことで，それらの攻撃を加えた彼女を「怖い」と感じるようになってしまった。

結婚生活の中では，「朝鮮人の嫁の姿を求められた」。何かにつけて夫の実家に行かなければならない。"息子の連れ合い"ではなく，「朝鮮人の嫁の姿」であるから，何をおいても夫の両親に仕えるのは当たり前のこととされてしまう。尹さんが父の日に，自分の父親の墓参りに行くから夫の実家に行くのが遅くなると言っただけで，「ものすごい，火がついたように怒られた」という。

H：結果的に同胞同士で結婚もできてっていうことで，周りを喜ばせてあげることができたなっていう思いはありました？

Y：うんー，その時はね，彼のことがすーごく好きだったから，周りが喜ぶんじゃなくて，もう，自分が喜んでたからね，よくわかんないなあ。ただね，正直に言って，向こうのお母さんのことはね，ほんとに嫌いだったのね。で，結婚生活中も，かわいがってほしいから，好きになりたかったんだけど，結婚する前も，付き合ってる頃も，結婚してからも，別れてからも今も，すごくこう，なんていうのかな，怖いの。正直言って。なんかこの，ほんと，典型的な二世のおばさんだからさ，怖いんだよ，きつくって。思ったことを，「これを言ったら，相手がどういうふうに思うかな」とか，考えないで，思った瞬間に言葉にできちゃう人いるじゃん。普通の嫁姑の関係の中でのそのやり取りもそうだったけれども，そのー，結婚生活が維持できないっていうふうになっていったときに，私がほんとにつらかった時に，こう，止めを刺すかのような言葉の攻撃があったから，それがもう，忘れられないから。そのー，自分の息子かわいくて，自分の息子に言えないもんだからさ，自分の息子への苛立ちとかも全部私に言ってたし，でも，私は愛する人だから聞きたくなかったし，プラス，私への攻撃もあったから，それはやっぱり辛かったよね。

H：お連れ合いの実家で一緒に暮らしていらっしゃった？

Y：ううん，一緒に暮らしてないけれども，朝鮮人の嫁の姿を求められたから，毎週1回は行かなきゃいけなかったし，休みの時とかもね。何かがあったら，ね，あの，長男の嫁の姿をすごく求められたから。私，父親亡くなってるでしょう？　父の日にさ，「うちの父親の墓参りに行くから，そっちの父親のほうに遊びに行ったり顔見せに行くのが夜になる」って

言っただけでもう，ものすごい，火がついたように怒られたから。「何を考えてるんだ」みたいに。「もう死んじゃって，いないんだから。こっちは生きてんだから」とかって，言う，人だったの。そういうタイプの人っているじゃん。ただ，そんなの序の口。あの人からやられたことで大したことじゃない。

夫は，母親が尹さんにひどい言葉を投げつけていることについて尹さんに謝ったり，母親に苦情を言ったりした。しかし，普段無口な彼が尹さんをかばって苦情を言う姿に，母親はさらに怒りを募らせたようだ。

H：お連れ合いは，お母さんがきつい人で，時にひどいことを言ってしまうようなことについて，あの，「悪いね」とか，声かけてくれたりはしましたか？
Y：したよ。私もその言葉を求めたしね。で，彼は，うまく思ったことを言葉にできる人じゃなかったし，私と結婚ってなった時も，べつに家であんまりたくさん話をしたりするタイプじゃなかったのに，私のことで，こう，親にクレームの時は，言葉をこう，言うわけじゃん。だから，母親としてはそれが気に入らなかったんでしょう？　そういうことも。
H：あああーー，嫁の味方をして，っていうように。
Y：そう，なんでもこっちの，言いなりになって，みたいな。

尹さんと結婚して1年ほどで，夫は仕事を変えた。しかしそこは希望の職種ではなく，おそらく仕事のストレスから，夫はギャンブルに走り，借金を重ね，家出を繰り返すようになった。

そのたびに，尹さんと双方の家族，友人は夫を探し回った。夫はしばらくすると帰ってきて，双方の親のもとに謝りに行き，あらためて尹さんときちんとした生活を営むことを誓うのだが，また借金が発覚するなどして姿を消すことを繰り返した。夫の母親は，息子が家出を繰り返す原因を尹さんに求めており，たびたび尹さんに離婚を迫っていた。

また，ギャンブルのことなどでケンカになると，夫は尹さんに手をあげるこ

ともあった。口下手で言葉が出てこない分，暴力に訴えてしまっていたのだ。隠せない場所に殴打の跡が残ることもあり，共通の友人が見かねて夫に注意したこともあった。そのようなことが繰り返される間に，尹さんの夫への信頼が揺らぐような重大なできごとが何度かあった。結婚生活の最後となった長い家出の頃までには，尹さんも，離婚はやむを得ないと感じていた。

最後の家出は1カ月を超えた。尹さんは，結婚生活を送っていたマンションを引き払う準備をしていた。ある日，夫はふらりと帰ってきた。それまでの家出と同じように，自分の親に謝りに行き，もう一度やり直したいと訴えた。それを聞いた夫の母親から，尹さんは呼び出され，激しく罵られた。それまでの多くの複雑なできごとに加え，夫の母親との関係も，尹さんにとって耐え難く，もつれたいろいろな事柄を整理するために，離婚すると宣言せざるを得なくなっていた。

この時の心境は，「耳の中がキーンっていってるうちに，周りの人が，ワアワア，ワアワア，口がパクパク，パクパク動いてて，なんかいろんなこと言われてて」という状態だったという。明らかに，心が弱りきっていて，何かを筋道だてて考えたり，何かに対抗したりといった力が尽きていた。

Y：ある日突然，帰ってきたんだよね。……自分の実家に話しに行ったの，「帰ってきた」と。で，「これから自分でもう一回やり直して，安寿子を迎えに行って，一緒にやりたいと思ってる」ぐらいの事を，言っちゃって。そしたら向こうの母親がブチ切れちゃって，……私が呼び出されたんだよね，あっちの家に。で，その呼び出したって行為自体，うちの母親は怒ってたんだけど，「行かなくていい。何しに呼ばれていくの」って。でもとりあえず行ったら，そこで，ボロクソ説教されて，「あんた何，やり直す気でいるの？　冗談じゃないわよ，こんなに皆に迷惑かけといて，離婚よ離婚，離婚しなさい」ってなって。そんなに言われんのももういやだし，この人と，身内でいるのもいやだと思ったから。もう，とりあえず，もう，いろんなことがグチャグチャ，グチャグチャ，いろいろありすぎるから，離婚して，マンション引き払って，そん時も，私の友達と，職場の友達とかが手伝ってくれて。

H：でもその頃は，なんていうか，深く考える力っていうのも。
Y：そうそうそう，なんかねえ，耳の中がキーンっていってるうちに，周りの人が，ワアワア，ワアワア，口がパクパク，パクパク動いてて，なんかいろんなこと言われてて，で，とりあえず，私，ちょっとこう，もう，わかんないから，みんな勝手にしてくださいって思ってたの。もうどうでもいいですって。もうだから，考える力がなかった。

尹さんは，結婚から破綻に至るまでの時間をふり返り，「親不孝した」という。

尹さんの母親は，尹さんの夫の母親に暴言を投げつけられても「辛抱してくれた」。夫からの暴力に耐えている時，尹さんは，殴られる恐怖でいうべきことが言えなくなってしまう辛さ以上に，「殴られてる自分を母親に知られたくない」と思っていた。実際には，同じ地域で生活し，痕が残るほどの暴力を受けているのを隠し切ることはできなかった。尹さんの夫が家出を繰り返しても，尹さんに暴力を振るっていることを知っていても，時おりの苦言を除いては，夫を思う娘の気持ちを尊重して黙っていた。当時の尹さんは，友人の忠告も，母親の苦言も素直に受け入れることができなかったのだ。

今，再婚して2人の子どもに恵まれた尹さんは，その子どもたちが手を上げられたり，誰かに手を上げたりすることを「想像もしたくない」。だからこそ，当時，尹さんの母親がどれほどの痛みに耐えたかが想像できる。尹さんを思って母親が辛抱し続けた日々を思いやると，感謝と後悔にとらわれる様子であった。

H：お連れ合いのお母さんと，尹さんの親・親戚なんていうのは，対立関係みたいな状態でしたか？
Y：対立関係にならないようにうちの母親が，折れてたっていうか，聞き流してたけれども，「訴えちゃえ」とか，いろんなことを母親に言う人はいたけれども。そうやって結婚生活が崩壊していく中で，向こうの母親が，うちの母親のところにこう，泣きながら行って，「うちの息子がもう，ひどいことばっかりしてごめんなさい」って謝ったこととかもあったの。で

もその時に,「狭い地域で一緒に暮らしているから,頭なんか下げないでください」って母親は対応してたんだけれども,いちばん最後のその,離婚にもう,決定打になったようなできごとの時は,うちの母親の家まで行って,大きな声で文句言って帰ったり,お門違いのことをしたりしたから。……うちの母親は,よく我慢してくれたよ,辛抱してくれた。すごくいやな思いしたのに,私を支えようと思って,こう,辛抱。だから,もう,本当に親不孝したなと思う,その当時のことは。

H：最初のお連れ合いから暴力を受けたとは,自分っていう人間を否定されるような気持ちになりました？

Y：怖いっていうのがまずあるでしょう。で,殴られるのがいやだからものが言えなくなるっていう自分がいるでしょう？ ……で,1回で終わらないじゃん,殴り始めると。エンジンがかかっちゃうとさ。で,殴られてる自分を母親に知られたくないっていうのがいちばん強かったんだよね。……私,自分が子ども産んで思った。こうやって産んで育てた子どもが大きくなって人から,手を上げられたり,手を上げたりっていうのが,もう想像もしたくないなって思った。

子どもたちへの思い——「土壌を作ってあげたい」

最初の夫との生活を諦めた尹さんを,支えた友人たちのひとりに,尹さんと前夫との共通の友人である男性がいた。彼は,まだ「隠れコリアン」だった尹さんが市民運動に出合った頃,尹さんに戦後補償問題を丁寧に説明してくれた青年運動家の1人でもあった。高校生だった尹さんは彼のことを好きだったが,「全然相手にされなかった」という。前夫と尹さんが交際し,結婚してからも,よき友人であった。彼は,前夫と離婚した尹さんにプロポーズした。

そのときの尹さんは,まだ気持ちの整理がついておらず,「スイッチじゃないから」,すぐに応じることはできなかった。それでも,時が経つに連れ,尹さんの中で,恋愛感情が息を吹き返した。数ヵ月後,尹さんは再婚の決意を固めた。

Y：高校生のときは好きだったけどね。私が,今の連れ合いのこと。すっご

い憧れっていうか，なんか，職員，怖い人ばっかりで，彼，優しかったし，戦後補償の話を，ほんっとよくしてくれて，「ああなるほどな」と思って。好きだったよ。あたしが「あーー，かっこいいーー」と思ってんのはみんなが知ってたし，でも，全然相手にされなかった，そん時は。

H：あの，今のお連れ合いに，まあ，恋愛感情を抱くようになったのは，いつの頃からだったって，ありますか？

Y：わかんない，……そうね，1回好きになったこともあった人だったし，嫌いではなかったじゃん，友達だったからさ。ずっとその，支えてくれてたし，離婚したっていうのを話したらすぐに「自分と一緒に生きていこう」って意思表示はしてくれたの。で，そん時はすぐそうは思えないの，スイッチじゃないから。だけど，一緒に過ごしながら……ヘンな言い方したら，なんて安らぐんだろうと思ったの。いなくなる心配がない，殴られない。自分はもう恋愛なんかしないと思っていたのに，ああこうやってドキッとしたりとかするんだなって思った。もういやだと思ってたから，ときめいたりとか，こう，優しい言葉をかけられて嬉しかったりとか，会いたいなーと思ったりとかっていう感情が，自分がまたあるんだなっていうことに，最初は戸惑ったけど。

最初の結婚が不幸な結果に終わったので，再婚に反対した人はいなかったかと訊ねたところ，尹さんの母親は，彼のことを若い頃から知っていて好感をもっており，むしろ「早く結婚しなさい」というほどに応援していたという。

また，このような見方は失礼であることを踏まえながら，現在の夫の両親にしてみれば，初婚の長男が，離婚歴のある在日コリアンの女性と結婚することを反対しなかったかについても訊ねた。彼はそれまでに，親に尹さんの人となりや，尹さんが抱えていた問題についてよく伝えており，父親は尹さんに，前夫が息子と尹さんの間にトラブルを起こすようなことはないかと訊いただけだったという。

H：一度目の結婚がそういう，はたから見ると不幸な結婚っていうふうに見えるような状態で離婚して，再婚するっていうときに，周りの反応はどう

でした？　ご家族とか．

Y：母親は喜んでたよね．今の連れ合いのこと昔っから知ってるから，それこそ，私が隠れコリアンの頃からお店のお客さんだったりして，すごく評価の高い人だったから．母親はだからもう，「早く結婚しなさい」みたいな．母親は喜んでる．今もすごく仲いいよ，私の母親と．よくしてくれるんだ，私の母親にも，私のきょうだいにも．

H：お連れ合いは初婚で，ええと，バツイチの外国人の女の子と結婚するっていうわけですよね？

Y：そうなのよ，そうなのよ．

H：で，ご家族は，反対はありませんでしたか？

Y：前の結婚生活の人と，最後はそういうふうに別れてるから，またその彼が現れてね，で，うまくいってる二人の間に何か水を差すようなことはないのかってことは率直に，向こうのお父さんに聞かれた．……それを彼が説明してたからね，私の人となりを．で，私が直接聞かれたのはそれだけで，「それはありません」って，あの，私が返事したら，それはもう，彼は大人じゃん．だから．

　尹さんと夫との間には現在，男の子が 2 人いる．子どもたちは尹さんを「オモニ」と呼んでいる．日本風と韓国風のどちらの呼称で呼ばせようと考えていたかを知ろうと，「オモニ」という呼称は夫との話し合いで決めたものかと訊ねたところ，尹さんは「『オンマ』がいやだったから」，「オモニ」と呼ばせることに決めていたと答えた．日本風の呼称は，そもそも選択肢になかったのだ．

　「オモニ」と呼ばせるために尹さんは「肩に力を入れ」るような気負いがあった．夫はその思いを理解し，夫の両親が孫に，尹さんをさして"ママが……"と話しかけるのに対して，「『オモニ』だ」と訂正するなどして，尹さんを支えてきた．

H：「オモニ」って呼ばせようっていうのは，お連れ合いとの話し合いで決めたんですか？

Y：あ,「なんて呼ばせる?」って。あたしは「オモニがいい」って言ったの。「オンマ」がいやだったから。その,「オンマ」っていうのは,「母ちゃん」みたいな,幼い子が言う。「オモニ」っていうのはこう,ちゃんとしてるから,なんかかっこいいな,と思って。「オンマ」じゃないほうがいいなって思ったから。だからさ,うちの連れ合い面白いんだよ,その,私の味方であることを言いたかったのか,おじいちゃんとかおばあちゃんがさ,「ママの」どうのこうの,って言うとさ,「『オモニ』だ。子どもが混乱するから」とか言ってさ。70過ぎの人が急にそんな対応できないじゃん。でも私が頑張って言わなくていいように,言ってくれたんだよね。だから,おじいちゃんおばあちゃん,(それからは)「オモニ」何とかって(祖父母が尹さんの子どもに言うようになった)。嬉しかったよ。私もそこ(「オモニ」と呼ばせること)に,肩に力入れたし,入れなくて良くなったし,っていう。

尹さんには,子どもたちにある夢をもっている。成長した子どもたちが,地方参政権や国政選挙について尹さんと議論をして,「論破とかされちゃう」ことだ。市民運動とのかかわりがルーツを受容する契機のひとつとなった尹さんならではの希望だろう。それは「夢」としても,尹さんが「何で韓国人として生きてるのか」について,「1回ぐらいでいいから」話を聞いてもらいたいという。

「ダブル」である子どもたちが,尹さんがそうであったように,韓国にルーツがあることを否定的にとらえるようになったらどう対応しようと考えているかを訊ねた。尹さんの予想では,そのような悩みを子どもたちがもった時,まず「オモニ」という言葉を,人前で使わなくなるだろう,ということであった。尹さんは,子どもたちがどちらの民族性を自分のものとして選ぶにしても,「積極的に」選んでほしいと願い,そのための「土壌を作ってあげたい」という。その思いは,尹さんが職場で関わってきた子どもの実践とともに育ってきた思いである。

H：もし,民族のことで悩むようなことがあったら,どういうふうに?

Y：きっと彼はまずいちばん最初にするのは,「オモニ」って呼んでる言葉を「お母さん」ってすり替えていく,友達に対してとかね。使い分けをした時に,葛藤があるだろうし,そういうときに,父親にだけでもこぼせたらいいなとは思ってる。私に直接言えなくても。男の子だから。女の子だったらいっぱい話しできるけど,ね。日本国籍を選ぶにしても,韓国籍を選ぶにしても,消去法じゃなくて積極的に,「俺はこれが好きだからこっちの国籍を選ぶよ」って選び方をしてほしいのね,ほんとは。だからそういう土壌を作ってあげたいんだけれども,彼の生き方だから,……今の日本のこの雰囲気見てると,そういう選び方をできるような土壌ではないし。私はさあ,もう,彼が大きくなって,地方参政権のことだとかさ,その,最高裁の,裁判長にバツを付けることなんかも,こう,議論してさ,「オモニはこうだから,こう思うよ」って言って,で,子どもにこうね,逆に論破とかされちゃうのが夢なんだよね。だけど,わかんない。それは夢だから。1回ぐらいでいいから,話聞いてほしいよね。なんで韓国人として生きてるのかっていうの。

「選択する土壌を,きちんと作ってあげたい」という思いは,尹さんが,ご自身の子どもだけではなく,海外にルーツをもつすべての子どもたちに対して抱いている思いだ。「隠れコリアン」であった頃の尹さんは,無知であったために韓国を「かっこ悪い」と思い,「消去法」でそのルーツを隠していた。多くの人に出会い,知識を手に入れ,民族名で生きる人の生き方を知ってから,対立するのではなく「一緒に歩んで」いく生き方を志向して,民族名で生きることを選ぶことに至った。そのように,どちらの名前,あるいはどちらの民族性を選んでも,あるいはどちらかに限定されない表現のしかたを選んでも,「それを支える」人や記憶が「豊かであってほしい」という。尹さんはもちろん,在日コリアンの大人や日本人の大人たちが,多様な表現の仕方があることを示すことで,子どもたちの選択の「土壌」が豊かになっていくのだ。

Y：選択する土壌を,きちんと作ってあげたいなっていうのがあるのよ。自分より下の世代の子,特にね。自分より年上の人にはそんなこと言えない

けれども，自分がその，在日，っていう背景がある中で，自分のその一面がある中で，どんな生き方をするのかっていう時に，選択して行く時に，マイナスの，こう消去法じゃなくて，こう，これだけのチョイスの幅があるんだから，ってこう，積極的に選んでいくような生き方をしてほしいなって思うのよ．わかるかな．

H：それは，例えば，日本人の，名前を選んで日本人として生きていこうというんだったら？

Y：もしそういうふうに選んだとしたときに，その時の選択肢にじゃあ，何があったのかとか，その選択を支える，その背景に誰がいたのかとか，どんな人とどんな話をしたのかとか，どんな歌を聴いたのかとか，どんな本に出合ったのかとか，どんな人に，どんな話を聞いてもらえたのかとか，そこの主人公は本人なんだけど，それを支える，場面だとか，人だとかっていうのが豊かだったりしてほしいっていうのがあるの．ただ，「韓国人だからかっこ悪いし，みんなと違うから，日本名でいいの，私は」，「おれはそれでいいんだ」，じゃなくって，それを考えるときの背景が，多様であってほしい．在日として生きるのを悩んでる子が，やっぱり，今もいたりするわけなんだけども，在日として生きるっていう言い方が，すごい乱暴だけれども．在日の子が，自分がこれからどうやって生きていこうかとか，どんな名前で生きていこうかっていうふうなことを考えるときに，狭ーいところで悶々と，出口のないところで出口を探すような，ずーっとずーっと小さな穴で掘り続けて行って，石に当たって掘れなくなっちゃったっていうんじゃなくって，じゃあ例えば，あの人が，こういう生き方をしてるんだなとか，本名だから白で，日本名だから黒なんじゃなくって，いろんな自己表現の仕方があるっていうのを，伝えたいと思ってるし，見つけてほしいなと思ってるし．

在日コリアンの未来のために

尹さんのライフヒストリーの最後として，尹さんが在日コリアンの子どもたちの未来のために望んでいることを示していきたい．

尹さんは職場で，韓国にルーツをもつ子どもたちのクラブ「ケナリクラブ」

の担当として，子どもたちの民族教育実践に関わってきた。勤め始めた最初の年，ケナリクラブにやってくる，民族名で通学している児童のひとりが，学校で名前をからかわれたと泣いて帰ってきた。尹さんはそれを聞き，学校に報告する一方，本名での通学をやめたほうがよいのではないかと懸念する，児童の親を説得したりした。まだ働き始めて1年目の尹さんにとって，子どもが民族名をからかわれることは大問題と認識され，職場の中で「騒いだ」という。民族をめぐる社会的・制度的な多くの問題を見てきた職場の先輩や上司は，そのような問題にはすでに慣れてしまっていたが，尹さんの感覚を「大事にしろ」とアドバイスした。

尹さんは当該の事件について，主観的には「たいしたことはできなかったなと思う」。しかし，訴えたことを真剣に聞き，対応してもらった子どもたちは，今は成長して，尹さんに，当時「助けてもらった」，「勇気が出た」と話すという。そのような反応を見ると，尹さん自身も，「悲しい思いに耳を澄ますことができてた」自分を再発見し，今現在も，今後も，在日外国人であることによって傷つけられた子どもたちの訴えを「聞ける自分でいなきゃ」と決意を新たにする。

Y：95年に最初に勤めたときに，ケナリクラブっていって在日の子どもたちの担当してたんだけど，しばらくその実践頑張ったんだけど，その時にね，子どもたちが名前でいじめられて帰ってきたんだよね。金がつくから，「バイキン」とか，なんか。で，学校から帰ってきて泣いてて，その子たちの話を聞きながら，その理不尽さにすごく憤りを感じたし，「どうやって彼女たちを支えたらいいんだろう」とか，こうやって訴えてくれる存在でいる自分を，磨かなきゃっていうか，あの，ね？ 子どもたちの，その，痛いんだよとか，悲しいんだよっていう気持ちをいつでも聞ける自分でいなきゃなとか。彼女たちとさあ，最近になって，ちょうど，今年。今年成人式なの，その子たち。話したらさあ，「あん時にねえ，助けてもらったんだよ」，「勇気が出たんだよ」とか言われるとさ，自分はたいしたことはできなかったなと思うけど，そういって言われたらさ，親がすごくやっぱり心配しちゃったんだよ，1年生の頃。で，「やっぱり本名で行か

すのは」って言ったときに,「そんなことないんですよ」って,話をしたのね。それ,「それをうちのオンマはまだ覚えてるよ」とか言ってくれたりするとさ。何もできなかったかもしれないけれども,そん時こう,悲しい思いに耳を澄ますことができてたのかな,って。1年目でさ,「子どもが名前をからかわれたんだよ,もう,大変だよ,大変だよ」って私は騒いだの。職場で。みんな,ある意味慣れちゃってるから,そういう差別に。珍しくないじゃん。だから,「それを大事にしな」って,言われた,その時。私もそれは大事にしたいし。自分でふり返るよね,慣れてないかって。おかしいことじゃん。

上述の事件があったとき,その体験はケナリクラブの子どもたちの間で共有された。ケナリクラブは,韓国・朝鮮にルーツをもつ子どもたちだけを対象としている。同じ悩みをもちうる子どもたちは,名前をからかわれた子どもの話を「自分の痛みとして」聞いた。尹さんは,ケナリクラブの,「朝鮮人であることの喜怒哀楽を,自分の経験と重ね合わせて,共有できる仲間がいる」という点を重視している。

コリア系の子ども以外をキープアウトにするケナリクラブに批判があがったこともあったが,尹さんは,いずれ共感の輪が広がっていくことの大切さに言及しつつも,やはり,同じルーツを持つゆえに同じ困難に出会う可能性をもつ子どもたちだけで集う場所が現在は大きな意義をもっていると考えている。

Y：でも,彼女たちがその,「名前でからかわれて悔しかったんだ」って言ったときに,その話をさ,そのケナリの,同じ在日のコミュニティの中でした時にこう,自分の痛みとして聞ける仲間がいるっていうのがすごくいいなとは思った。

H：「逆差別だ」っていうような意見は受けましたか？

Y：あります。あたしやってるときよーく聞いた,それは。「こうやって言ってる声もあるよ」みたいなさ。だからそれはね,ちゃんと広報に書いた。その頃,私たちの個別の実践に対して意見が寄せられるなんていうのはその,それぐらいだったから,活動に意見を寄せてもらうっていうの

は，まずプラスだって考えようって．注目をされてるし，力になる．ただその，やっぱり，それでもケナリの子たちはケナリの子たちだけで集うことに意義がある．そこで救われたり励まされたりするっていう事実がある．私の考えは，その一，朝鮮人であることの喜怒哀楽を，自分の経験と重ね合わせて，共有できる仲間がいるってことはとっても大事だと思う．その，どこのマイノリティもそうなのかもしれないけれども，すり合わせて，共感できる相手がいるっていうのが，すごく大事．ただ，その共感の輪が，広がっていくことを，本当は私たちも望んでいる．

　名前をからかわれた子どもの事件のように，あまりにも頻繁に生じて問題であることを見落としがちなことがらに対して戦ってきたこととして，いまひとつ，家電量販店での差別的な表示に対しての闘争が語られた．地域に出店してきた量販店で，「未成年と外国人には携帯電話を販売しません」という表示が出されていたことに抗議し，「のらりくらりとかわし」て幹部を出してこない業者に対して，時間をかけて交渉を続けた．他の青年の人権団体とも協力し合い，その闘いを粘り強く続けることができたのは，「韓国人だと携帯電話も買えないんだよって子どもたちに思ってほしくなかった」ためだという．
　尹さん自身は，在日コリアンであることによって「いじめられる」ことを，「仕方のないこと」として諦めているところがあった．しかし，諦めてやり過ごしてしまえば，ある差別的な行為が，差別として告発されず，問題化されないままに温存され，尹さんの後の世代の子どもたちが，同じ悲しみや憤りを味わうことになる．「先に生まれた者の責任として」，差別を受ける場面を減らしていきたいし，子どもたちにも，「仕方のないこと」だと思わせたくないという強い思いがある．

　Ｙ：あのー，私は，自分が在日であって，在日のことをからかわれたりいじめられるのは，なんとなくこう，生きてきながら，仕方のないことだってどっかであきらめてきたけど，子どもたちが，仕方のないことだって思っていくんじゃなくって，思わせてる環境とか，思わせてる大人がいるから，だから，「仕方ないこと」っていうふうに，大人の責任として思わ

せちゃいけないって思ったの。先に生まれたものの責任として。だから，なんとなくさあ，私，高校生の時に自分が本名を名乗った時に，別にそれで本名名乗ったからって世の中変えられるなんてぜーんぜん思わなかったし，本名名乗ったからって差別がなくなるとも思わなかったんだけれども，私がたとえば10個差別受けてきたとするじゃん？　すごくこう，喩えが，単純だけど。そうしたらやっぱり，私よりもあとに生まれた世代にはさ，それが9であってほしい，8であってほしい，7であってほしい，6であってほしいっていうのは，願いとして，あるわけじゃん。だから，それ，減らせてなかったら，減らせてなかった側の，私たちの責任。その，97年に，電器の量販店がこの地域に進出してきたのね。そこが，「未成年と外国人には携帯電話を販売しません」て表示をしたわけよ。で，「ふざけんな」って話をさ，若い仲間たちと一緒に電器屋さんと闘ったりとかさ，そん時もやっぱり思った。ああいう怒りを維持できて，のらりくらりとかわしたりする業者を相手に，粘り強く交渉が続けられたのは，「おかしいよ」っていう話ができたのは，やっぱりそれはその，韓国人だと携帯電話も買えないんだよって子どもたちに思ってほしくなかったんだよね。

　尹さんは現在ケナリクラブの担当を終え，業務として，子どもたちの民族として生きる実践に関わってはいないが，現在でも，子供たちと向かい合うことは続けている。
　2度目のインタビューの際，尹さんは十数分中座し，戻ってみえた時には涙を流した跡があった。ちょうど，家庭の中で大きな問題を抱え悩んでいた子どもの，問題が解決されたという報告を，その子どもから受け，安堵のあまり泣いてしまったとのことだった。家庭の問題であるから尹さんが立ち入ることはできず，それだけに，その子どもの不安や悲しみをわがことのように一緒に感じ，悩んでいたものと思われる。大規模な子どもの実践を離れても，在日コリアンの子どもたちが「ふっと，来れる」，隣に「座って，おしゃべり」しに来られる「１人が座れる椅子」のある居場所を作りたい，「ここに行けば安寿子さんがいて，こう，優しくしてもらえる」と子どもがやってくるような人になりたいと考え，実践している。

また，日々の業務の中でも，そこを訪れる日本人が，そっけない対応をされるのではなく，韓国人の名をもつ職員に「ちょっと親切にしてもらったな」という記憶が残ることで，その人の，外国人問題に関する「ニュースの聞こえ方」が変わるような意識をもたらす可能性もみて，「ささやかなことを，丁寧に」続けている。3度目のインタビューに伺った時に尹さんは，その日の午前中に，地域の大学生が，卒論の参考にするための資料がほしいと，アポイントなしでやってきたことを話してくださった。まだ自分のテーマが絞れていないその学生に尹さんはよく話を聞き，アドバイスをしたそうだ。多忙な業務の中から（このインタビューに応じてくださったことも含めて）そのような時間を割いていることも，上述の思いからであるだろう。

Y：自分はさ，子どもの頃隠してばっかりいて，だから，隠してる子の気持ちも分かるし，だから，なんていうのかな，あのー，在日の子達がさ，居心地がいい場っていうのを，そんなに優れたことはできないけれども，ここに行けば安寿子さんがいて，こう，優しくしてもらえるっていうふうに。厳しくする必要も，もちろんあって，本名のことなんか，（尹さんも）高校のときちょっと，厳しいっていうか，励まされたりもしたんだけれども，それもすごく大事だし。ただこう，用事がなくっても，あの子たちが，ふっとこう，来れるような場所でありたいな，そのために自分がそういう空気とか場とか空間とか，1人が座る椅子，だから，よくその，私仕事してて，横に，ポッと誰かが座って，お喋りしてるみたいな，そういうー一，場とか人に，こう，なろうと思ってなれるわけじゃないんだけれども。私なんか，今，子どもの大きな実践をもってるわけじゃないからさ，好きなことができるの。率直に言うと。ターゲットを絞って，今，この子が，しんどいから，と思ったら，この子のことだけ考えて，対応ができたりする。そういう位置にいさせてもらってるんだから，自分が，そう，さぼることなくね。子どもの実践も，来館者の対応も，自分自身の知識，勉強も，しなきゃなあと，思ってるんだけど。来館者もさ，（調べ物をしたいと訪ねてきて）「"よく分かりません"って言われた」っていうよりはさ，「地域の中で，ちょっと親切にしてもらったな，そういえばその

人，尹さんっていったな，ああ，そういえば在日の人，知ってるな」っていうのあったら，ニュースの聞こえ方も違うかもしれないし。別に，何ができるわけじゃないんだけど，じゃあ，ささやかなことしかできないんだったら，ささやかなことを，丁寧に。同じことの繰り返しの毎日なんだったらば，その，同じことも楽しくやれたらいいなあって。思うんだけどね。

小括――痛みを共有する人々の重要性

ここでは尹さんのライフヒストリーをもとに若干の知見を述べたい。

尹さんは小学生時から，自分のルーツを否定的にとらえて暮らしてきた。在日コリアンの歴史について無知であり，そのために，日常の中の些細な事柄を通じて，日本社会に流通する，韓国・朝鮮やコリアンに対する差別的なまなざしを獲得し，内面化してしまっていた。その認識があるために，在日コリアンの同級生に「チョンのくせに」と言うことで自己を防衛したり，ルーツに触れることを注意深く避けたりして，尹さん自身も，在日コリアンを差別してきた。民族教育に熱心な教員や，在日コリアンの権利のために活動する運動家に出会い，知識を手にしても，ルーツへの否定的な認識は抜きがたかった。尹さんの「隠れコリアン」としての日々には，コリアンに対する差別が支配的な言説として流通する社会に生きる困難が見出される。コリアンを差別する認識を内面化しているために，パッシングしなければ差別を受けてしまうというフェルト・スティグマをもっていたのだ。

尹さんが本名宣言をした時，コリアンに対する否定的な認識は「ゼロ」もしくは「ゼロになろう」という状態だった。そこには，同じ在日コリアンの祖父母世代のために闘う市民運動家である日本人の青年たちや，教員，朝問研活動に一緒に取り組んだ友人たちが，尹さんが悩む時間を受け入れて支え，本名実践も後押ししてきたことが大きく影響している。コリアンを差別する，日本社会に支配的な認識を否定し，民族性を明らかにして生きることを，言説の上でも行為の上でも支える人々がいることが示されたことで，尹さん自身のフェルト・スティグマが徐々に解体されていったといえるだろう。

しかし，「隠れコリアン」ではなくなってからは，「所属感がほしい」という

思いに駆られ，その思いは「母国」と呼ばれる韓国での留学生活を経ても解決されることはなかった。ここには，民族性を隠すか否かを問わず，日本社会で生まれ育った在日コリアンとしての困難が見て取れる。韓国籍を持ち，韓国の名前を名乗るかたちで民族アイデンティティを表明しながら，韓国では国防などの視点を共有できない"在外同胞"として異質視を感じる。日本で生まれ育ち，日本の文化を内面化してきたのに，国籍によって制度的に排除され，差別的な言説の対象となる。二世以降の，日本生まれ，日本育ちの在日コリアンにとって，国籍と民族名は民族性の最後の砦といわれる。単一民族幻想が流通する日本社会でそれを保持しようとすると，異質視を免れない。尹さんの場合，ルーツを大切にし，それを隠したくないという自然な思いゆえであるが，日本で生まれ育った日本人であれば感じない，日本に「所属」していないものとしてのメッセージを受け取り続けることになった。

　留学生活の後，日本で生活することを選び取り，就職し，最初の結婚をした尹さんは，結婚生活の中で，配偶者の母親から「朝鮮人の嫁の姿」を求められ，前夫の問題行動についての苦情までも引き受けることになった。ここには，「嫁」の地位を，家に入り夫とその親に仕え，跡継ぎをもうけるための存在として低い地位に置く，朝鮮半島の伝統的なジェンダー構造が温存されている在日コリアン社会で生活する女性の困難が現れている。その中で尹さんは，前夫との生活を維持するために，その母親の暴言に甘んじ，夫の問題行動に対しては，暴力を怖れ沈黙を余儀なくされた。萎縮してしまい，一人の人間としての自尊心を奪われる生活は，それを解消し，再び恋をして新しい生活を送り，何年も経った現在も，尹さんを苦しい気持ちにさせるほどの傷を残した。

　また，仕事上でも在日コリアンとして生活する困難は続いている。多くの在日コリアンの子どもたちと接する中で，名前をからかわれる子どもや，本名を名乗ることをためらう子どもに何ができるかと悩み，日本社会で頻繁に出会う差別的なできごとを，それが些細なことであっても見逃さず，一つ一つに異を唱える力を維持してきた。必死でルーツを隠していた時期，尹さんは悩みを1人で抱えてきた。民族名で生きる決心をするに際しては，家族以外の在日コリアンの多様な生き方との出会いと，尹さんの悩みを受容する人々の存在が必要だった。だから，今現在，在日コリアンの子どもたちが抱える悩みを共有する

人や場所の重要性は尹さんにとって自明のものであり，尹さん自身も子どもの言葉に耳を傾け，また，在日コリアンの子どもたちだけの集まりの大切さを訴えてきた。民族として生きる困難と向かい合うためには，その痛みを自分の痛みとして交感できる人々のいる場所が，自分の居場所として開かれているという安心感が不可欠だということを，尹さんは自分の経験として理解しており，自らその場所になろうとしてきた。それらは，「先に生まれた者の責任として」，後に続く世代の子どもたちが受ける差別をひとつでも減らし，対抗していく力を育みたいという願いによるものだ。

注
6） ふれあい館で実施されている高齢者交流会「トラヂの会」で筆者が出会ったある高齢女性は，かつての韓国では男の子3人，女の子2人が理想的な子どもの数だったと話してくれた。彼女には男の子と女の子が1人ずついるが，もっと子どもがほしいのに恵まれないと悩み，医者にかかったこともあったという。単に男の子がいればよいのではなく，人数にも理想があるとなると，「いい嫁」のハードルは非常に高い。
7） 以下は，初めて外国人登録をしたときについての語りである。
　H：登録をしなければいけないことについて，どういうふうな感じがありました？
　C：……そうですね，なんかちょっと，何だろうね，仲間入りみたいな。
　H：あ，大人になるっていう感じでした。
　C：うん，けっこうそういう感じでとらえたのと，なんかもう，割り切ってましたね。「あ，外国人だからそうなんですね」っていう感じで。
8） 金泰泳は，民族教育の中で，民族楽器演奏などの文化習得が続けられてきたことについて，「民族衣装を着て，民族楽器を演奏する朝鮮人」という「支配的文化である日本社会が在日朝鮮人にあてはめがちな〈定型〉」であり，民族衣装にも民族楽器にもなじみのない在日コリアン当事者にとって「客体化された本質」であると指摘する。そのうえで，民族教育実践に関わった在日コリアンへのインタビューから，「民族楽器や民族言語の習得」は，「自分がその民族の一員であることの『証』や『本質』ではなく」，在日コリアンの子どもたちが，「自分たちの現実と社会的立場性を認識し」，「その現状と取っ組みあっていくための『きっかけ』あるいは『手段』」であるという知見を示している（金，1999：148）。
9） 一般名詞としての"おじさん"。慶尚南道の方言。
10） 幼少期の語りにチェサについての言及はないが，原稿の内容の確認にうかがった際に，幼少期の記憶で，母方の先祖のチェサをしていたという話が出た。父親が亡くなった後は，尹さんの弟が受け継いでいるという。

11)　桜本保育園は，ふれあい館と同じく青丘社を母体とする保育園で，民族の多様性を尊重する保育実践がなされている。しかし，尹さんの姪がここに通園していたのは，姉夫婦が民族教育を望んだためではなく，偶然空きがあったためだそうだ。

12)　三文字の名は，在日コリアンの中でも少数派だと考えられるが，韓国人の感覚でいえば，名前としてはあり得ないことで，尹さんは韓国の入国審査の際に「パスポートが間違っているのではないか」と言われたことがあるという。尹さんはご自身の名前の奇妙さを説明するのに，「田中佐藤恵子みたいな名前」と表現した。

福岡安則は，在日コリアンの名前を1.「本名」としての「民族名」のみ，2.「民族名」以外に，必ずしも「日本的な名前」とは言いがたい「通名」がある，3.「民族名」と，「日本的な名前」としての「通名」を持つ，4.「本名」自体が（民族的ではなく）「日本的」な名前としてつけられている，という形で分類し，代を重ねるごとに，また，男性より女性により顕著に，4のパターンが増加すると述べている（福岡，1993：60-63）。尹さんの名前はこのパターンにあたる。

尹さんの名前は，ご両親が占いを頼んでつけた縁起の良い名前なのだが，日本的な名前であったために不便を感じることになってしまった。韓国人にも日本人にも耳慣れないこの名前を伝えるために，民族名を名乗り始めた頃の尹さんは「肩に力を入れていた」という。現在この名前を「体を表す」と笑って言えるのは，伝わらない不便さを乗り越えてきて，その過去を客観視できるからこそだろう。

13)　正確には「もと夫」とするべきだが，しつこくなってしまうので便宜的に「夫」と表記する。

第5章
ライフヒストリーにみる
困難の様相と自己解放の過程

　本章では，部落出身女性，および在日コリアン女性のライフヒストリーから得られる知見をあげていく。

　ここまで，部落出身女性4名，在日コリアン女性3名のライフヒストリーを紹介してきた。ひとりひとりの経験は個性的なものだが，何名もの話を聞くうちに，個性とだけは言い切れない，場における経験といいうる共通のそれが浮かび上がってきた。

　それらの経験は，すべての語り手に共通するわけではないが，ある経験をAさんとBさんとDさんがしていて，Aさんには語られない別の経験をBさんとCさんとDさんがしていて，という具合に，全体として類似性が見られる。共通する経験が見出されるということは，部落出身女性が，あるいは在日コリアン女性が，日本社会で生きる上で，そのカテゴリー化される属性ゆえに出合う経験があるといってよいだろう。

　さらに，部落出身，あるいは在日コリアンという違いがあり，年齢にも幅のある女性たちに共通の経験が見出される点で，彼女たちの経験は，日本社会で生活するマイノリティ女性全般の経験を理解するうえで，一定程度のもっともらしさをもつものであるといえるだろう。なぜならば，彼女たちの経験には，これまでに差別についてなされてきた研究に見られる，差別される可能性をもつ主体の精神的な経験と相同性をもつ経験と，ジェンダー論で扱われてきた，ある社会の中で女性として生活するうえで出合う，明確なあるいは隠微な形で，女性を社会のある位置に追いやる権力とが見出されるからだ。

　そのうえで筆者が重視したいのは，彼女たちが，現在，自己を肯定的に語る力を形成する上で，あるハビトゥスが機能していることだ。後段において詳述するが，筆者はそのハビトゥスを「母親性」と呼んでいる。それはおそらく，多くのマイノリティ女性，あるいは女性だけではなくマイノリティ全般に対し

て，彼女ら／彼らを社会のある位置に追いやるまなざしによって内面化した，歪んだ世界観を，転換させる力としてはたらくものだ。

5-1 差別的なまなざしの認知と内面化

　語り手の女性たちのほとんどは，自身が部落出身者，あるいは在日コリアンであると知るよりも前に，名状しがたい「違い」を感知している。

　東京都の部落出身の内山みち子さんは，疎開先で一般地区の子どもたちから「チョーリンボ」と呼ばれ，石を投げられていじめられた事で，自分のいるムラの子どもたちは，何かの「違い」をもつ者としてまなざされていることを知った。

　高知県の部落出身の大崎季江さんはクラスメイトから，親が大崎さんと同じムラの子どもたちと交遊しないように言い聞かせたと伝え聞いた。類似の経験は高坂紀代美さん（長野県の部落出身）も語っている。高坂さんの場合，混住のない地区に暮らしていたため，クラスメイトの親は，高坂さんを名指しで，交遊を禁じる発言をしている。高坂さんは，父親が解放運動に携わっており，家庭で日常的に部落差別問題の話題が出ていたため，自分が「何か，違う」という印象をもっていたが，クラスメイトの発言と「違い」は結びついていかなかった。

　内山さん，大崎さんは，差別的なまなざしに出合う事で「違い」を認識するという点でその経験は類似している[14]。周りの誰からも，差別について知らされていないため，この「違い」は，誰かの説明を受けるまでの間，出身と結びつくことなく，違和感として残っていく[15]。

　また，ことに，大多数の日本人の家庭にはない習慣を保持する二世・三世の在日コリアン女性には，その習慣の違いによって自分を「違う」存在だと認識する語りが見られた。在日二世の金順子さんは，日本人の家庭でひな祭りや七五三のお祝いが行われているが，自分の一族では行われていないところに「違い」を感じた。三世の尹安寿子さんは，親戚の呼称がコリア語であるところに「違い」を見出した。しかしどちらも，その違いが民族性の違いとは結びついていなかった。

　出身地，あるいは民族性と結びつかず，違和感として認識されていた「違

い」は，生活の過程でネガティヴなものへと変容していく。ゴフマンは，「ある特定のスティグマをもつ人びとは，その窮状をめぐって類似の学習経験を」もつと述べている。その「学習経験」は，「常人の視角を学習し，自己のものとする過程」である（Goffman, 1963=2003：p.61）。本研究の語り手の女性たちに当てはめれば，部落出身者に対する一般地区住民のまなざし，在日コリアンに対する日本人のまなざしを学習し，内面化する過程である。そして，学習された外部のまなざしを，自分自身に対して向けていくことになる。

　外部のまなざしを内面化した結果，彼女たちは，部落出身であること，あるいは在日コリアンであることが暴かれてしまう一切の特徴を隠すようになる。これは1-2-1に挙げたゴフマンの指摘にあるように，「越境」のための代表的なアイデンティティ管理戦略である。しかし，隠して生活するということは，部落出身者，あるいは，在日コリアンに向けられる差別的なまなざしと，それに基づいた言説が，どれほど支配的に流通しているかを知らされてしまうことでもある。

　大崎さんは，同和教育推進校である高校に在学中，同和教育の一環で鑑賞した映画『橋のない川』について，同級生たちが交わした意見に，教室にいることができないほどの衝撃を受けた。自分が部落出身者と結婚するという仮定に立ったときに，"親や親族に迷惑がかかる"という，差別に対抗できない現実があらわになったのだ。

　尹安寿子さんは，仲のよい友人が，民族名で通学する同学年の生徒に，「朝鮮人のくせに！」と罵る場面に出合ってしまう。それは勝ち目のないケンカで，自分を優位にするために相手の存在そのものを下位に置く発言だった。尹さんは，友人たちのグループから外れたくない一心で，「チョンのくせに生意気なんだよ」と友人たちに同調した。友人関係を保つために，在日コリアン差別を利用しなければならなかった。

　また，やはり尹安寿子さんの経験で，民族名の記載された保険証を提出した際に，教員がそれをそそくさと隠したことなど，気遣いともいえる仕草の中にも，差別的なまなざしは織り込まれている。

　マイノリティへの差別のまなざしは，それを正当化する言説によって強化されながら，日本社会のあらゆる場に織り込まれ，当事者もそうでない人も，社

会で生きる過程でそれを読み取り，内面化していく。悪意，善意を問わず，差別的な認識を無批判に内面化した個人の行為によって，彼女たちは，自分自身に差別意識が向けられることを怖れていっそう注意深く身元を隠すようになる[16]。すなわち，隠さなければならないと彼女たちに強迫するのは，強いフェルト・スティグマであるといえる。

隠す行為と同時に，多くとられる戦略は，「ばれた時に，『朝鮮人だけどいい子だね』って言ってもらえるように頑張ってました」（金順子さん）という表現に象徴される，出身やルーツによるスティグマ性を最小限にする努力である。これは，長野県の部落出身の秋野たか子さんの，就職先で常にふるまいに気を遣っていたという経験とも共通するところがある。現実の問題として，秋野さんが生まれ育ったムラの人々は，生活することに精一杯で，行儀に関して子どもをしつけることまでは手が回らず，ふるまいが粗雑になりがちだった。しかしその粗雑なふるまいによって，部落出身でない人々から，出身について陰口をたたかれることに気付いていた秋野さんは，出身を指摘されることを回避するために，常にふるまいに気を遣っていたのである。これらはいずれにしても，部落出身であること，在日コリアンであることによって差別されることを前提とした，すなわち，フェルト・スティグマに基づいた，差別回避戦略であるといえる。

5-2 マイノリティの中のマイノリティとしての困難

本研究で挙げた女性たちの語りには，部落出身者あるいは在日コリアンという，日本社会におけるマイノリティとしての困難ばかりではなく，女性として，すなわち，男性に対するマイノリティとしての困難が見出される。

第4章で述べたように，在日コリアンの家庭では，女性を下位に置く伝統的なジェンダー構造が，日本社会の差別に対抗するために家族で凝集する戦略の中で温存されてきたといわれる。また，第3章で述べたように，被差別部落の人々に，伝統的なジェンダーが根強く残っていることもこれまでに指摘されてきた。

「女性としての困難」とひとくちにいっても，本研究で挙げたライフヒストリー中でも，ごく大雑把に見て，1) 娘として，2) 性的存在として，3)「嫁」

として，4) 家事・育児役割の担い手としてというように，ライフステージや役割ごとに，多様な様相をもってその困難は現れる。そしてそれらは，部落出身であること，在日コリアンであることによって出合う困難と，絡まりあったかたちで経験されることも多い。

1) 娘として出合う困難

部落出身者や在日コリアンに対する差別的なまなざしと同じように，性別カテゴリーや，「男らしさ」「女らしさ」などの社会通念もまた，社会のあらゆる場に織り込まれ，個人はそれを社会化の過程で読み取り，内面化し，実践する[17]（江原，2001：308）。

本研究で取りあげたライフヒストリーには，親元で生活する少女時代から，「女の子だから」，「長女だから」といった表現で，必ずしも本意でない選択をしてきたとする語りが散見される。それは，家庭内，あるいは少女期に接する社会の中にある，女の子に対する何らかの期待を読み取って，それにしたがって行動せざるをえなかったことを示している。

秋野さんは，「いちばん上（の子ども）だから」という理由で，進学を早々に諦め，就職した。それは，部落差別があるために貧しさから抜け出せない家族を助けるための選択であったが，学歴が低いことで昇給の機会が奪われる結果となった。父親が倒れた時には，「長女だから」家事をして家族を助けなければならないと，就職先の県外から実家に帰ってくることを選んだ。結婚式を盛大に行うことも遠慮した。それは現在は「貧乏くじ」として認識されている。学業の達成よりも家事をよくし，"家族を助ける"といった一般的に女の子に期待される行動を選択してきたことは，今にしてみればやや悔やまれるものだった。

崔成美さんは，アルコールの力を借りて不満を吐き出す父親の話し相手をして思春期を過ごした。それが原因で「根暗な性格になった」というほどに，成美さんにマイナスの影響をもたらしたが，在日コリアンの家庭に維持される，親を絶対視する儒教的な道徳のもとでは，子どもの立場としてはそこから逃れることができなかった。

また，ことに戦前生まれの女性の場合，娘としてのやむをえない選択は，象徴的には配偶者選択に見られるだろう。配偶者の性格や社会的背景は女性のそ

の後の生活に大きく影響するにも拘わらず，その選択の権利は親に独占されている。

２）性的存在としての困難

内山さんは，子どもを産めばその子も差別されると考え，恋愛につながるような付き合いは避け，みすぼらしい身なりで男性の目を惹かないようにして過ごしたが，それが貧しさによるものと勘違いをした男性から，愛人になることをもちかけられた。

ここには男性の，貧困者を軽視する意識，女性を性的存在として対象化する意識が見て取れる。部落差別の再生産を回避するための内山さんなりの戦略が，内山さんの女性としての価値を低め，セクシュアリティを収奪するような誘いを持ちかけられることにつながってしまった。

３）「嫁」としての困難

尹安寿子さんは，夫の親から「朝鮮人の嫁の姿」を求められ，不当な扱いを受けた。それは，今でも尹さんを苦しい思いにさせるほど過酷な日々だった。ここにも，女性を下位に置く意識，ことに，「嫁」を，夫の両親に仕え，跡継ぎを産むという"イエ"存続のための存在とみなす意識が見て取れる。「嫁」を，その夫や夫の両親の下位に置く意識は，世代が古くなるほど強くあらわれる。本研究で取りあげることはできなかったが，一世の在日コリアン女性においては，夫の女性関係や暴力に悩まされた経験や，夫の親から不当な扱いを受けた経験がたびたび語られる[18]。

４）家事・育児役割の担い手として

内山さんは，部落解放運動に参加する際に夫からの全面的な賛同が得られなかった。夫は松本選挙の応援をしており，そこから内山さんが部落解放運動に出合ったことや，子どもを連れて婦人部の集まりなどに出かけていくことは許されていたということから，夫は部落解放運動そのものに問題を感じていたわけではなく，それに内山さんが参加することで，家事や育児がおろそかになることを問題視していたといえるだろう。婦人部に参加する内山さんと同年輩の母親たちはほとんどが同様に子どもを連れて参加していたということから，部落差別からの解放を訴える運動の中でも，女性に家事・育児役割を割り当てるジェンダー構造は温存されていたことがわかる。

5-3　対抗する言説集団の獲得

　5-1で述べたように，日本社会には部落出身者，在日コリアンを差別するまなざしが，それを正当化する言説と，互いに強化し合いながら流通しており，被差別の可能性を持つ個人のフェルト・スティグマを形成させる。また，5-2で述べたように，女性であることは，部落出身者として，在日コリアンとして出合う困難をより複雑にするように働くこともあった。

　1-3-3で述べたように，自己の経験を語る力を手にしている人は，多くの場合，現在の自己を肯定的に受け容れていると考えられる。これは，ゴフマンの理論でいえば，「自己の現在を肯定し自尊心をもつ」ゆえに「自発的に自分の正体を明か」すことができた状態（Gooffman, 1963＝1980：169-172），すなわち，スティグマから解放された状態であるといえるだろう。

　フェルト・スティグマから自己を解放した，すなわち，その経験を語る力を獲得した女性たちは，差別に対抗するための言説と，その言説を共有する集団に出合っている。それによって，差別のまなざしを否定し，差別を正当化する言説を否定する力を獲得していることが見出される。

　それは多くは，対抗的な言説を保持する運動団体とつながりのある，運動家との出会いが端緒となる。

　たとえば，尹安寿子さんは，避けても避けてもはたらきかけてくる民族教育活動家の教員との出会いから，同年代の在日コリアンと出会い，民族運動団体と出合った。その人々との交流の中で，それまでは「かっこ悪い」と隠してきたルーツを隠さずに，また，差別する日本人−差別と闘う外国人という対立図式に立つのでもなく，ともに日本社会で生活していきたいという思いを育ててきた。

　高坂さんは，父が部落解放運動家であることや，学校での同和教育が盛んな地域で育ったことなどから，差別を否定する言説に接触する機会はあったと思われるが，部落差別問題に関する知識を手にし，自ら解放運動に関わっていく契機は，中学生時に解放子ども会の担当となった教員との出会いであった。さらに，誰に対しても出身を隠さずにいられるというだけの自信をつけるまでには，志を同じくして活動する同年輩の仲間集団との部落解放運動の実践の積み重ねがあった。

部落出身者であれば部落民宣言，在日コリアンであれば本名実践が，解放教育，民族教育の文脈では重視されてきた。それは，"誇るべき"アイデンティティの表明であるとされている。しかし，語り手の女性たちのライフヒストリーを見てみると，それらは必ずしも真とは言いがたい。たとえば，金順子さんは，在日コリアンである自己を，「朝鮮人でいいんだ」と受け容れることができれば，民族名で生きることができることに気がついたという。この「朝鮮人でいいんだ」という受容は，"誇り"とまではいえないだろう。金さんは，青丘社と出合い，民族をめぐる問題を学習し，民族的ルーツによって困難に出合う人々の問題を解決するために実践を重ねてきたことで，どこでも民族名で生きていける自信をつけてきたという。つまり，誇りに裏打ちされた強いアイデンティティが完成されたから民族名で生きることができるのではなく，スティグマ化されるある属性をもつ人々を支える言説と，それを共有する集団があることで，結果的に，その属性を誇りに感じる強いアイデンティティが育っていくのだ。

注
14)　友人からの又聞きのかたちで差別に出合った大崎さんや高坂さんの体験は，内山さんの体験した，差別意識の露骨な顕現に比べて，差別される当事者には見えない場所で，大人のもっている差別的なまなざしが子へ伝えられていることを示している。
15)　周囲の大人たちから何も知らされていなかったために，差別に出合ってショックを受けたという経験は部落出身者において多く聞かれる。何も知らないままに育て，一生差別に出合わなければそのほうが幸せだという親心からであったり，親自身が部落を説明する言葉をもたないためであったりする。差別者が部落出身者を識別する象徴が見えにくく曖昧なものであるために，この戦略は少なくとも一時的には有効である。しかし，大崎さんがそうであったように，親が何も言わずに隠していることで，自分自身が，部落差別について何かを知るようになっても親にそれを話せない，同じ家の中で，親子が互いに隠しあう苦しみを生み出すことにもなる。
16)　この連鎖による被差別の認識がいかに強固なものであるかは，差別する側にこそ非があるという言説に出合い，今，自分の経験を語る力を手にした語り手の女性にも，部落差別問題についての話題を「なんかはぐらかしちゃう」(内山さん)，「風当たりだけじゃないけれども，やっぱそういうのがあるから，まあもう分けて」通称名を使っている(崔成美さん)といった，隠したい思いから抜けきれない人がいることからも理解できるだろう。

17) 江原由美子は以下のように述べる。

「仮に社会成員の多くが「ジェンダー秩序」にそった社会的実践を行なっているとするならば，「女らしさ」「男らしさ」などの知識は，社会生活を送るうえで十分有効かつ妥当な知識ということになる。だからこそ性別カテゴリーや「女らしさ」「男らしさ」などの社会通念が強固に維持され続けているのである」（江原，2001：308）。

筆者にライフヒストリーを語ってくれた女性たちにとっても，"女の子は／女は／妻は／母はこうあるべき" という言説は，何かの選択をするうえで，それ以外の選択はありえないと思わせるほどの強い影響力をもっていたことがうかがえる。すなわち，それらの言説の知識は「社会生活を送るうえで十分有効かつ妥当」な知識であったといえるだろう。

18) 一世の在日コリアン女性の語りを元にした著作物は数多い。なかでも，語り手たちの思いに寄り添い，その活き活きとした語りを可能な限りそこなうことなくまとめられたものとして，『在日コリアン女性20人の軌跡』（かわさきのハルモニ・ハラボジと結ぶ2000人ネットワーク　生活史聞き書き・編集委員会編著）を挙げたい。民族団体の編集によるものではなく，地域の在日コリアンと日本人との交流を推進する実践を積み重ねてきた人々が，一世の来日経緯を踏まえ，その記憶を記録として残すために実施した聞き取りをもとにしている。

第6章
「母親性」の影響

　ここまで，差別的なまなざしによって内面化させられたフェルト・スティグマと，女性であることによる困難の経験とが絡まりあった状況から，その経験をもつ自己をポジティヴに意味づけるうえで，補償的価値の獲得と，差別に対抗する言説集団の獲得とが見出されることを説明してきた。
　これらの自己解放のための要因を獲得するうえで，語り手たちが女性であったからこそ有意味なこととして語られた，いくつかの経験がある。筆者は，それこそが，マイノリティ女性に独特の，自己解放の経験の語りだと考える。

6-1　世代性の語り

　女性たちの語りには，反差別の意志を保持し続けられた理由として，子ども世代に，親や自分が味わった困難を味わわせたくないという思いがたびたび聞かれる。
　たとえば，大崎さんは，解放運動を続ける中で，組織のマイナス面を目の当たりにしたり，力不足を感じたりして，運動から離れたいと思うことがたびたびあった。それでも運動を続けてきたのは，子どもに，出身を恥じないように育ってほしいという望みがあり，自分が運動を離れれば，子どもに，部落出身であることを肯定的に伝えられないという危惧があったからだという。
　また，尹さんは，外国人には携帯電話を販売しないという旨の掲示をした電器店を相手に，その偏見を糾し，変えていくための闘争をしてきた。のらりくらりと言い逃れをし，なかなか会社の幹部を出してこない相手に対し，粘り強くそれを続けた原動力は，同じ地域で暮らす在日コリアンの子どもたちに，在日コリアンは携帯電話を買うこともできないと思わせたくなかったからだと語った。尹さんは，運動に関わる以前は，在日コリアンである自分が差別を受けることはある程度やむを得ないと考えていた。しかし，同じ在日コリアンで

あることで，尹さんと同じ思いをもつ子どもたちがいることを見過ごしてはおけなかった。後の世代のために差別を減らしていくことは，「先に生まれた者の責任」だと考えている。

さらに，子ども世代が親世代の困難を理解する態度を示すことが，彼女たち自身を力づけたという語りもある。

マイノリティ集団において，その経験を身近な他者と共有することが，若い世代を力づけていくことは，先行研究において指摘されてきた。マイノリティ女性の，上述のような，世代性を含んだ語りからは，世代間で経験を共有することが，下の世代ばかりではなく，共有したすべての人々を力づける形ではたらいていることがわかる。

6-2　情緒的一体感の表明

上述した，世代性の語りにおいて特徴的なことは，部落出身女性，在日コリアン女性のライフヒストリーにおいては，親世代が差別の中でいかに苦しんだかについて，実感的な語りがたびたび出てくることである。

たとえば，大崎さんは，苦しい生活を支える両親の状況を見て育ち，同じムラの少女同士の仲間集団の情報や，同和教育の時間に見た『橋のない川』の映画などで部落差別の過酷さを知ったことで，映画を見ながら号泣したり，それを親に話すときにまた「お母さんやおばあちゃんたちが，あんな思いをしてきたなんて」と，涙が止まらなくなってしまったりしたという。

また，金さんは，少女期に両親や親族の様子を見ることで，日本社会で在日コリアンが嫌悪され，排除されることについては認識して育ったが，それがなぜなのか，なぜ日本にコリアンがいるのかなどの知識はなかった。その後，仕事の上で一世の在日コリアン女性たちに出会い，その経験を知ることで，父親がなぜ日本に来て，どのような苦労を味わったかを知った。その経験から，ニューカマーのコリアンたちの困難を，「この人たちはうちのアボジだ」と，共通するところを重ね合わせ，ニューカマーのコリアンたちを理解すると同時に，父親が，酒を飲んで家族に発散していた苦しみを理解するようになった。

彼女たちは，部落解放運動，及び，「下からの市民運動」である民族の権利[19]運動に出合い，参加してきた世代である。運動のなかで，差別される側ではな

く差別する側に帰責する理論に出合うことで，それまで単に"貧しい"とか，"父親が酒を飲んで暴れる"とかいう言葉で認識されていたものが，差別ゆえの痛みとして理解される。それが語るべきものとしてインタビューの中に現れてくるのは，自分自身が耐えてきた被差別の痛みと重ねあわせ，自分自身のことのように理解できるためだ。そして，そのような理解が可能なのは，他者への応答性のような，一般的に女性に期待されるハビトゥスゆえである。

　また，彼女たちは，自分の子どもたちや，同じ被差別カテゴリーにカテゴライズされる子どもたちが出合う差別にも，やはり自分の痛みのようにとらえ，情緒的一体感をもって対してきた。

　金さんは，クラスメイトから「韓国へ帰れ」と言われた長女に，「どこにいたっていいんだよね，人間は」と言い聞かせながら，一緒に涙した。二世の金さんにとってすら，韓国は「帰る」国ではなく，まして小学1年生の長女にとっては，見たこともない親戚しかいない外国だった。金さん自身が耐えてきた，外国人排除のまなざしによって感じる痛みを，まだそれに対抗する力をもっていない長女が経験することは，金さんにとっても感情を抑えられない経験だった。金さんはその差別事件を長女の学級担任に訴え，対処を求めた。担任の対応によって，長女が，クラスメイトが「味方になってくれる」という確信を得たことは，金さん自身が味方づくりの重要性を認識する契機となった。

　尹さんは，民族名をからかわれた子どもの話を聞き，学校に訴え，民族名での通学を危惧する親を説得し，民族的ルーツをもつ子どもたちの集団で，当該児童の体験を共有させた。尹さんは，同じルーツをもつ子どもたちの集団について，誰かの被差別体験を，自分自身の痛みのように共有する集団の重要性を語り，誰よりもまず尹さん自身が，その集団のひとりであろうとしている。

　彼女たちの，身近な他者の被差別の経験への理解は，単に類似の経験をもつという共感的理解ではない。あたかもそれが自分自身の経験であるかのように，同じ痛みとして感得している。さらに，同じ痛みの感得を感情的な仕草に発露させる。彼女たちの被差別の痛みへの理解は，情緒的一体感を伴った共感的理解といえるだろう。それは，共感された個人にとって，ごく身近な場所に，経験を共有する仲間がいることになる。さらに，その仲間は，すでに差別的なまなざしを不当だと認識する力を身につけている。すなわち，5-4で述べ

たような言説集団が，ごく身近に形成されていることに気づくのだ。

6-3 「母親性」の影響
　情緒的な一体感とその感情的な表明は，女性に期待され，社会過程の中に織り込まれて獲得される様式である。そのようなステロタイプな"女性らしさ"の強制が，フェミニズムの文脈で痛烈に批判されてきたことはいうまでもない。筆者も，これらを女性の本能であるとか，あるべき姿であるなどというつもりはない。しかし現実に，マイノリティ女性の自己解放に至るライフヒストリーの中に，その特有の経験についての，世代間での，情緒的一体感を伴った共感的理解，子ども世代との反差別の意志の共有といった，情緒性と世代性とを参照した語りが，自身をも力づけるものとして出てくる。
　本研究ではこのように，女性に一般的に期待される情緒的一体性と，それを伴う世代性の感覚を，「母親性」と名づける。
　これを"母性"としないのは，"母性"はしばしば本能と結び付けられ，子どもをもった女性に自然にわいてくる性質と考えられがちであるからだ。情緒性も，世代性の一部である育児役割行動も，社会化の過程で，女性に割り当てられたものとして知らず知らずのうちに内面化されるもの，獲得されるものであり，性に原理的な性質ではない。"女性性"としないのも，性原理的なものではないという理由からだ。あるいは"親性""育児性"という表現も可能かもしれない。しかしそれでは，性原理的でないとはいえ，性に不均衡に獲得されるというジェンダー的な側面が見落とされてしまう。また，情緒的，応答的な育児行動は，「母親」に期待されるものだ（柏木，2007：41）。これらの理由から，より適切な表現として，「母親性」の語を造った。
　親子などのとりわけ近しい他者との間で，その特有の体験を，情緒的な一体性をもって共有することが可能なハビトゥス，すなわち，「母親性」は，女性として社会化されていく過程で獲得されていく。そして，上述したように，被差別の可能性をもつ主体において特有の経験の共有は，それを共有する人々すべてを力づけていく。すなわち，マイノリティ女性は「母親性」によって，自分自身を解放する力を育んでいくことができるのだ。
　これまで，マイノリティ女性は，マイノリティであると同時に，すでに男性

に対するマイノリティであるという意味で，重層的に困難な存在と考えられてきた。また，マイノリティ女性の経験を見れば，それは一定程度事実である。

しかし，重層的な困難を引き受けるということは，自己を解放することがより困難であることではない。差別に対抗していく力を育むうえで，他者との経験の共有が重要であることはこれまでにも指摘されてきた。親子などのとりわけ近しい他者との間で，その特有の体験を，情緒的な一体性をもって共有することが可能なハビトゥス，すなわち，「母親性」は，身近な他者との間で，差別に対抗していく力をつけていくことを可能にさせる。社会過程において内面化され，行為される「母親性」が，マイノリティ女性のフェルト・スティグマを解体するうえで大いにポジティヴにはたらくのだ。

注

19) 朴一は，1970年の日立闘争を契機に，1970年代の後半に隆盛した，公営住宅や児童手当などの福祉，および，教員や公務員などの就職における国籍条項の撤廃を求める一連の運動について，「既存の民族団体や組織に頼りきってきた六〇年代の在日コリアン運動とは異なり，不条理な民族差別には決して屈しないという在日コリアンの一人一人の思いから出発した下からの市民運動によって支えられた」として，両者を区別している。70年代以降の運動は，「民族運動というよりもむしろ多くの日本人の支援や協力に支えられながら」展開していった，「公民権運動」であると位置づけられている（朴，1999：52-53）。

【参考文献】

アレント，H.『人間の条件』ちくま学芸文庫，1994
部落解放同盟千葉県連合会編，1987『千葉県・部落解放10年の歩み』明石書店
部落解放同盟千葉県連合会上本佐倉支部・将門支部編，1994『部落解放20年の歩み』社団法人千葉県部落問題啓発センター
部落解放・人権研究所，2001『部落の21家族　ライフヒストリーから見る生活の変化と課題』解放出版社
Brown, Rupert, 1995, Prejudice : Its social psychology. Oxford : Blackwell Publisher（＝橋口捷久，黒川正流編訳，1999.9『偏見の社会心理学』北大路書房）
Bourdieu, Pierre., 1979, 1982Le Distinction Critique Sociale de Jugement. Minuit（＝石井洋二郎，1990『ディスタンクシオン　社会的判断力批判』藤原書房）
Burr, Vivien（バー）　1997，田中一彦訳『社会的構築主義への招待——言説分析とは何か』川島書店
Butler, Judith（バトラー）　1999，武村和子訳『ジェンダー・トラブル　フェミニズムとアイデンティティの攪乱』青土社
崔碩義，2004.10『在日の原風景——歴史・文化・人』明石書店
鄭大均，1978.12「池上町"朝鮮人部落"の社会関係（上）」『朝鮮研究』no.185：2-13
――――，1979.1「池上町"朝鮮人部落"の社会関係（下）」『朝鮮研究』no.186：48-60
鄭暎恵，1996.4「アイデンティティを超えて」『差別と共生の社会学』岩波講座現代社会学第15巻，岩波書店：1-33
――――，2003.8『〈民が世〉斉唱　アイデンティティ・国民国家・ジェンダー』岩波書店
江原由美子，2002『ジェンダー秩序』勁草書房
藤沢靖介，2001『部落の歴史像　東日本から起源と社会的性格を探る』解放出版社
福岡安則（代表），1991.2『在日韓国・朝鮮人問題をめぐる社会学的研究　「在日」若者世代の葛藤とアイデンティティの多様化』昭和63年度～平成元年度科学研究費補助金研究成果報告書（研究課題番号63301032）
福岡安則，1993『在日韓国・朝鮮人　若い世代のアイデンティティ』中公新書
福岡安則，金明秀，1997『在日韓国人青年の生活と意識』東京大学出版会
福岡安則，辻山ゆき子，1991『同化と異化のはざまで　「在日」若者世代のアイデン

【参考文献】

ティティ葛藤』新幹社
———，1991『ほんとうの私を求めて「在日」二世三世の女性たち』新幹社
福岡安則，好井裕明ほか編著，1987『被差別の文化・反差別の生きざま』明石書店
Garfinkel, Harold ほか編，山田富秋・好井裕明・山崎敬一訳，1987『エスノメソドロジー——社会学的思考の解体』せりか書房
Goffman, Erving., 1963, STIGMA : Note of the Management of Spoiled Identity. Prentice-Hall, inc.（＝石黒毅，1980『スティグマの社会学』せりか書房）
反差別国際運動日本委員会編，2001.3『マイノリティ女性が世界を変える！ マイノリティ女性に対する複合差別』解放出版社
東日本部落解放研究所編 1993『東日本の被差別部落・現状と課題』明石書店
星野修美，1995.2『自治体の変革と在日コリアン』明石出版
井上輝子・江原由美子編，1999『女性のデータブック第三版』有斐閣
石川准，2004『見えないものと見えるもの 社交とアシストの障害学』医学書院
石川准，倉本智明編著，2002『障害学の主張』明石書店
原尻英樹，1989『在日朝鮮人の生活世界』弘文堂
———，1997.3『日本定住コリアンの日常と生活——文化人類学的アプローチ』明石書店
———，1998『「在日」としてのコリアン』講談社現代新書
樋口雄一，2002.6『日本の朝鮮・韓国人』同成社
李英和，1993.11『在日韓国・朝鮮人と参政権』明石書店
角岡伸彦，1999.10『被差別部落の青春』講談社
———，2005.11『はじめての部落問題』文春新書
片桐雅隆，2000『自己と「語り」の社会学 構築主義的展開』世界思想社
神原文子，2001.5「部落のジェンダー」部落解放・人権研究所編『部落の21家族 ライフヒストリーから見る生活の変化と課題』解放出版社：414-451
川又俊則，2002『ライフヒストリー研究の基礎』創風社
川本祥一，1994『部落問題とは何か』三一書房
かわさきのハルモニ・ハラボジと結ぶ2000人ネットワーク 生活史聞き書き・編集委員会（著）『在日コリアン女性20人の軌跡』明石書店
川内俊彦，1990『部落差別と人権』現代書館
金泰泳，1999『アイデンティティ・ポリティクスを超えて』世界思想社
金侖貞，2007.9『多文化共生とアイデンティティ』明石出版
木村涼子，1996「被差別部落女性のライフ・ヒストリー」大阪女子大学人間関係学科編『人間関係論集』No.13：37-97

―――― 1999『学校文化とジェンダー』勁草書房

岸衞, 桜井厚, 2002,『屠場の世界』リリアンス・ブックレット10 社団法人 反差別国際連帯解放研究所しが

Kitsuse, J. I.（キツセ）, Spector, M. B.（スペクター） 1990, 村上直之・中河伸俊・鮎川潤・森俊太訳『社会問題の構築――ラベリング理論をこえて――』マルジュ社

高朝徹, 1996.5『在日済州島出身者の生活家庭――関東地方を中心に』

小林初枝, 1981『おんな三代 関東の被差別部落の暮らしから』朝日選書一七三, 朝日新聞社

―――― 1984『どこへまことを照らすやら 差別の中の女たち』筑摩書房

熊本理抄, 2001.3「マイノリティに属する女性に対する複合差別ネットワーク」反差別国際運動日本委員会編『マイノリティ女性が世界を変える！ マイノリティ女性に対する複合差別』解放出版社：202-210

黒川みどり編, 2007.10『〈眼差される者〉の近代 部落民・都市下層・ハンセン病・エスニシティ』解放出版社

黒坂愛衣, 2006.3『千葉県A市・B町における同和教育実体調査報告書』A市人権教育推進のための調査研究委員会

黒坂愛衣, 福岡安則, 2003.12『黒坂愛衣のとちぎ発《部落と人権》のエスノグラフィ Part 1 部落へ飛び込む』創土社

松下一世, 2002.10『18人の若者たちが語る部落のアイデンティティ』解放出版社

Memmi, Albert., 1994, Le Racisme, Gallimard（＝菊池昌実・白井成雄, 1996,『人種差別』法政大学出版局）

モートン, S., 本橋哲也訳, 2005.10『ガヤトリ・チャクラヴォルティ・スピヴァク』青土社

文京洙, 2007.3『在日朝鮮人問題の起源』クレイン

村越末男・三輪嘉男監修, 1986『図説・今日の被差別部落――各地の実態調査結果より――』解放出版社

中川ユリ子, 2001.5「自分のムラに対して違和感を表明するとき」部落解放・人権研究所編『部落の21家族 ライフヒストリーから見る生活の変化と課題』解放出版社：335-367

長野県水平社創立七十周年記念行事実行委員会編, 1994『人間に光あれ 長野県水平社創立七十周年記念誌』

中野卓編著, 1997『口述の生活史――或る女の愛と呪いの日本近代』御茶ノ水書房

仲尾宏, 2003.11『Q&A 在日韓国・朝鮮人問題の基礎知識』第二版, 明石書店

【参考文献】　279

Noelle-Neumann, E., 1984,"The Spiral of Silence: Public Opinion - Our social skin", Chicago: University of Chicago,（＝池田謙一訳，1988『沈黙の螺旋理論－世論形成過程の社会心理学』，ブレーン出版）

野口道彦，1996「部落差別の現状認識のずれと解放の戦略」八木正編『被差別世界と社会学』明石書店：153-177

───2000，『部落問題のパラダイム転換』明石書店

朴和美，2001.3「在日コリアンをめぐる問題」反差別国際運動日本委員会編『マイノリティ女性が世界を変える！　マイノリティ女性に対する複合差別』解放出版社：12-19

朴一，1999.11『〈在日〉という生き方』講談社

リャン，ソニア，2005.3『コリアン・ディアスポラ──在日朝鮮人とアイデンティティ』明石書店

齊藤直子，2000「周縁から中心へ──ある被差別部落における女性たちの住環境整備運動をめぐって──」大阪市立大学『同和問題研究』第22号：75-95

Sacks, H（サックス），1987「ホットロッダー──革命的カテゴリー」Garfinkel, Harold（ガーフィンケル）ほか編，1987，山田富秋・好井裕明・山崎敬一訳『エスノメソドロジー──社会学的思考の解体』せりか書房：19-37

桜井厚，1996「戦略としての生活　被差別部落のライフストーリーから」栗原彬編『講座　差別の社会学2　日本社会の差別構造』弘文堂：40-64

───，中川ユリコ，山本哲司，1996『生のかたち──被差別部落の生活史を訪ねて──』リリアンス・ブックレット3　社団法人　反差別国際連帯解放研究所しが

───　1998『生活戦略としての語り──部落からの文化発信──』リリアンス・ブックレット7　社団法人　反差別国際連帯解放研究所しが

───　2002『インタビューの社会学　ライフストーリーの聞き方』せりか書房

───　2005『境界文化のライフストーリー』せりか書房

───　2005「ライフストーリーからみた社会」山田富秋編，『ライフストーリーの社会学』北樹出版：10-27

佐藤裕，2005『差別論　偏見理論批判』明石書店

Scambler G. and Anthony Hopkins,1986,"Being epileptic:coming to term with stigma",Sociology of Health and Illness,8,pp.26-43

Scotto, Kensho Yvonne 1991"The Habit of Surviving ： Black Woman's Strategies for Life" Rutgers Univ. Press

（者）反差別国際連隊解放研究所しが編，1997『もうひとつの近江文化──部落生活

文化史調査研究――』滋賀県教育委員会
青丘社 HP　http://www.seikyu-sha.com/donation2005/index2006houjin.html
Shaw, Clifford R.（ショウ）1998，玉井眞理子・池田寛訳『ジャック・ローラー――ある非行少年自身の物語』東洋出版社
住田一郎，2003「部落問題の現在（いま）」，岡村達雄，玉田勝郎責任編『人権の新しい地平』学術図書出版社，25-47
スピヴァク，G., 上村忠男訳，1998『サバルタンは語ることができるか』みすず書房
竹田青嗣，1995『〈在日〉という根拠』筑摩書房
玉井眞理子，1997「『部落出身』であると同時に『女性』であること――二人の被差別部落女性の口述生活史より――」国立婦人教育会館研究紀要 vol.1：49-57
谷富夫，2002「エスニシティ研究と世代間生活史調査」関西社会学会編『フォーラム現代社会学』世界思想社：70-80
―――編著，2002『民族関係における結合と分離』ミネルヴァ社
上野千鶴子，1990『家父長制と資本制　マルクス主義フェミニズムの地平』岩波書店
―――　2002『差異の政治学』岩波書店
Thompson, Paul（トンプソン），2002，酒井順子訳『記憶から歴史へ――オーラル・ヒストリーの世界』青木書店
杉浦郁子「「レズビアン」という自己――語られる差異とポリティクスをめぐって」好井裕明・山田富秋編『実践のフィールドワーク』せりか書房：74-93
矢澤澄子『都市と女性の社会学――性役割のゆらぎを超えて』サイエンス社
八木晃介，1996「部落問題の社会学」，栗原彬編『講座　差別の社会学2　日本社会の差別構造』弘文堂，63-79
山田富秋，2004「部落解放運動における「まちづくり」とヘルパー」山田富秋編『老いと障害の質的社会学――フィールドワークから――』世界思想社，23-68
―――，2005「沈黙と語りのあいだ」，山田富秋編，『ライフストーリーの社会学』北樹出版：41-53
山下誠也，キム・ソンヒョ，日隈光男編，2001.7『在日コリアンのアイデンティティと日本社会――他民族共生への提言』明石書店
要田洋江，1999.5『障害者差別の社会学』岩波書店
―――，2005「差別研究の新たな位相」『解放社会学研究』no.19：7-25
好井裕明，1991「『障害者』という自己執行カテゴリーの挑戦」，山田富秋・好井裕明編『排除と差別のエスノメソドロジー』新曜社

―――，2005「差別と向き合うチャンスを創造する」，山田富秋編，『ライフストーリーの社会学』北樹出版：28-40
―――，2006『「あたりまえ」を疑う社会学 質的調査のセンス』光文社
―――，2007『差別原論：＜わたし＞のなかの権力とつきあう』平凡社新書
好井裕明，山田富秋編，2002『実践のフィールドワーク』せりか書房

あとがき

　本書は，平成20年度専修大学大学院博士論文『日本のマイノリティ女性の自己解放における「母親性」の影響』に修正・加筆し，平成21年度専修大学課程博士論文刊行助成を受けて刊行されたものである。

　本書の上梓にあたって，誰よりもまず，本書に収録したライフヒストリーの語り手女性たちに深く感謝を捧げる。長い時間をかけて，経験を語っていただき，本書への掲載にあたり，また長い時間をかけて原稿をチェックしていただいた。

　ある語り手女性は，「話さなければ差別の姿は分からない。だから話さなければならない，でも隠したい。体は一つで，心は双子です」とおっしゃった。また別の語り手女性は，「自分の経験してきたことと同じ苦しみを感じている人の参考になればと思って話している」とおっしゃった。語り手女性たちの思いは，これらの言葉に象徴されるだろう。差別を知らない人，興味を持たない人に，知ってほしい。同じ境遇の人が身近にいないためにひとりで苦しんでいる人に，その痛みがわかる人がいることを伝えたい。だからこそ，思い出すのも苦痛な経験をも，ほとんど初対面の筆者に語ってくださったのだと考えている。本書の刊行に拙速を用いたのは，彼女たちの語りを独占して，埋もれるに任せるわけにいかないと感じたからだ。

　ライフヒストリーの編集に際しては，語り手が特定されないよう，可能な限り配慮したが，直接，ご本人を知る人には，わかってしまうだろう。本書を読まれた方々には，どうか，興味本位で語り手を暴くようなことをしないでいただきたい。彼女たちが語った事柄ではなく，なぜ語ったのか，語ることで何を伝えたかったのかに思いを至らせていただきたい。

　部落出身女性，及び在日コリアン女性に関する研究を続けてきて，博士論文という一定の地点に達するにあたり，指導教授の鐘ヶ江晴彦先生への感謝は言葉に尽くせない。自分の研究したい対象をうまくつかめず，なかなか研究を進められない筆者を，長きにわたり温かくご指導下さった。

　筆者が修士課程の学生だった頃，ライフヒストリーの解釈などについて重要

な示唆を与えてくださり，博士論文の副査も引き受けてくださった，立教大学の桜井厚先生，同じく副査をつとめてくださった，廣田康生先生，秋吉美都先生にも，厚くお礼申し上げます。

　刊行に際しては，専修大学出版局の方々にたいへんご面倒をおかけした。感謝申し上げます。

平成22年冬　服部あさこ

著者紹介

服部　あさこ（はっとり　あさこ）
博士（社会学）

1978年　神奈川県生まれ
2001年　専修大学文学部人文学科卒業
2009年　専修大学大学院　文学研究科博士後期課程修了
専門分野　教育社会学，マイノリティ問題

マイノリティ女性のアイデンティティ戦略
――「母親性」の役割――

2010年2月28日　第1版第1刷

著　者　　服部あさこ
発行者　　渡辺　政春
発行所　　専修大学出版局
　　　　　〒101-0051　東京都千代田区神田神保町3-8
　　　　　　　　　　　㈱専大センチュリー内
　　　　　電話　03-3263-4230代
印　刷
製　本　　藤原印刷株式会社

Ⓒ Asako Hattori　2010　Printed in Japan
ISBN 987-4-88125-245-1